DANCE EDUCATION CURRICULUM

무용교육과정

육완순 · 이희선 공저

머리말 *****

저자들은 사제간의 관계로, 이화여대 체육대학 박사과정에 개설된 '무용교육세미나' 강좌를 통해 초·중·고·대학의 무용교육과 교육과정에 관한 이론적인 배경을 조사하고, 현장에서의 문제점들을 발견하는데 관심을 가지고 연구하고 발표하였습니다. 이러한 조사·연구 과정에서 무용교육과정에 관한 자료들이 매우 부족함을 절감하고, 우리는 각 학교별 무용교육과정의 이론적인 기초를 마련하는데 역점을 두었습니다.

우리나라 초·중·고등학교 교육과정이 교육과학기술부(당시 문교부)에 의하여 정식 제정 공포(1955. 8. 1)된 이래 현재까지 무용은 체육교과 내에서 다소 작은 영역을 차지하고 있습니다. 그럼에도 불구하고 학교교육 프로그램에 무용을 포함시키는 까닭은 무용이 빠르게 성장, 발달하는 학생들의 인격과 예술적 자질을 함양시키는데 영향을 줄 수 있기 때문입니다. 그리고 신체는 자신의 생각과 느낌을 자유롭게 표현할 수 있는 기회를 제공해 주는 하나의 수단이 되기 때문입니다.

무용은 예술의 한 장르이면서 체육의 한 영역하에 위치해 있는 교과로서의 특수성과 학교무용교육에 관한 전문적인 연구 부족 등으로 인하여, 무용교육이 그 역사적 연륜이 오래됨에도 불구하고 크게 발전하지 못한 것은 사실입니다. 이 책은 교과교육으로서 무용의 역할을 확인하고 교육내용을 확고히 정리하기 위하여 집필하게 되었습니다.

이 책의 내용 구성은 무용의 교육학적 이론들을 근거로 하여 모두 14장으로 구성하였습니다. 1장에서 5장까지의 제1부에서는 무용에 관한 폭넓은 이해와 교육에서의 본질적 역할들을 고려하여 일반적인 무용교육론에 관하여 기술하였으며, 제2부 중 6장에서 9장까지는 교육과정의 개념과 무용교육과정의 모형들을 제시하였습니다. 10장에서는 오늘날 학교무용에서 크게 강조되고 있는 창작무용의 지도과정과 수업모델, 평가방법 등을 기술하였으며, 11, 12장은 유아무용교육과 초등무용교육의 특징과 지도내용 및 과정을 다루었습니다. 13장은 중·고등학교에서의 무용지도와 연간지도 계획을 제시하였으며, 14장에서는 우리나라와 외국의 대학별 무용과의 특성과 교과내용 및 학생들의 진로와 의식에 관하여 조사한 바를 제시하고 설명하였습니다. 무용교육은 다른 학문과 비교할 때, 그 업적이 아직도 부진할 뿐 아니라 체계적인 이론적 바탕이 부실한 상태입니다.

이 분야에 관한 전문서가 많지 않은 현실에서 각급 학교의 무용교사들과 체육이나 무용을 전공하는 학생들 그리고 학교 무용교육에 관심있는 분들에게 이 책이 참고가 되었으면 합니다.

시대의 변천에 따라 교육목표와 교육과정도 변화를 요구합니다. 이 책은 교육인적자원부고시 2007 개정 교육과정에 따라, 1992년 출판된 '무용교육과정'을 수정·보완한 개정판입니다.

이 책이 빛을 보게 된 것은 저자들과 관련된 분야의 여러 전문가, 선생님들의 조언과 가족들의 따뜻한 사랑이 있었습니다. 그리고 원고정리를 도와준 김자형 조교의 정성과 출판사 사장님의 격려에 힘입은 바가 크다고 생각됩니다. 이 모든 분들과 음으로 양으로 도와주신 분들에게 깊은 감사를 드립니다.

육완순·이희선

차 례

제1부 무용과 교육

제1장 무용과 교육 _ 11
Ⅰ. 무용의 기원 · 11
Ⅱ. 무용의 본질 · 14
Ⅲ. 무용의 정의 · 17
Ⅳ. 교육의 본질적 역할 · 18

제2장 무용교육의 이해 _ 24
Ⅰ. 무용교육의 이념 · 24
Ⅱ. 무용교육의 목표 · 27
Ⅲ. 무용교육의 가치 · 34
Ⅳ. 무용교육의 발달 · 42

제3장 일반교육과 무용 _ 51
Ⅰ. 교육으로서의 무용 · 51
Ⅱ. 학교교육과 무용 · 58
Ⅲ. 평생교육과 생활무용 · 70

제4장 예술교육과 무용 _ 79
Ⅰ. 예술로서의 무용 · 79
Ⅱ. 예술교육과 무용 · 89

제5장 무용교육과 창조성 _ 95
Ⅰ. 창조성의 개념 · 95
Ⅱ. 교육활동과 창조성 · 97
Ⅲ. 예술교육과 창조성 · 104
Ⅳ. 무용교육과 창조성 · 107

제2부 무용교육과정

제6장 교육과정의 개념 _ 113
  Ⅰ. 교육과정의 의미 · 113
  Ⅱ. 교육과정의 어원 · 114
  Ⅲ. 현대교육과정의 개념 · 115
  Ⅳ. 교육과정의 일반적 성격 · 118
  Ⅴ. 교육과정과 교육내용 · 119

제7장 무용교육과정 _ 124
  Ⅰ. 교육과정 구성의 기본방향 · 124
  Ⅱ. 무용교육과정 개발의 원리 · 128
  Ⅲ. 무용교육과정의 특성 · 140
  Ⅳ. 무용교육과정 설계 · 143

제8장 무용교육과정의 유형 _ 147
  Ⅰ. 발달단계적 교육과정 모형 · 147
  Ⅱ. 체력 중심 교육과정 모형 · 150
  Ⅲ. 움직임 교육과정 모형 · 151
  Ⅳ. 학문 중심 교육과정 모형 · 156
  Ⅴ. 놀이 중심 교육과정 모형 · 159
  Ⅵ. 인간 중심 체육(무용)교육과정 모형 · 160
  Ⅶ. 개인 의미 교육과정 모형 · 163

제9장 무용의 목표·과정 중심 모형의 개념과 내용 _ 165
  Ⅰ. 목표·과정 중심 교육과정 모형의 개요 · 165
  Ⅱ. 목표·과정 중심 교육과정 모형의 내용 · 166
  Ⅲ. 목표·과정 중심 교육과정의 설계 · 173

제10장 창작무용의 지도방법 _ 176
  Ⅰ. 지도의 원리 · 176
  Ⅱ. 지도의 방법 · 182

Ⅲ. 창작무용 지도과정 · 186
　　　Ⅳ. 창작무용을 위한 수업모델 · 194
　　　Ⅴ. 창작무용의 평가차원 · 196

제3부 학교별 무용교육과 교수법

제11장 유아무용교육과 지도 _ 205
　　　Ⅰ. 유아무용교육의 특성 · 205
　　　Ⅱ. 유아무용교육과정 내용 · 206

제12장 초등무용교육과 지도 _ 209
　　　Ⅰ. 초등무용교육의 특성 · 209
　　　Ⅱ. 학년별 무용지도 내용 · 216
　　　Ⅲ. 초등무용 지도과정 · 220

제13장 중등무용교육과 지도 _ 227
　　　Ⅰ. 중·고등학교 무용교육의 특성 · 227
　　　Ⅱ. 중등무용지도 내용 · 236
　　　Ⅲ. 무용지도 계획표 · 244

제14장 대학무용교육과 지도 _ 252
　　　Ⅰ. 대학별 무용과의 특성 · 252
　　　Ⅱ. 대학별 무용과 교과내용 · 264
　　　Ⅲ. 무용과 학생들의 의식과 진로 · 265

참고문헌 _ 308

부록 : 학교별 무용 교육과정 _ 269
1. 초등학교 무용교육과정
2. 중학교 무용교육과정
3. 고등학교 무용교육과정
4. 대학교 무용교육과정

제1부

무용과 교육

제1장 무용과 교육 | **제2장** 무용교육의 이해 | **제3장** 일반교육과 무용 | **제4장** 예술교육과 무용 | **제5장** 무용교육과 창조성

제1장 무용과 교육

Ⅰ. 무용의 기원

 무용의 발생은 인간의 본능적인 표현에서 비롯되었다. 모든 예술이 인간의 본능적인 표현의 욕구에서 시작되어 발전되지만 무용은 자기 신체를 가지고 영혼을 표현하는 예술인만큼 보다 더 본능과 직접적으로 연결되어 있다. '무용은 인류 최고의 예술이다'라고 말하는 것은 무용의 발생이 오래되었음과 무용이 인간생활에서 필연적인 산물임을 역설하고 있다. '생명적 약동을 직접적으로 표현하는 것이 무용이다'라고 말하는 것도 역시 무용이 인간의 본능에서 발단되었다는 것을 뜻한다.
 우리는 심장의 고동에서 자기의 생명감을 느낀다. 이 심장의 고동은 리듬의 근원이 되는 것이며, 생명이 있는 것은 반드시 움직이며 그 리듬을 갖는다. 예를 들면 사람은 누구나 기쁜 감정이 복받치면 몸을 심하게 움직이거나 날뛰게 된다. 그러므로 그런 상황을 보고 '춤추며 기뻐한다' 혹은 '손뼉을 치면서 웃는다'고 말한다. 그러나 사람이 춤추는 것은 기쁜 감정에서 뿐만 아니라 날뛰면서 화를 내는 일도 있고, 땅에 엎드려 슬퍼하는 일도 있다. 괴로움이나 슬픔이 북받쳐 오르면 신체운동으로서 표현하게 된다.
 원시인은 사물에 관해서 생각하는 능력이 부족했을 것이다. 어떤 특별한 이념이나 사상보다는 감정에 많은 것을 의존하였을 것이다. 그들은 언어를 갖고 있지 않았기 때문에 자기의 감정이나 의지를 몸으로서 표현하였으며 이러한 표현이 춤의 시초가 되었다고도 할 수 있다. 즉 직접적인 신체 운동으로서 자신의 감정이나 의사를 표현하였다. 이와 같이 신체운동을 연결시킴으로써 거기에 리듬적인 형태가 생기게 되었고 그것이 점차 무용화된 것이다.
 무용의 개념을 확장해서 생각해 본다면, 춤은 인간뿐만이 아니라 자연이나 동물도 춤을 춘다고 말할 수 있다. 무용의 본질은 '움직임'에 있으며 더 나아가서는 '아름답게 움직이는 것'에 있다. 아름답게 움직인다는 것은 운동한다는 뜻이다. 그러므로 율동적으로

운동하는 것은 모두가 무용이라 할 수 있다. 이와 같은 시각에서 자연을 의미 있게 관찰해 보면 무용하고 있는 현상을 무수히 발견할 수 있다. 바람이 불 때 벼 이삭이 리드미컬하게 나부끼는 모습이나, 나뭇잎이 한들거리다 떨어지는 모습이나, 시냇물이 속삭이며 흐르는 모습도 자연의 무용이라 할 수 있다. 바닷가로 휘몰아치는 큰 파도는 큰 무용을, 작은 물결은 작은 무용을 하고 있다. 구름의 흐름이나 빗방울의 떨어짐도 일종의 무용이다. 그러나 이것은 모두 자연의 무용이다.

단편적인 것이기는 하지만 모두 아름다운 움직임이다. 자연뿐만 아니라 동물도 무용을 한다. 인간과 마찬가지로 동물도 생(生)에 대한 애착을 느끼며 그들의 소리로써, 몸의 움직임으로써 그들의 본능을 나타낸다. 맑은 하늘에서 새나 나비가 아름답게 나래치는 것을 우리는 자주 볼 수 있다. 숫 비둘기가 암 비둘기의 주위를, 애무하는 듯 날고 산새가 이따금 하늘 높이 독무하는 것을 볼 수도 있다. 이러한 모습들을 보고 '동물들이 춤춘다' 고 한다면 크게 모순된 것일까?

인간은 자연을 모방한다. 무용의 시발점은 인간의 마음에서 출발한다고 말할 수 있으나 방법은 모방에서부터 시작된 것이다. 휘몰아치는 파도의 움직임, 떨어지는 빗방울, 하늘을 나는 새, 퐁퐁 뜀박질하는 캥거루, 수많은 플라밍고들의 아름다운 움직임과 같이 자연이나 동물의 운동을 모방하여 인간은 자연이나 혹은 동물들이 춤추는 것을 그대로 흉내 내면서 춤추었다. 이와 같은 춤을 모방무용이라고 한다.

그러나 동물이나 자연의 춤은 단편적이며 의식이 없는 본능 그대로의 표현이다. 본능적인 춤을 정리하고, 의식적으로 리듬화하고, 점차 미적요소를 첨가해서 고상한 것으로 개조하고, 형식미에 맞추어 표현하는 것은 오로지 인간뿐이다. 즉 인간은 보다 높은 미(美)에 대한 미의식을 가지고 무용을 예술화하였다. 인간은 자연과 동물로부터 무용의 많은 것을 배웠지만 그들을 능가해서 다듬고, 보다 높은 기술을 익히고, 형식에 맞추고, 거기에다 자신의 영혼을 깃들여서 무용을 만들게 되었다.

이상에서 언급한 것은 무용의 발생과 그 기원에 관한 설명이었다. 그러나 무용뿐만 아니라 음악, 미술, 문학 등의 예술에 있어서도 그 발생론만을 바탕으로 본질을 단정할 수는 없다. 왜냐하면 예술이 진보하고 발전되는 것은 반드시 그 발생 원인이나 사실에 충실

자연의 춤

함으로써 이루어지는 것이 아니라 경우에 따라서는 비약적으로 이루어지기도 하고 또한 발전과정에서, 발생시와는 전혀 다른 존재가치나 존재이유가 생기기 때문이기도 하다.

따라서 무용의 본질은 무용의 기원에 관해서만 파악하려고 할 것이 아니라, 기원은 기원이고 본질은 본질이라는 것을 구별하지 않으면 안 될 것이다. 그리고 무용의 개념 역시 조금씩 발전, 변천하고 있는 현실이다. 무용은 특히 변화가 많았던 역사적 과정에서 보다라도 발생론에 치우쳐 버린다면 현대적 창작 예술로서의 본질은 도저히 이해할 수 없게 될 것이다.

또한 교육적 차원에서 무용을 다룰 때에도 어디까지나 무용의 본질을 검토한 연후에 다루어져야 하겠지만, 무용의 발생론에 머물러 있어야 할 이유는 전혀 없다. 무용의 발생 과정이나 발생이유는 무용의 실체를 알아보기 위한 참고는 될지언정 오늘날과 같이 고도로 발전한 예술로서의 무용의 본질과는 상당한 차이가 있으며, 무용의 교육적인 목표 혹은 목적과는 또 다른 차원에 있다.

II. 무용의 본질

'무용의 본질을 탐색하기 위해서는 우선 무용이란 무엇인가?'를 먼저 규명함으로써 해결될 수 있는 문제이다. 무용의 방법론은 무용의 본질이 해명됨으로써 올바르게 수립될 수 있다. 즉 무용의 본질을 해명한다는 것은 무용의 방법론을 수립하는 전제조건이 된다. 무용의 본질이 복잡하고 애매한 것이라고 생각하기 쉽다. 그 이유 중의 하나는 무용의 명칭 때문이다.

무용의 명칭은 무용의 개념을 나타내는 것인데 그 종류가 너무 많기 때문에 오히려 그 개념을 혼동시킬 뿐만 아니라 명칭과 개념 사이에 갈등이 생기게 되는 것이다. 서양의 경우에도 영어나 불어의 '댄스(dance)' 또는 독일어의 '단쓰(tanz)'가 정확하게 무엇을 지적하는 것인가에 관해서는 그 사람의 시각에 따라 해석이 달라진다. 우리말에서도 '무용'이라고 하면 우선 우리나라 전통적인 무용개념이 있는데, 서양의 댄스라는 용어의 개념까지 겹쳐서 더욱 복잡해진다.

음악의 세계에서는 굳이 '예술음악'이라고 부르지 않더라도 '음악'이라 하면 곧 순수한 예술로서의 음악을 의미하는 것으로 되어 있으며, 미술의 경우에도 예술미술이라고 부르지 않는 것이 상식으로 되어 있다.

무용의 세계에서는 '예술무용'과 같이 예술이라는 말을 붙이지 않고 무용이라고 하면 그것은 예술적이 아닌 무용인 것처럼 해석되는 경우가 있다. 흔히들 댄스라 하면 사교댄스를 먼저 상상하게 되며, 무용과 댄스의 의미가 전혀 다른 것처럼 해석되어진다.

무용은 우리의 신체운동을 바탕으로 이루어지는 예술이며, 인간의 신체는 자기의 내면적 사상을 외면으로 표현하는 본능적 기능을 가지고 있으므로 무용은 단순한 신체를 통한 예술이라기 보다는 신체와 영혼이 결합되어서 이루어지는 예술이라 할 수 있고, 무용교육이란 무용예술을 통한 교육과정이라고 말할 수 있다.

일반적으로 일컫는 '춤추기' 라든가 '춤춘다' 는 말의 개념은 무용의 발생을 설명하는 것은 될 수 있으나 무용의 본질을 설명하기는 어렵다. 춤춘다 혹은 춤추는 것 등이 모두 무용일 수는 있으나 그것만으로는 창작되는 예술로서의 무용의 본질을 이해하기는 어렵다.

'춤춘다' 는 개념은 무용의 원시적 상태를 나타낸 것이지, 인간 영혼의 뿌리에서 출발하여 창작되어져 나온 창작의 과정과 예술성을 설명하기에는 무리가 있다. 무용예술의 본질을 규명하기 위해서는 예술로서의 무용을 연구 대상으로 이해해야 한다. 우리가 무용이라고 일컫는 것은 당연히 창작되는 예술로서의 무용을 말하는 것이라 풀이되어야 한

※ **양팔과 양다리의 기준입체도(정면)**

다. 따라서 생활을 영위하기 위한 원시적인 무용, 의료나 저주의 목적에서 하는 마법무용이나 이와 유사한 무용, 신을 받아들이기 위한 종교무용, 스스로가 즐기기 위한 사교댄스, 그 밖의 오락무용 등은 우리 무용 교육자들의 연구대상이 되지 않는다. 신체를 이용한다는 무용의 한 가지 특징만으로 무용의 본질을 논할 수도 없으며 또 그것들을 교육의 수단으로 채택하는데는 한계가 있기 때문이다.

무용은 인간의 신체를 바탕으로 하는 예술이며 동시에 인간의 신체와 직접적으로 관련되는 예술이라는 것은 누구나가 다 알고 있다. 그러나 '무용은 육체의 예술이다'라고 하는 것은 잘못이다. 이것은 관능적인 것이 바로 무용미가 되는 것이 아니며 육체 자체가 예술의 대상일 수 없기 때문이다.

육체는 마음과 대립되는 개념이기는 하나, 하나의 육체와 영혼은 불가분의 것이다. '인간의 신체는 영혼을 담아 놓은 그릇'이라고 말한다. 그러므로 엄밀하게 말하면 무용하는 신체는 영혼과 육체가 하나임을 의미한다. 음악가에게 악기, 화가에게 화필이 필요하듯이 신체는 무용가에게 예술을 수행하기 위한 도구이다. 거액의 도구 혹은 아름다운 도구가 꼭 위대한 예술을 탄생시키는 것이 아니듯이 아름다운 신체가 반드시 아름다운 무용을 표현한다는 생각은 잘못이다. 무용은 어디까지나 신체 운동으로 이루어지는 예술이다. 따라서 움직임은 무용의 생명이며, 신체 움직임으로 자신의 표현 욕구를 승화시켜 표출하는 것이 무용이다.

'예술은 표현이다'라고 할 정도로 예술에 있어서의 표현은 중요한 것이다. 따라서 무용은, 인간의 여러 가지 감정이나 사상을 신체운동에 의해서 표현되는 예술이라는 점에서 중시되어야 한다.

무용은 '창작된다'로부터 그 본질이 시작되는 것이다. 창작이 신체의 운동을 소재로 하며, 그 창작은 사상과 감정을 표현한다는 데에 무용의 본질이 있다. 즉 운동을 통해서 형이상학적인 미를 형성하는 것이 무용이며 그것이 무용의 본질인 것이다.

Ⅲ. 무용의 정의

 무용은 인간의 움직임의 욕구(craving for movement)로부터 발생하였으며, 가장 원초적인 욕구에서부터 우러나온 단순한 신체적 움직임으로부터 시작되었다. 맥피(Mcfee)는 활동으로서 무용(dance as action)을 고찰하는 가운데 무용을 특별한 움직임의 종류로 규정하고, 무용은 아름다운 움직임에는 틀림이 없지만 그것이 반드시 특별한 정보를 전달하는 것은 아니라고 하였다. 활동(activity)은 무용이다. 그러나 활동이 무용을 포괄하는 것은 아니다. 무용은 아름다운 움직임이고 변형이 가능하며, 그 변형은 흥미를 자아내고, 그 흥미야말로 예술에 대한 애착심을 갖게 한다고 하여 무용의 예술적 동기에 대하여 설명하고 있다(Mcfee, 1992).

 무용은 종합예술이다. 음악은 시간 속에 존재하고 미술은 공간 속에 존재한다. 그러나 무용은 시간과 공간의 합일의 상태에서만 존재할 수 있다. 리드미컬한 동작의 패턴, 조형적인 공간감각, 가시세계나 상상세계의 재현, 이러한 것들을 자신의 신체를 도구로 하여 무용을 창조해낸다. 무용은 내적 경험을 표현하기 위한 도구로서 언어나 물질들을 사용하기 이전에 자신의 신체를 사용해 왔음에 틀림이 없다. 그러나 무용에 대한 인식에는 시대나 문화적 배경에 따라 차이가 있었고, 무용의 역사가 오래된 만큼 무용가 혹은 무용학자들에 의하여 무용에 대한 정의도 다양하게 기술되어 왔다.

 마가렛 드블러(M, H' Doubler)는 "무용은 운동을 통해 나타내어지는 정동적(情動的)이며 지적인 리듬적 형식의 확충"이라고 하였고, 마리 위그만(Marry Wigman)은 "무용은 인간의 신체운동을 통하여 혼을 표현하는 예술이다"라고 무용을 정의하였으며, 마쓰모토(松本)는 "무용은 단순한 근육의 운동만이 아니라 정신활동을 포함한 과정으로서 나타내어질 수 있는 행동"이라 하였고, 라반(Laban)은 "무용은 운동이라는 수단을 통하여 이루어지는 예술의 한 분야"라고 말하였다. 이상의 무용에 대한 정의에서 나타난 여러 가지 요인들을 종합하여 이희선은 "무용은 운동행동으로 표현하는 예술이다"라고 정의하였다(이희선, 1997).

Ⅳ. 교육의 본질적 역할

어떤 사물의 본질을 탐구해야 할 때 어원에서 그 실마리를 찾는 경우가 많다. 예를 들어 철학(philosophy)이란 무엇인가를 생각하고자 할 때, 그 어원이 지혜(sophia)를 사랑(philia)하는 것이라 함은 우리가 익히 들어온 바이다.

사실 언어 속에 그 사물의 본질이 담겨져 있다. 어원의 탐색 또는 분석은 사물의 본질을 추구하는데 귀중한 지침이 된다.

'가르친다', '교육한다', '배운다' 라는 말의 분석을 통해서 우리는 교육의 본질이 무엇인가를, 쉽게 그 의미를 알 수 있다. 교육의 어원을 서양어, 한자어, 그리고 우리말에서 찾아 교육의 본질은 무엇이며 어떤 작용을 하는지 알아보자.

1. 서양에서의 어원

교육을 뜻하는 서양어에는 두 가지가 있는데 하나는 pedagogy이며, 또 하나는 education이다. pedagogy의 어원은 그리스어의 paidagōgos인데, 이것은 paidos(어린이)와 agogōs(이끈다)가 결합된 말로 어린이를 이끈다는 뜻이다. 즉 pedagogy는 귀족 가정의 자녀들을 학교나 체육관, 기타 공공의 장소로 데리고 다니며 교육시키는 교사를 뜻한다.

education의 어원은 라틴어의 educo인데 이것은 e(밖으로)와 duco(꺼내다)가 결합된 말이며 속에 지니고 있는 것을 밖으로 꺼내어 키워준다는 뜻이다. 이에 해당하는 영어는 bring up, train, draw out이다. 즉 인간이 선천적으로 지니고 태어난다고 생각되는 여러 자질을 잘 길러주는 것을 뜻한다.

서양어에서 교육을 뜻하는 말은 위에서 본 바와 같이 어린이를 바람직한 방향으로 이끌며 소질을 계발시켜 준다는 뜻이다. 바람직한 방향으로 이끈다는 것은 앞 세대가 자기네가 이상적으로 여기는 행동, 규범, 사고방식 등을 뒷 세대들이 익혀 몸에 배이게 하는 일이요, 소질을 계발시킨다는 것은 어린이의 성장 및 발달을 위해 앞 세대가 도와주는 일이다.

2. 한자에서의 어의(語義)

한자로 敎育(교육)은 원래 무엇을 뜻하는가? 우선 '敎'란 글자는 破字(파자)로 풀면 '爻·子·卜·又'로 구성되는데, 이것은 '效·子·卜·手'의 뜻이다. 즉 교사는 손에 매를 들고 바람직한 방향을 제시하며, 어린이는 공손하게 어른들을 본받는다는 뜻이다. 한편 '育'은 '子·肉'의 결합이며 어린이를 어머니가 가슴에 따뜻하게 안아주는 모습을 가리키고 있다. 이렇게 볼 때 '敎'는 교사의 활동으로서의 상소시(上所施)와 학생의 활동으로서의 하소효(下所效)의 결합이며, '育'은 어머니의 활동으로서의 출산·육아와 아이들의 활동으로서의 성장·발달의 결합임을 알 수 있다. 이렇게 '敎'와 '育'의 어원을 탐색함으로써 한자의 敎는 서양어의 pedagogy, 育은 대략 eduaction에 해당하는 것임을 알 수 있다.

性(성)이란 인간이 타고난 본연의 바탕을 말함이요, 道(도)란 사람이 지켜야 할 규범, 즉 인륜(人倫)을 말하며(孔, 孟) 또한 절대성을 지닌다고 여겨지는 우주만물의 근본원리, 즉 자연의 이치를 말함이다(老, 莊). 敎란 인간으로 하여금 본연의 바탕이나 자질을 살려 키워줌으로써 인륜을 지키고 우주의 이치를 깨닫게 하기 위하여 이것을 구체적인 교훈(敎訓)이나 의칙(儀則) 등으로 제도화·조직화함을 말한다. 이상 우리가 고찰한 바를 요약해 보자.

敎가 교육의 대상인 아동, 즉 피교육자에게 전통적인 문화와 생활기술, 풍습, 습관, 언어활동을 외부로부터 가르쳐 주는데 대하여, 育은 아동, 즉 피교육자가 가지고 있는 타고난 소질, 취미 등에 착안하여 이것이 바르고 순조롭게 자라나도록 길러주는 것을 의미한다. 다시 말하면 敎育은 敎導(교도)와 育成(육성)이 상반되는 동시에 合致(합치)되어 비로소 그 가치를 발하는 正(정)·反(반)의 변증법적 발전의 슴(합)의 이치를 내포하고 있는 것이다.

3. 한글에서의 어의(語義)

우리말의 '가르치다'와 '기르다'는 무엇을 뜻하는 것일까? '가르치다'는 물론 '알도록 하다, 지식을 지니게 하다, 할 수 있도록 지도하다' 등을 뜻하며, 원래 '가르키다'와 어원이 같았다. 즉 '손가락으로 목표를 지적하다, 말이나 동작으로 무엇이 있는 곳을 알려주다'는 뜻과 같았다.

우리는 또 '가르치다'의 뜻을 '갈다'와 '치다'의 합성어로 풀이할 수 있다. '갈다'에는 여러 뜻이 있는데, 낡은 것 대신에 새 것으로 바꾼다는 뜻이요, 물건을 닳게 하기 위하여 다른 물건에 문지르다는 뜻이요, 숫돌에 문질러서 날이 서게 하는 뜻이요, 맷돌로 가루를 만든다는 뜻이요, 문질러서 광채가 나게 하는 뜻이요, 쟁기나 괭이 같은 것으로 논밭의 흙을 파 뒤집는다는 뜻이다.

또 '갈다'는 가려내다, 가리게 하다, 가르다와 그 어원이 같다. 한편 '치다'는 세게 움직임, 목적물에 닿도록 급한 힘을 줌, 달구어 칼 같은 것을 만듦, 떡매로 두드림, 남을 타박함, 식물의 가지나 잎을 베어냄, 고운 가루를 뽑아냄, 틀거나 엮어서 만듦, 길러 번식함, 꿀을 빚음 등을 뜻한다.

한편 '기르다'는 '동물과 식물에 영양분을 주어 그것을 섭취함으로서 자라거나 목숨을 이어가게 하는 것, 즉 육체나 정신에 도움이 될 것을 주어 쇠약하여지지 않게 하다'의 뜻인데, 이것도 '길'과 어원이 같음을 우리는 주목해야 한다. '길'은 통행하는 도로(道路)요, 지켜야 할 도리(道理)요, 목표를 향하여 가는 도정(道程)이요, 반짝반짝하게 윤이 나게 함이요, 짐승을 쓸모 있게 가르쳐 길들임이요, 어떤 일에 익숙하게 된 솜씨를 말함이다.

이상과 같이 우리 한글에서의 '가르치다'와 '기르다'에는 서양어와 한자어에서 보다 더 풍부한 교육의 내용이 담겨져 있다. 그 뜻을 정리해 보면 방향제시, 선별, 분별, 판단, 경작, 연마, 사육, 생성, 제거, 성장의 뜻을 모두 내포하고 있다.

4. 교육의 본질적 역할

위의 어원 탐색에서 우리는 '교육'이 성립되는데 필요한 대전제를 셋으로 유도할 수 있다. 첫째는 피교육자가 지녀야 할 발전가능성(發展可能性)이며, 둘째는 교육자가 지녀야 할 교도훈련성(教導訓練性)이고 셋째는 피교육자와 교육자의 활동무대가 지녀야 할 인격매개성(人格媒介性)이다. 진정한 의미의 교육은 두 인격(人格)이 하나가 되어 아름다운 목적을 향하여 같이 발전하며 전진해 가는 삶 그 자체를 말한다.

이렇게 볼 때 교육이란 '오로지 밖에서 안으로 주는 일이 아니고 학생 자신 속에 숨어 있는 내적 가능성(內的 可能性)을 밖으로 발전하는 힘을 도와 이끌어내고, 이를 구체화, 현실화, 문화화시키는 일'이다. 이런 교육의 뜻을 아름답게 다듬은 사람이 플라톤(platon)이다.

플라톤은 조직적인 교육론(教育論) 《공화국(共和國)》 제7편에서 다음과 같이 말하고 있다.

> 만일 내 생각이 옳다면, 다음과 같이 주장하는 어느 교수들의 말은 틀리지 않겠습니까? 그들은 이렇게 주장하고 있습니다. 즉 교육이란 원래 갖지 못했던 지식을 머리 속에 넣어 주는 일이라고, 이들의 주장은 마치 소경의 두 눈에 빛을 넣어 준다는 격이 아닙니까? 그렇습니다. 그 교수들은 정말 그렇게 말하고 있습니다. 그는 이렇게 대답했다. 우리가 지금까지 생각해 본 이지(理知)에 따르면, 학습의 능력과 수용력은 정신 속에 이미 주어져 있는 것입니다. 몸 전체를 어둠의 방향에서 빛의 방향으로 돌리지 않고서는 우리의 눈이 빛을 볼 수 없듯이, 우리의 지식의 기관도 온 정신을 가상의 세계에서 진정한 참 존재의 방향으로 돌리지 않으면 안 됩니다. 참 존재의 눈부신 빛을 본다는 것은 처음에는 아주 고통입니다. 그러기에 조금씩 익숙해져야 하겠지요. 그리하여 가장 좋은 존재, 즉 최고의 진, 선, 미(眞·善·美)를 인식하기에 이르러야 하겠습니다. 정말 그렇습니다.

교육은 이렇게 지식의 주입이 아니고 주어져 있는 능력, 즉 잠재능력을 도와주는 일이다. 이런 생각을 일찍이 밝힌 사람이 소크라테스(Socrates)였다. 그는 말하기를 교육은 마치 임신부를 도와 아이를 순산케 하는 산파에 비유하면서 교육을 산파술이라 했다. 이렇듯 인간이 이 세상에 태어나서 무난히 잘 살아갈 수 있도록 도와주는 역할이라고 해도 무리는 아닐 것이다.

그러나 무엇보다도 교육에서 가장 중요한 것은 사람이다. 교육은 사람을 가르쳐 키우는 일이기 때문이다. 그 다음에 중요한 것은 교육행위이다. 무엇을 어떻게 가르치느냐의 문제가 교육실천에서는 가장 중요한 문제이기 때문이다. 따라서 사람을 어떻게 보느냐 하는 인간관의 차이는 곧 교육을 어떻게 보느냐 하는 교육관의 차이를 가져오게 되고 교육관의 차이에 따라 교육이론도 교육방법도 달라질 수 밖에 없는 것은 당연한 노릇이다. 우리가 교육에서 통일된 견해를 모으기 힘든 이유도 여기에서 비롯된다고 말할 수 있다. 그리고 사실상 민주주의 사회에서는 인간관이 하나로 통일되는 것이 그리 좋은 현상만은 아닐지도 모른다. 인간관이 하나로 통일되면 곧 획일적 인간관이 나오게 되고, 획일적 인간관 위에서는 교육관도 획일화되기 마련이다.

교육관의 획일화는 곧 전체주의 교육을 만들게 된다. 그러므로 오늘날 우리 사회에서 교육문제에 대해 다양한 논란이 생기는 현상은 오히려 희망적인 증거일지도 모른다. 우리가 경계해야 할 것은 교육문제에 대해 여러 가지 의견이 분분하여 혼란스러운 것 보다는, 지나친 무관심이나 혹은 '이렇게 하는 것만이 교육이다' 라고 나서는 교육적 독단이 더 위험한 것이며 경계해야 할 것이다. 아무리 위대한 학자의 권위로도 교육에 관한 한 '이것이 교육의 왕도이다' 라는 식의 교육적 절대주의를 주장할 수는 없을 것이다. 적어도 우리가 교육하는 대상이 인간인 한, 그리고 우리가 교육을 통해 길러내기 바라는 것이 인간인 한, 한 가지 인간관에만 고정된 획일적 교육관이 우리 교육의 전부를 지배하도록 해서는 안 될 것이다.

무용교육 현장

제2장 무용교육의 이해

I. 무용교육의 이념

1. 무용의 의미

　인간은 태어나면서부터 죽을 때까지 움직이며, 그 움직임의 욕구로부터 무용은 태어났다. 만약 생명이 살아있다는 증거가 움직임이라면 그 움직임의 예술은 무용이다. 무용을 알고자 하는 노력은 무용을 직접 체험하는 것이 최선의 방법이다. 즉 자신의 내적 충동의 심장고동에 따라, 혹은 리듬적 흐름에 따라 걷고, 미끄러지고, 돌고, 굽히고, 펴고, 흔들고, 당기고, 뛰어넘기 위하여 표현적 예술의 속성이 나타내는 것은 그 생명과 더불어 자신의 힘이 솟구치는 느낌 속에 있다.

　언어로서 무용을 설명하는 것은 불가능한 일이지만, 인간이 자신의 생각이나 느낌을 몸짓으로 표현하려는 무용의 속성은 분명히 인간의 필연성이다. 모든 인류를 통하여 무용은 모든 종족 사회 그리고 문화적 생활의 일부분으로 존재하여 왔다. 무용은 인간이 그들의 본질을 표현하기 위하여 고안해 온 하나의 방법이다. 원시 사회에서 사람들은 사악한 영혼을 제거하기 위하여, 풍년을 기원하기 위하여, 그리고 비를 기다리면서 춤추어 왔다.

　현대 사회에서 사람들은 그들의 기쁨과 풍요함을 표현하기 위하여, 그들의 고통과 근심을 떨쳐버리기 위하여, 현대인의 긴장감과 소외감을 해소시키기 위하여, 그리고 이 세상의 영원한 평화를 위하여 춤추고 있다.

　무용은 단순한 신체적 움직임이라기 보다는 다분히 심미적이며, 인간적인 예술이다. 무용은 인간의 신체를 사용하고 그것의 표현적 도구가 인간의 육체이기 때문에, 육체로서 정신을 표현하는 가장 인간적인 예술이다. 표현적 도구로서 신체 자체를 사용하는 가운데 무용을 처음으로 자인(acknowledge)하게 되고, 허약함과 두려움으로부터 신비함과 권위적인 것으로 전환되는 가운데 인간형식을 끌어 올린다. 그 자신의 확인과 향상의 행위 속에서 그 정신이 그 육체라는 것을 깨닫게 된다. 즉 그 육체는 생명의 주요한 도구라는 것을 깨닫게 한다.

무용은 인간이 존재하며 살아있다는 것을 느끼기 위한 하나의 방법이다. 그런 의미에서의 무용은 의식(celebration)이며, 생명의 특별한 어떤 외부적인 형상들을 만든다. 그것은 종교적 계시이다. 어떤 사람들은 조명(illumination)이라고도 한다. 왜냐하면 그 자신으로서 그 자신을 표현하기 때문이다. 자신이 자신의 신체의 느낌에 대해 아는 것을 전달한다.

모든 다른 예술과 마찬가지로 무용은 하나의 부호(code)이다(Little, 1976). 즉 이런 경우는 주관적인 내적 경험을 획득하고, 전달하는 몸짓과 움직임의 구조화를 말한다. 이 코드로서 만들어내는 요소들은 소리, 움직임, 선(line), 형태(pattern), 형식, 공간, 모양, 리듬, 시간 그리고 에너지이다. 산문적 언어의 의미가 문자, 단어, 문장, 문단(paragraph)을 수반하는 것처럼 무용에서 의미는 표현하는 형식을 위하여 그 부호의 요소들을 조화시키는데 달려있다. 무용에서 부호는 볼륨댄스, 탭, 민족 그리고 민속무용에서부터 발레, 현대무용, 한국무용에 이르기까지 많은 형식을 취할 수 있다.

무용 매체와 친근하지 못한 사람들에게 이러한 형식의 의미들을 설명해 줄 사전은 없다. 이러한 문제는 "한 송이의 꽃은 무엇을 의미하는가?"라는 질문과 별 차이가 없다. 춤은 춤이기 때문이다. 무용은 예술이라 할 수 있고 마력(magic)이라고 말할 수도 있다. 그러나 대부분의 무용은 그 자신 스스로가 평가되어지는 소중한 경험이다.

2. 무용교육의 이념

앞에서 무용의 의미를 살펴보았다. 그러면 무용교육이란 어떤 것인가?

말 그대로 무용을 교육하는 것이다. 즉, 무용의 교육적 개념을 나타낸 것이지 특정한 무용의 명칭이거나 종류가 아니며, 무용의 분야가 특별히 있는 것도 아니다. 그러나 무용을 지도하는 목적과 방법에서 차이가 있다. 따라서 무용교육에는 이념이 있으며, 분명한 목적이 있고, 방법론도 있으나 형태는 없다. 즉 무용교육에서는 특별한 형태가 존재하지 않으며, 또한 특수한 형태, 혹은 형식을 만드는 것도 허용되지 않을 것이다.

무용교육의 이념은 무용의 교육적 이념과 같은 의미를 갖는다. 무용교육의 이념은 '교육의 매체로서의 무용(Dance as a medium of edu-cation)' 혹은 '무용을 통한 교육(Education through the dance)'이라는데 있다. 그러므로 무용교육 혹은 교육무용(Dance as education or Educational dance)의 일반적인 개념은 무용이 교육의 목적이 아니라 수단이 되는 것이다. 그러나 역사상 여러 가지 사례를 볼 때 무용이 교육의 목적인 경우가 대부분이었다. 그것은 무용기술 그 자체를 습득하고 그 춤을 배우는데 목적을 둔 교육이었다고 할 수 있다. 이것은 바로 무용의 전수 교육이다. 발레와 같이 공연예술의 한 장르를 익히기 위하여, 무용 그 자체를 가르치고 기술만 습득하면 되는 것이다.

무용을 교육의 목표로 하는 경우는 무용의 전문교육에 해당된다. 이에 비해서 무용교육(Dance as Education)에서는 무용이 교육의 목적이라기보다는 수단이다. 교육은 '인간 행동의 계획적인 변화'라고 정의하고 있으며, 그 목적은 이상적인 인간 혹은 인간 형성에 있다. 인간 형성이 교육의 목적이고, 그 수단들은 수학, 문학, 과학, 무용, 음악, 미술 등 현행의 교과과정이 모두 그 수단이 된다.

무용교육이란 춤을 모방하도록 가르치는 것이 아니며, 춤을 외우는 일도 아니며, 흥겹게 춤추는 그 자체만도 아니다. 기성의 무용을 외우고 따라 춤춘다는 것은 하나의 모방에 불과하며 그 나름의 목적을 달성했다고 할 수 있을지도 모르지만 인간형성이라는 교육의 목적에는 기여하기 어렵다.

무용교육에서의 무용은 성취된 무용을 뜻하는 것이 아니라 그것이 성취될 때까지 과정(process)을 말한다. 대체로 교육의 실체는 과정에 있다는 것은 주지된 사실이다. 무용에 있어서도 그것이 교육으로 다루어질 때는 '춤'이라든가 무용의 '작품'을 뜻하는 것이 아니라 작품이 성취될 때까지의 전 과정을 의미한다. 그러므로 무용교육의 이념은 인간형성이라고 하는 교육목적을 달성하기 위한 수단으로서, 기술을 습득해 가는 과정과 무용 창작 과정을 다루는데 있다고 할 수 있다.

II. 무용교육의 목표

무용교육에서 목적으로 삼고 있는 '인간형성'은 무용에서 뿐만 아니라 교육 전반의 목적이기도 하다. 교육에 있어서의 모든 교과는 인간형성을 궁극의 목적으로 하고 있다. 그러나 각기의 다른 특성을 갖고 있기 때문에 각각의 영역에서 궁극의 목적을 달성하기 위해서 그 임무를 분담하고 있는 것이며 그 분담된 과목에 따라 교육목표를 세우고 있는 것이다.

무용의 교육목표는 무용을 통해서 행해지는 교육만이 도달할 수 있고, 또 도달해야 할 목표이기도 하다.

1. 일반적 목표

'무용교육의 근본적인 목적은 무엇인가'라는 문제에 대해서 그 대답은 인간형성, 즉 무용교육을 통하여 이상적인 인간상을 만들어 나가자는 것이다. 물론 이와같은 인간상이라는 것은 관념적인 것이기는 하나 어디까지나 현실에 입각한 이상적 인간상을 말하는 것이다.

교육에서 말하는 인간완성이라는 것은 인간을 보다 완전한 인간으로 만드는 것을 뜻하며 '이상적인 인간'으로 완성시키는 것을 목표로 삼고 있다. 이상적인 인간이란 시대나 환경에 따라 그 내면과 모습이 다를 수도 있지만 일반적으로 바람직한 인간이란,

첫째, 신체적 조건을 충분히 발달시킴으로서 건강하고 풍부한 운동능력을 지니고,

둘째, 인지적 요소(cognitive components), 정의적 요소(affective components), 심리운동적 요소(psychomotor components)가 서로 균형을 이루면서 충분히 발달하고,

셋째, 진·선·미의 문화적 가치를 추구할 수 있는 조건을 빠짐없이 구비한 인간을 말한다. 인간이 다른 동물과 구별되고 만물의 영장이라고 일컫는 것이 바로 이 점이다.

교육은 이와 같이 가치 있는 정신적 소질을 육성하고 문화적 가능성을 실현함으로써 인간형성(人間形成)이라고 하는 목적을 달성하려는 노력이다. 그러므로 무용학습의 궁

극적인 목적은 창의적인 신체활동을 통하여 학습자의 신체적 발달뿐만 아니라 지적발달, 그리고 사회·정서적 발달을 꾀하는데 있다. 이와 같은 무용교육의 목적은 교육적 이념이나 원리 등에 관계된 추상적이고 포괄적인 의미를 내포하고 있으므로 교육장면에서는 보다 구체적이고 명확한 몇 개의 목표가 설정되고 진술되어야 한다.

또한 학습목표의 설정과 진술은 그것이 학습내용의 선정과 조직, 지도 및 평가에 대해 구체적인 방향을 제시하기 위하여 보다 세분화된 하위 목표들을 필요로 한다. 즉 목표가 내포하고 있는 행동 특성을 몇 가지 구분 가능한 유형을 분류 정리하면 목표의 영역을 심리운동적 영역(psychomotor domain), 인지적 영역(cognitive domain), 정의적 영역(affective domain)으로 삼분하고 있다. 그러나 이러한 세 가지 목표 영역만으로 인간형성의 목적에 완전히 도달할 수 없다. 여기에서 제4의 목표가 필요하게 되는데, 이것이 바로 '조화적 발달'이다. 즉 이상적인 인간이란 인지적 작용, 정의적 작용, 심리 운동적 작용의 세 가지가 조화적으로 발달해야만 하는 것이다.

가치관적 정신작용이 각 부분별로 작용하면서 동시에 통일적으로 이루어지고, 또 그것은 심리적 제 작용의 조화적 발달과 연결되고 한편 건강한 운동적 신체와 함께 공동으로 작업하는 가운데 장기적으로 인간성이 조화적으로 발달되는 것이며, 드디어 이상적인 인간이 형성되는 것이다.

인간성의 조화적 발달이라는 것은 일반교육에 있어서 가장 큰 목표인 동시에 무용교육의 첫째 목표이기도 한다. 또한 이는 무용을 통해서 이루어지는 교육에서 보다 더 완전하게 도달할 수 있는 목표라는 것도 강조되어야 한다.

이와 같은 맥락에서 루돌프 본 라반(Rudolf von Laban)은 '인생의 현실적인 면과 몽상적인 면의 조화와 발달'이라 하여 무용교육에서 인간성의 조화적 발달을 강조하였다.

라반에 의하면 무용에 의한 교육은 일상생활에 직접적으로 활용되는 실용적 활동이나 지식을 위해서 그 목표를 세울 수는 없다고 하였다. 즉 무용을 통한 교육은 인간의 상상력을 무한히 개발하고 창의적인 세계의 질서로 인도하는 안내자의 역할이다. 그것은 균형잡힌 생활로 인도하는 조화적 인간성의 발달을 꾀하는 일이다.

무용교육의 또 하나의 목표는 문화적 인간이라는데 있다. 문화적 인간이란 문화적 능력을 가지고 있는 인간이라는 뜻이다. 여기에서 문화적 능력이라고 하는 것은 문화를 변용하는 능력과 문화를 창조하는 능력을 의미한다. 따라서 문화적 인간이란 문화인이라는 뜻이 아니라 문화를 이해하고 관조하는 능력과 문화를 창조하는 능력을 지니고 있는 인간을 말한다. 문화를 수용하는 능력과 문화를 창조하는 능력을 지니고 있는 인간을 말한다. 문화를 수용하는 능력과 문화를 창조하는 능력은 어떻게 보면 상반된 것 같이 보이나 그렇지 않다. 교육적 입장에서 볼 때 문화를 수용하는 능력이라는 것은 문화를 창조하는 체험을 얻지 않으면 이루어질 수 없다. 따라서 문화를 수용하는 능력과 창조하는 능력은 실로 표리일체의 관계에 있는 능력이다. '문화적 인간'이 무용교육의 한 목표가 되는 이유는 무용 그 자체의 특성 때문이다.

다음의 교육목표는 적극적 인격의 완성이다.

여기에서 인격(personality)이란 성격이나 품격이라는 뜻이다. 적극적 인격은 또 건설적 인격이라고도 할 수 있다. 이와같은 교육목표는 다른 교과에서는 설정하기는 쉬우나 실행하기는 어려운 것이다. 그러나 무용에 있어서는 몸소 실천하는 교과의 특성으로 자연스럽게 실행되기 쉽다.

무용은 직접적으로 몸과 마음과의 관계에서 훈련하는 것이며, 이와같은 훈련은 적극적 인격의 완성이라는 교육목표에 가장 용이하고도 효과적으로 도달하게 할 수 있다. 즉 능동적인 인간으로, 개방적인 표현활동을 통하여 적극적이고 건설적인 인격형성을 가능하게 하는 것이다. 또 적극적 인격은 나아가서 사회적 인격형성이라는 목표와 연결된다. 즉 무용을 통한 교육에서는 이기적인 인간이라든가 고립된 인간이라는 것을 생각하기 어렵다. 적극적 인격완성은 타인과 함께 관계하는 인격으로서 스스로 사회성을 갖춘 사회적 인간이 되지 않을 수 없다.

2. 구체적 목표

무용교육의 구체적 목표는,

첫째, 인간형성을 위해서 가장 중요한 조건 중의 하나인 신체적 목표이다.

신체적 발달은 신체의 외형미 그 자체보다는 오히려 신체의 기능에 있다. 생리학적으로 말한다면, 건강한 신체란 신체의 모든 부분 즉 골격이나 육체뿐만 아니라 내장기관이나 감각기관에 이르기까지 충분히 발달하고 아름답게 발달하고 상당한 체력을 가진 신체를 말한다.

무용은 체력 육성에 더없이 중요한 활동이고, 운동기능 향상에 있어서도 스포츠 활동 못지않게 기여하고 있다. 무용을 단순히 표현력과 창의력만을 기르는 가벼운 신체 운동으로 보아서는 안 된다. 사람이 신체적 가치는 신체 그 자체에 있는 것이기는 하나 오히려 신체의 기능에 있다. 그 기능이란 운동력을 말하며, 운동적인 신체란 풍부한 운동감, 아름답게 표현할 수 있는 운동능력, 즉 자연운동에 입각한 합리적 신체형성을 위한 운동을 말한다. 이것을 무용에서는 '무용적 신체육성'이라고 한다. 이것은 무용교육의 방법론을 연구하는데 기본적인 지침을 제공하고 있다.

둘째, 리듬감을 발달시킨다.

높은 리듬감이란 풍부하고 율동적인 질서감을 갖는 것이다. 따라서 발달된 리듬감을 갖고 있다는 것은 높은 리듬능력을 갖고 있음을 뜻한다. 리듬능력에는 리듬을 파악하는 능력과 리듬을 만들어 내는 능력이 있으며 이 두 가지를 잘 할 수 있는 사람을 리듬감이 발달된 사람이라고 말한다. 미술이나 음악에서도 리듬감의 발달을 교육의 목표로 삼고 있는데, 리듬에 관한 교육은 음악에서의 경우라 할지라도 신체운동을 빌리지 않으면 효과적으로 하기 어려운 것이다. 따라서 리듬감의 발달은 무용교육의 구체적인 목표가 된다.

셋째, 공간감각을 발달시켜 공간형성 능력을 기른다.

공간은 인간의 중요한 환경이며 우리는 공간속에서 살고 있다. 무용에 있어서 공간의 의미는 본인의 신체적 공간과 대인, 대물과의 공간, 무대와 관객까지의 공간이 있으며 나아가 공연장 주변까지도 공간개념에 포함시키는 경우도 있다.

공간형성능력이란 공간을 파악하는 능력을 길러 미적 공간을 형성하는 능력을 말한다. 인간은 항상 이상(理想)의 공간을 가지고 있어서 현실적으로 자기의 이상에 가장 가까운 공간을 만들기 위해 끊임없이 노력하고 있다. 공간형성은 건축재료나 석고와 같은 물질에 의해서 이루어지는 비교적 영속적인 공간이 있는 반면에 운동에 의해서 이루어지는 순간적 공간이 형성될 수도 있다.

우리는 일반적으로 시각을 통해서 공간을 파악하지만 자기 신체의 운동을 통해서 공간을 파악하고 인식하는 것은 보다 새롭고 적극적인 방법이다. 공간감은 공간운동감각의 발달에 의해서 얻어지는 것으로써 일종의 운동감각이다. 운동감각은 신체운동 감각과 공간운동 감각으로 분류하는데 전자는 극히 일부분에 지나지 않고 후자가 그 대부분을 차지하고 있다. 공간감과 공간형성능력은 밀접한 관계가 있다. 이 공간형성능력에 따라서 무한의 공간 속에 유한의 공간을 형성할 수도 있고, 유한의 공간 속에 다른 유한의 공간을 형성할 수도 있다.

미술교육에 있어서도 공간형성능력은 가장 중요한 목표 중 하나가 되겠으나, 미술의 경우 물질적 질량을 가지고 공간을 형성한다면 무용에서는 운동에 의한 공간형성능력을 목표로 한다. 운동에 의한 공간형성능력은 시간성을 내포하지 않은 물질적 질량에 의한 공간형성 능력에도 용이하게 전이될 수 있다.

넷째, 영감(inspiration)에 직결된 즉흥능력을 기른다.

즉흥능력은 순간적인 착상에 의한 창조능력과 상통하는 것으로, 즉흥능력을 갖고 있는 사람은 창조적인 사람이라 할 수 있다. 즉흥적으로 움직인다는 것은 사고의 과정을 거치지 않고 운동한다는 것이며, 그것은 영감과 직결되는 것이다. 즉흥능력이 있는 사람은 항상 자기가 처해 있는 환경을 즉각적으로 파악하고 선용하며, 그것을 토대로 하여 그 위에 자기의 세계를 구축할 줄 아는 사람이다.

즉흥능력은 다분히 심리적인 것이기는 하나 이 목표에 도달하는 최선의 방법 중 하나는 신체적 운동을 통해서 이루어질 수 있기 때문에 무용 교육의 목표로 삼고 있다.

다섯째, 풍부한 표현능력을 기른다.

풍부한 표현력을 가진 사람이란 그 전제조건으로서 다른 표현을 관찰하고 분석하고 수용할 수 있는 능력이 있어야 한다. 표현에는 표현되어야 할 내용이 있어야 하며, 표현력이 풍부하다는 것은 그 내용 즉 사상이나 감정이 풍부하다는 것을 의미한다. 예를 들면 문학에서의 경우, 시인이 풍부한 어휘 능력을 가지고 있고 그 어휘의 구사법을 알고 있다는 것은 그 만큼 풍부한 감정을 가지고 있다는 것을 뜻한다. 특히 무용의 경우 풍부한 표현력을 가지고 있는 사람은 반드시 그와 병행해서 다른 표현을 관찰하고 분석하고 수용하는 능력도 가지고 있으며, 동시에 풍부한 사상과 감정도 가지고 있는 사람이라고 간주할 수 있다.

무용은 신체운동에 의해서 자기의 사상과 감정을 자유로이 표현할 수 있다. 즉 표현하는 방법에 있어서 문학에서는 문자를 사용하고 미술에서는 화필과 물감을 사용하고, 음악에서는 악기를 사용하는데 이것은 모두 객관적 물질적이므로 이 경우의 표현 기술은 객관적 물질을 사용하는 기술이라 할 수 있다. 이것에 비하여 무용은 표현하는 주체와 표현되는 객체가 다같이 자기 자신이라는 점에서 다른 예술에서 볼 수 없는 특징이 있다. 따라서 풍부한 표현력을 가진 사람은 인간생활을 미적으로 표현할 수 있을 뿐만 아니라 적극적인 태도로 인생에 임할 수 있으므로 중요한 교육적 목표가 될 수 있다.

여섯째, 정서(emotion)를 순화시킨다.

정서는 모든 예술교육의 목표가 되며, 무용에서도 그 예외가 될 수는 없다. 인간의 정신적 가치 중의 하나인 예술적 가치는 美인데 그 미를 통하여 우리는 높은 정서에 이를 수 있다. 정서를 흔히들 감상적인 것으로만 해석하기 쉬우나 실은 사물에 부딪쳐서 일어날 수 있는 온갖 예민한 감수성과 함께 동화할 수 있는 감정이다. 정서는 인간의 정신적 가치이지 이론적 가치는 아니기 때문에 예술 이외의 다른 교과의 목표는 될 수 없는 예술 교과만의 특수성이다.

일곱째, 창작활동을 통하여 창의력을 기른다.

21C는 그 어느 때 보다도 창조적인 인간을 요구하고 있다. 창조적인 인간을 기른다는 것은 교육의 중요 목표 중의 하나이다. 인간은 자기를 위해서 뿐만 아니라, 사회와 인류를 위해서 전통을 계승 발전시키면서 새로운 문화를 창조하는 것이다.

무용교육의 중심은 작품을 창작하는 과정이라고 할 수 있으며, 이것은 곧 미를 창작하는 과정이라고도 할 수 있다. 그러나 내용은 어디까지나 미를 발견하고 느끼는 감성, 구체적으로 작품구상을 형성하는 구상력과 구성력, 거기에다 기술적 능력이라고 할 수 있는 협의의 표현력 등으로 이루어지는 것이다. 따라서 창조적 능력을 갖고 있는 사람이라고 말할 수 있으려면 여러 가지 능력을 지니고 있는 사람을 뜻한다. 현행 교육과정상 무용창작의 비중이 높아진 것은 주입식 기술을 목표로 하기 때문이 아니라 그 본래의 교육 목표인 창조능력이 있고, 문제해결력이 뛰어난 인간 즉 창조적인 인간육성을 목표로 하기 때문이다.

여덟째, 예술을 감상할 수 있는 능력을 기른다.

예술관조(藝術觀照)는 협의의 작품 감상만으로 끝나는 것이 아니라 광의의 예술, 즉 인생에 있어서의 문화적 가치가 있는 모든 것에 영향을 미치는 것이다.

감상력의 발달이란 곧 인간의 감상력을 향상시키는 일에 관련된 분야이다. 특히 무용의 표현은 주체성과 객체성을 모두 갖추어야 한다. 즉 아무리 훌륭한 표현운동이라 할지라도 타인에게 공감을 주지 못하는 경우 그 표현운동은 가치가 없는 것이다. 그러므로 타인의 표현운동이나 작품을 감상할 수 있는 기회를 갖고, 좋은 점과 부족한 점을 생각해 보는 태도를 길러야 한다. 표현동작, 음악, 무대장치, 조명, 의상, 작품내용, 전체적 흐름 등을 올바르게 관찰하고 이해하며, 예술의 세계에 동화되어 보는 과정에서 감상력은 저절로 키워질 수 있다. 이 밖에도 현대의 문화를 느끼고 감상하면서 우리는 교양의 범위를 넓혀갈 수 있다.

III. 무용교육의 가치

　무용이 교육과정에서 타 교과목보다 다소 하찮게 보인다면, 그것은 넓은 의미에서 대중과 교육관계자들 사이에서 일반적으로 무용에 대한 인식이 부족하기 때문이다. 이것은 교육과정을 제정하는 사람들 중에 무용의 교육적 가치를 참으로 이해하고 무용경험을 충분히 누린 사람이 별로 없다는 사실이다.

　무용이 교육적 뼈대 속에서 경시되고 관심이 적은 곳에서는 무용의 교육적 가치가 평가 절하되기 마련이다. 이것은 교육적 측면에서 예술교육 모든 분야가 흔히 경시되는 상황에 직면하고 있으며, 특히 무용에서 그런 경우들이 많았다.

　교육에 있어서 무용의 위치를 조정하기 위한 첫 번째 단계는 일반적인 교육으로서 무용의 가치를 규명하는 것이며, 필연적으로 예술(혹은 다른 교과)의 교육적 가치와 보다 큰 사회에서 그 기능으로서의 예술의 본래적 가치를 발견하는 것이다. 사람들은 왜 무용을 하고, 그들은 무용에서 무엇을 얻으려고 하는가? 그 해답은 개인, 사회, 그리고 전체적인 문화 속에서 무용의 타고난 가치에 있다.

1. 개인적 가치

　무용가들이 무용을 하는 여러 가지 이유 중에 대부분의 사람들은 기쁨과 즐거움을 주기 때문에 무용한다고 하지만, 반드시 무용만이 이런 욕구를 충족시켜 주는 것은 아니다. 무용에서 얻어지는 다른 개인적 가치들 즉, 한 개인의 성장과 발전에 직접적으로 관계하는 보다 더 중요한 무엇이 있다.

　무용은 완전한 신체 매카니즘과 부수적으로 지적·정서적 그리고 신체적 기능을 수반하고, 자기의식(self-awareness), 자기개발(self-development), 그리고 자기수행(self-fulfillment)을 달성하려는 하나의 관념적 의미들을 제공한다. 사람은 무용을 통하여 자기 내부의 활력을 느끼고, 탐구하고 개발한다. 신체적 스테미너와 운동제어가 무용에서 요구 되고, 무용은 자기훈련(self-discipline)을 스스로 개발하도록 도전시킨다. 또한 그들 자신의 힘과 에너지 그리고 상호조정력을 조종하도록 돕는다.

우리가 여러가지 움직임을 익히고 움직임 패턴을 표현의 코드로서 신체의 형태를 나타낼 때 우리의 모든 지각들은 예민해진다. 즉흥적 움직임은 상상력을 발휘하고 창조성의 생기를 유발시키며 그 속에서 하나의 의미를 제공한다. 무용은 인간의 내부적 욕구, 자기 감정의 접근을 나타내기 위한 몇 가지 수단 중에 하나이며, 그것은 그들의 주관적인 진실성이다. 즉 무용은 개인적 표현과 그 진실이 전달을 위한 하나의 매개체가 된다.

아마도 무용의 이러한 개인적 가치들보다 더 중요하고 근본적인 것은 움직이려고 하는 개인적 욕구에 출구가 되며 만족감을 제공한다는 것이다. 비록 그 관계의 정확한 성질이 명확하게 만들어져 있는 것은 아니지만 분명히 무용은 건강뿐만 아니라 복지, 즉 개인의 행복에도 관계된다. 왜냐하면 무용현상은 근본적으로 하나의 창조적인 예술이고, 미적 판별을 요구하는 매체이기 때문이다. 월트 위트만(Walt Whitman)은 "나의 노래(The song of myself)"라고 했던 그 자신의 노래 프로젝트에 사용될 특별한 몸짓, 움직임들, 그리고 움직임의 형태들을 적절하게 선택, 판별하는 데에 무용가는 그의 온갖 정열을 기울인다고 했다.

기술은 끊임없이 훈련을 통하여 숙달되어진다. 우리는 신체적 가락과 균형 그리고 경쾌함을 발달시켜야 한다. 이런 움직임은 음악의 템포, 박자, 악센트에 적절하게 어울리는 움직임들을 나타내어 볼 수도 있으며, 위치와 특별히 생소한 움직임들, 그리고 힘의 관계 등을 통하여 기술을 획득해야만 한다.

생각과 신체의 숙달된 움직임을 조화시키는 동안 무용수는 순서를 익히고 특성을 살리고 선택하며, 끊임없는 자기평가와 비판적 판정을 내리는 과정에서 학습하게 된다. 이 모든 경험들은 한 개인에게 조화와 적절함의 판별력을 키워주고, 일생을 통하여 많은 도움을 주게 된다.

2. 사회적 가치

인간은 오로지 그들 자신만을 위해서 혼자서 춤을 추지는 않는다. 무용을 아는 사람들은 흔히 무용을 통해서 자신과 경험이 다른 사람들을 이해하고, 자신과 외부세계와의 교류를 원활히 하게 된다. 내면적인 것에 형식을 취함으로서 무용은 하나의 사회적인 차원에 도달한다. 무용은 상호적인 협력을 필요로 하기 때문에 사회화(socialization)와 집단의 움직임 속에 개인이 필수불가결한 수단이 되기도 한다. 집단의 움직임 속에 개인이 종사하는 사회적인 예술이다. 그 집단 움직임들의 내용은 무용에 사회적 의미를 부여한다.

무용의 사회적 가치는 인생의 가장 의미 있는 많은 사건들(찬미하기 위하여, 애도하며, 숭배하고, 경험 이해의 범위를 초월하고, 유혹하기 위하여, 증오하고, 의식을 취하기 위한)을 해석하고 정화하는 능력을 획득한다. 만약 그것이 자기 자신을 깨닫는 길을 제공하고, 다른 사람을 이해하는 수단을 제공하고, 자기공간과 사회적 공간 사이에 필요한 관계

민속무용

를 만든다면 사회적 주체성과 통일성의 느낌을 가짐으로서 다른 사람들과의 교류는 공동사회에 대한 이해를 촉진시킨다.

무용에서 획득되는 모든 개인적 가치들은 사회적으로 적용될 수 있다. 만약 인간의 상상력이 일상적인 견해 이상에서 활동한다면 그것은 보다 윤택한 사회라고 말할 수 있다. 만약 사람이 위험 앞에서 모험심과 용기의 정신을 고취시킨다면 이 사람은 다른 사건에서도 용기 있게 적응할 수 있을 것이다. 무용이 개인의 상상력을 발휘할 수 있다면 사회적 성숙과 집단의 성장을 도울 수도 있을 것이다.

3. 문화적 가치

하나의 예술로서 무용은 인류의 큰 기쁨과 슬픔을 상징할 수 있다. 생활의 관습 속에서 인류는 그들이 상식적으로 이해한 내용 및 내면의 세계들을 표현한다. 무용은 그들 문화의 고유한 정신을 민중적인 형태로 표현한다. 이러한 형태는 각 나라의 민속무용이나 민족무용에서 잘 나타나고 있다.

서로 다른 민족의 민족적 기질은 그들이 활동하는 움직임의 양식 속에서 포착되며, 그러한 양식들은 그 내부의 상징일 뿐만 아니라 한 민족의 외부적 생활양식이다. 아프리카에 있는 한 부족무용에서부터 현대 미국의 디스코, 재즈에 이르기까지 인간은 그들의 인생 노선에 관한 그들의 느낌과 태도들을 신체적 언어로서 표현한다. 예를 들어 평등한 여성의 권리에 대한 주장으로 미국 무용계에서는 남성이 반드시 여성을 이끄는 것은 아니지만 그리스와 오스트리아에서는 여전히 남성은 여성을 보호하는 전통들이 있다.

가나(Ghana)에서는 부족 무용수들이 매일의 먹이 사냥을 위하여 의식무용을 한다. 브라질의 삼바(samba), 스페인의 플라밍고(flamingo), 아르헨티나의 탱고(tango), 라틴 아메리카의 자이브(jive), 차차차(cha cha cha) 등은 그들 문화 속에서 특별한 민족적 정신을 불러 일으킨다. 무용은 또한 그들의 시대적 특성을 반영하고 표현한다. 트위스트(twist)와 허슬(hustle)은 1960년대, 왈츠(waltz)와 찰스톤(charleston)은 1970년대, 디스코(disco)는 1980년대, 재즈(jazz)는 1990년대 그들의 시대를 분명히 말한다. 발레리나의 en pointe는 실재(현실)로 부터의 비상(flight)을 말하고 신비로운 높이로 떠오르기 위하여 지구의 중력에 도전한다. 19C 낭만주의는 가스라이터, 산업혁명, 그리고 이상적인 여성에 대한 관념 등을 반영하고, 20C 현대무용은 프로이드, 라이트형제, 전기 등 시대적 발전을 나타내며 21C 초 브레이크댄스 비보이(B-boy)는 전자산업, 생명공학, 우주공학 등의 급변하는 삶 속에서 인간의 개인적 경험을 표현하기 위해 신체의 자유로움을 나타낸다.

무용을 통하여 우리 자신과 다른 문화들 그리고 인류의 시대적 배경을 이해할 수 있고, 현실을 체험하는 모든 방법들을 동원하여 감정의 일치를 획득하게 된다. 어떤 문자적인 지식으로 표현될 수도 없을 뿐만 아니라 유창한 말솜씨로도 결코 구체화할 수 없는 그 어떤 것을 무용은 여러 인종과 민족들 사이에 단절의 벽을 열어줄 수 있고, 서로 연관 지워줄 수 있는 중요한 문화의 범주 속에 있다.

외국 민속춤

4. 교육적 가치

앞 장에서 언급되었듯이 '무용이란 무엇이며, 왜 춤을 추는가 그리고 그 실체는 무엇인가?' 라는 질문은 교육으로서 무용에 대한 근거를 제공한다. 어떤 포괄적인 예능 프로그램에서도 무용 없이는 완전하지 못하다.

다른 예술들과 마찬가지로 무용은 교육에서 단순한 장식 이상의 것이다. 교육자와 학부모는 무용이 보다 나은 교육을 위해 공헌할 수 있도록 그 권리와 책임을 가져야 한다. 그렇다면 교육에서 무용에 대한 합법적이고 합리적인 이론적 근거를 구성하는 것은 무엇인가? 정상화된 교육과정에서 전반적으로 무용이 할 수 있는 것은 무엇인가? 무용의 본질과 예술적인 보편적 가치에 근거한 교육적 가치는 다음과 같다.

1) 무용은 기본적인 교육이다.

무용은 인생 자체의 질감을 건드리고, 존재의 본질을 표현하기 때문에, 무용은 자신과 타인 사이에 의사소통을 위한 활력있는 매체라 할 수 있다. 무용은 인간 경험을 강화시키고 정서를 정화한다. 무용은 신체적·정신적 그리고 지적 역량을 발전시키고, 이러한 역량들을 통합함으로써 조화롭게 기능한다. 무용은 내적 자아(inner-self)와 외적 현실 사이에 관계를 나타낸다. 우리가 보고, 듣고, 느낀 것의 의미를 더욱 깊게 깨닫게 하고 우리의 지각을 예민하게 만든다. 그러한 의식을 불러일으키는 것은 훌륭한 교육을 위해서 중요한 역할을 한다.

2) 무용은 모든 학습을 강화한다.

일종의 특별한 지각으로서 무용은 다른 학문적 영역들(문학, 수학, 사회 과학 등)과 관계되고 다른 학문적 영역들의 학습을 향상시킬 수 있다. 우리가 개인적으로 느낄 수 있고 경험할 수 있는 상징적 코드 과정으로서 그것은 보다 덜 개인적이며 상징적인 과정들을 타인에게 암시(metaphor)할 수 있다. 크게 신체적 수단으로 이 과정들을 전달하는데 있어 무용은 다른 학문적 영역들을 보완한다.

무용의 요소인 소리, 움직임, 선(line), 유형, 형식, 공간, 형태, 리듬, 박자, 시간, 에너지 등은 많은 교과목들에 기초가 되는 개념들을 공유하고 있다. 그러므로 무용은 모든 교육에 공기와 물처럼 전반적으로 기여한다.

3) 무용은 평범한 교육양식에 대안을 제공한다.

무용은 학생들로 하여금 그들 스스로를 표현하고 배우도록 하기 위하여 특이한 조건을 마련하고, 가끔은 모험적인 방법으로 학습에 종사시키기도 한다. 무용은 신체적인 것뿐만 아니라 정신적인 것을 수반하고 있으며, 구술적인 것만으로 쉽게 이해될 수 없는 개념과 이상을 어린이들에게 이해시킬 수 있게 하기 때문이다. 무용은 학습이 싫어질지도 모를 어린이들을 즐겁게 학습에 종사시킬 수 있게 한다. 그것은 모방에서부터 시작될 수도 있으며, 자신의 생각을 계획하고 추론하고 열망하며, 그리고 이행하기 위하여 모든 학생들에게 타 교과목과는 다른 방법으로 동기를 유발할 수 있다.

4) 무용은 창조적인 잠재력을 자극한다.

무용은 특별히 표현적인 문제와 요구들을 해결하기 위하여 움직임과 형태 그리고 전체적인 구성을 이해하며, 자발성과 즉흥력을 개발하도록 유도한다. 학생들이 그들 자신의 움직임의 레퍼토리를 무용형식과 조화를 이루며 움직임과 그 순서 등을 하나하나씩 형성해 갈 때 그들은 자신을 창조적 능력의 개발에 투자하고, 그러한 과정에서 노력의 가치와 무용의 진정한 예술성을 발견하게 된다.

5) 무용은 종합적인 방법으로 자신과 사회적 인식을 촉진한다.

무용은 학생들로 하여금, 그들의 개성을 표현하게 하는 보다 나은 수단이다. 무용의 감성적, 정신적, 신체적 요구들을 통하여 학생들은 반드시 그들의 종합적인 자신과 직면하게 되고, 자신의 완전한 자아개념(self-concept)을 수반하고 타인과의 솔직하고 협력적인 관계를 학습한다. 무용은 사람들이 그들의 환경에 대해 보다 더 잘 인식할 수 있도록 하며, 동시에 그들 자신의 능력보다 큰 확신을 가질 수 있도록 도와준다.

6) 무용은 건강에 관심을 두게 한다.

인격형성의 시기에 무용은 비경쟁적인 수단으로서 신체적·정서적 그리고 미적으로 어린이의 발달을 도울 수 있다. 신체적·정신적 발달이 늦은 학생들의 교육과 그들의 장애를 보다 효과적으로 극복할 수 있는 유용한 치료도구라 할 수도 있다. 그러나 보다 중요한 점은 무용에 대한 이해와 응용은 모든 사람에게 그들이 어떻게 여가시간을 보낼 것인가에 대한 보다 폭넓은 범위를 제공할 수 있다. 무용은 우리생활에 즐거움과 활기를 더할 수 있고, 신체적인 무리없이 밝은 마음과 건강한 신체를 유지·발달시켜 준다.

7) 무용은 우리 자신과 타 민족의 문화에 대한 이해를 높인다.

무용은 우리의 민족적 유산에 대한 주체의식을 고취시키고, 폭넓은 발전과 관용적인 태도와 멋에 대한 근본자료를 제공한다. 무용은 각 인종, 종교, 문화적 전통들 간에 유사성과 상이성에 대하여 보다 깊은 이해와 승인을 촉진한다.

만약 이러한 7가지 방면에서 무용이 그 구실을 제대로 한다면 교육에서 무용의 위치는 타당해졌다. 교사는 시작 단계에서 학생들의 흥미와 신체적 능력을 고려하여 창조적으로 전개해야만 한다. 그것은 교사 혹은 지도자로 부터 어린이에게 단계별, 순서별로 가르쳐지는 단순히 한 무용의 레퍼토리가 아니다. 학생이 의문스러워하고, 생각하고 지각하고 관찰하며 느끼고 조작하고 반응하며 그리고 평가하는 가운데 이루어질 수 있는 발달의 과정이다.

이 과정에서 교사는 학생들에게 일정한 움직임들이나 혹은 특별한 형태를 보여주고 따라하게 하는 명령자가 아니라 용기를 주고 힘을 북돋아 주는 격려자이다. 창조적인 과정을 통하여 기술(skill)을 전개할 때 그들은 교사에 의해서 소개된 전통적인 움직임의 유형과 구성에 적용될 수 있다. 그러나 그 기계적인 암기 경험(교사를 따라하는 움직임과 그 형태들)은 항상 창조성에 의해 보충되어야 한다.

한 교과과목이 교육과정 속에서 학문의 합법적인 독자적 영역으로 인정받기 위해서는 기본적인 두 가지 요구가 있다.

첫째, 그 교과의 내용은 타 교과의 문제들과는 내용상 차이가 충분히 인정되어야만 한다. 둘째, 유형화된 학문이 요구하는 것은 충분히 폭넓고 깊이 있는 학문적 개념들(conceptual framework)이 있어야 한다.

무용은 이러한 두 가지 기준들과 일치한다. 무용은 주체적이며, 독특한 내용을 가지며, 전문적으로 정통하기 위해서는 광범위하면서도 집약적인 교과목이다. 무용은 교육적으로 활용하는데도 비교적 용이하다.

무용 연습은 한 개인과 얼마간의 공간만으로도 이루어질 수 있으며, 모든 사람 즉, 어린아이에서부터 노인에 이르기까지의 남녀노소, 부유한 자와 가난한 자, 건강한 사람과 건강이 좋지 않은 사람, 사회적 문제를 안고 있는 사람 혹은 잘 적응하는 사람들 모두가 할 수 있는 활동이다. 무용은 기술이나 세련됨의 수준에 별 관계없이 만족감을 줄 수 있고, 교실, 체조장, 운동장, 가정, 병원, 공원 등 비교적 가깝고 편리한 장소에서 행하여 질 수 있다. 예술이 과학과 동등한 학문의 한 분야로 이해되어질 때 무용도 그 교육과정에서 자연스럽게 정위치를 차지하게 될 것이다.

학생들은 모든 예술을 친근하게 접할 수 있어야 한다. 종종 음악과 시각적 예술에만 한정되는 접근은 모든 학생들에게 적절한 표현적 매체를 발견할 수 있는 기회를 제공하지 못할 것이다. 그것은 과학에서도 마찬가지이다. 예를 들어, 어떤 학생은 생물에 탁월한 반면에 다른 학생은 화학 또는 물리만을 좋아하는 것과 같다. 학교가 다양한 지식들을 여러 각도에서 공급할 수 있을 때 학생들은 자신의 적성을 발견하고 차후 자신의 삶을 보다 더 풍요롭게 운영해 갈 수 있을 것이다.

Ⅳ. 무용교육의 발달

1. 무용교육의 초기발달

무용교육의 목적은 고대 희랍인들에 의해서 이미 이해된 것 같다. 소크라테스(Socrates, BC 469~BC 399)도 무용을 높이 평가하여 다음과 같이 권장하였다.

건강을 위해, 신체의 완전하고 조화로운 발달을 위해, 적정한 체중을 유지하기 위해, 왕성한 식욕을 얻기 위해, 또한 숙면을 즐기려면 춤은 보다 많은 사람들에게 가르쳐져야 한다. 나 자신도 새벽에 혼자 춤을 춘다. 이 우아한 예술에 대해 좀 더 기술을 얻고 싶다는 소망을 갖고 있다.

아리스토텔레스(Aristoteles, BC 384~BC 322)도 무용이 교육에 있어 차지하는 지위에 대해 언급하였다. 그는 14세기 이전의 무용을 하나의 교육활동으로서 요구하는 데는 찬성할 수 없으나 무용은 가장 고상한 지적, 풍류적 만족감을 줄 수 있다고 보았다. 그의 생각으로는 무용은 젊은 학생들의 영혼으로부터 보기 흉한 감정을 씻어내는데 도움이 되며 장래의 시민들에게 여가를 훌륭하게 즐길 수 있는 방법을 가르쳐 주게 되리라는 것이었다.

무용은 중세 후반과 르네상스 시대를 통해 유럽 귀족층의 교육에 중요한 분야로 부상하였다. 16C 프랑스의 위대한 수필가 몽테뉴(Montaigne, 1533~1592)는 '어린이의 교육'이라는 그의 논문에서 교육이란 우선 성격과 생활을 위한 훈련을 포함해야 한다고 말하면서 다음과 같이 주장하였다.

운동과 오락, 달리기, 씨름, 무용, 사냥, 승마, 검술 등은 학생들을 위한 수업의 한 부분이 된다. 나는 학생들의 예절, 품행, 참을성과 함께 그의 정신이 개발되도록 하려고 노력한다. 우리가 훈련을 시키고 있는 것은 정신만이 아니며 육체만도 아니다. 그것은 인간이며 우리는 정신과 육체를 분리해서 생각해서는 안 된다.

음악과 무용은 유럽의 모든 왕궁에서 전투 및 사냥 기술과 함께 귀족들의 필수적인 교육과목이었다. 이태리의 탁월한 교사였던 비토리노 다 펠트르(Vittorino da Feltre)는 만투아(Mantua)에서 제자들의 교육을 책임지고 있었는데 휴머니스트였던 그는 라틴어, 그리스어, 인문고고학을 그의 강의의 주요부로 삼았고, 이태리의 대부분의 왕가에서는 물론 다른 나라 귀족의 제자들까지도 그의 지도를 받으러 왔다. 그의 교수 과목 가운데에는 기사교육의 특징을 이루는 여러 가지가 들어 있었는데 무용, 승마, 검술, 수영의 특수지도 이외에 사냥, 낚시 등의 스포츠를 위한 야영훈련 등도 있었다.

많은 사가(史家)들은 근대의 체육교육 운동이 로마에 살았던 히에로니무스 메르크리알리스(Hieronymus Mercurialis)라는 유명한 의사에 의해 1569년에 쓰인 《체육의 기술(De Arte Gymnastica)》이라는 교과서에서부터 시작된 것으로 보고 있다. 이 책은 유럽 각지에서 사용되었고, 다른 저자들과 학교 당국에서도 널리 인용하였는데 여기서 그는 고대 희랍의 체육교육의 부활을 모색했으며 그가 권장한 여러 가지 활동 가운데 하나가 무용이었다.

17C에는 유명한 교육 저술가 존 로크(John Locke)에 의해 《교육의 몇 가지 고찰》(1693)이 출판되었다. 여기서 그는 어린이의 지능 연마를 위해서 뿐만 아니라 신체조직과 건강의 단련 등에 관해서도 광범위하게 다루고 있다. 여러 가지 활동에 대해 언급한 그는 특히 무용에 관해 다음과 같이 말하였다.

> 연구와 서적으로부터 얻어져야 할 것 이외에도 신사와 숙녀에게는 여러 가지 교양이 필요하다. 이들 가운데는 연습에 의해 얻어질 수 있는 것, 시간을 필요로 하는 것, 그리고 훌륭한 교사가 있어야만 얻어질 수 있는 것 등이 포함된다. 춤이란 것은 모든 사람에게 우아한 정서를 주고 무엇보다도 어린이들에게 남자다움과 적당한 신뢰감을 주게 된다. 나는 아무리 어린 나이라 할지라도 춤을 배우는 데는 이르지 않다고 생각한다.

독일 교육의 훌륭한 개척자 요한 구츠무스(Johann Gutsmuths 1759~1839)는 1793년 《젊은이를 위한 체조》라는 책을 출판하고 여기서 춤은 신체운동을 위한 하나의 수단이 된다고 주장하였다. 그는 또 춤은 대단히 권상할 만한 가치가 있는 운동이다. 그것은 우아하고 균형 있는 동작과 힘 있고 경쾌한 기분을 결합하는데 효과적이라고 했다. 그는 체육 학교에서 적극적으로 무용을 장려했는데 저술에서 체조무용(Gymnastic Dance)이라는 말을 처음 사용한 사람인 것 같다. 상기한 그의 저서에서 그는 다음과 같이 주장하였다.

> 옥외에서 추는 체조무용은 청소년용의 씩씩한 발레에 가까운 것인데 젊은이들은 힘과

역량을 발휘하고 단순한 즐거움과 젊은이다운 영웅심을 자극하여 노래를 반주하며 애국심을 소중히 하려는 계획으로 고안 되었으 며, 교육적으로 매우 바람직한 것이다.

다른 교육자들도 간단한 행진, 뜀뛰기, 스텝, 달리기 동작 등으로 구성된 이른바 민속무라는 것을 소개했고, 이것은 항상 노래나 음악의 연주가 함께 나오는 것인데 미국에서는 체조 무용이라고 하였다.

또한 구츠무스의 체조를 과학적으로 연구하기 위하여 해부학, 생리학을 공부한 링(Ling)은 1814년 스톡홀름에서 왕립중앙체육학교를 설립하는데 성공하였고, 그곳에서 25년간 체육을 이론적으로 연구·지도한 그는 체조는 교육적, 군사적, 의료적, 미적으로 구분할 수 있는데 그 중 미적체조의 내용은 (1) 교육적 체조를 기초로 하고, (2) 사고와 감정을 표현하는 동작으로 오늘날 학교무용의 기반이 된 것이다.

이와 같이 다양하고 내용이 풍부한 링의 체조는 스웨덴뿐만 아니라 영국, 미국, 덴마크, 일본 등 외국 여러 나라에 까지도 많은 영향을 미쳤다. 우리나라에서도 1895년 이 체조가 연구되어 1914~1927년 까지 이를 정식 학교 교과목으로 채택하였다. 또 독일왕립중앙체조연구소의 소장은 19세기 중엽 무용식 구성으로, 지휘에 따라 움직이는 전이연습(transition exercises)이라는 것을 소개했는데 이것은 체조와 무용의 혼합물처럼 생긴 것

이었다.

당시 유럽에서는 수많은 비공식의 무용 교사들이 도처에 산재하여 발레 학교에서 하나의 예술로서 가르쳐지기도 하고 혹은 당시의 부유층의 가정이나 왕가에서 사교상의 교양을 위해 가르치기도 했다. 그러나 학교 무용의 교과목으로서의 성립은 상기한 체조 학교에서 유래되었다고 볼 수 있다.

2. 미국의 무용교육 발달

혁명전 미국 여러 주에서는 춤을 비난하는 종교계의 태도가 누그러져감에 따라 무용에 대한 관심은 크게 고조되었다. 무용학교는 꾸준하게 성장했고 많은 사립학교에서는 소년들과 소녀들에게 검술과 무용을 혹은 음악과 무용을 함께 가르쳤다. 그들은 이러한 교육의 목적을 결코 경시할 수 없으며, 심심풀이로 춤추는 것이 아니라는 데 있었다.

19C 미국에서 교육상으로 무용이 발달한 것은 초·중학교의 교과 시간표의 확대에 밀접한 관계가 있음은 물론이지만 사설 연구소, 양성소, 여자대학에서의 활동들도 큰 역할을 하였다 차츰 유럽 교육계 권위자들의 교육론이 미국에서 채용되었다. 특히 독일 유치원 교육의 창시자인 동시에 여성교육 옹호자인 프리드리히 프뢰벨(Friedrich Froebel 1782 1852)의 저작들이 이곳의 교육철학에 영향을 미치기 시작했다. 학교는 아동들의 학술적 발전에 대하여 뿐만 아니라 신체적 성장에 대해서도 책임을 져야하며 순수한 학술적인 것 이외의 활동도 시간표에 포함되어야 한다는 신념이 차츰 확고히 되었다.

19C 초, 수년 사이에 주정부 또는 교회의 보조를 받아 설립하는 대학의 수는 점점 늘어났고 뉴 잉글랜드(New England)의 홀리요크(Holyoke) 등지에는 강습소 자리에 여자대학들이 세워졌다. 이러한 환경 가운데서 춤은 가르쳐지기 시작했다.

엠마 윌라드(Emma Willard)와 마리 리용(Mary Lyon) 같은 몇몇 여 성교육자들은 학생들에게 어떤 형식의 체육 교실을 실시해 보려고 했다. 엠마 윌라드는 버몬트(Vermont)시의 미들버리(Middlebury) 대학에서 1807년 1년 동안 무용을 지도했다. 그때 날씨는 혹독한 추위에 눈이 많이 내렸는데 후일 다음과 같이 기술된 것이 있다.

날씨가 너무 추워 더 오래 지탱할 수 없기에 나는 연습장에 학생들을 불렀다. 그리고 그들을 모두 종대로 세웠다. 향토무용(country dance)을 시키기 위해서였다. 나는 학생들에게 활발하게 노래를 부르게 하고 한 학생을 내 파트너로 하여 춤을 추었고 그들에게도 빠른 동작으로 그와 같이 하도록 했다. 이렇게 하고난 후 우리는 다시 정상수업으로 들어갈 수가 있었다.

무용은 남학생보다 여학생들의 교육과정인 것처럼 되어 있었지만 남학생에 대한 필수교과의 하나로서 기록에 남아 있는 최초의 예는 웨스트포인트(West point)의 육군사관학교가 있다.

1783년 육군사관학교는 워싱턴(Washington) 대통령에게 제출된 교과 과정 속에 무용이 포함되어 있었는데, 이론적 근거는 말할 것도 없이 장교는 신사답게 처신할 수 있어야 하는데 무용 지도는 그러한 처신에 도움을 줄 수 있으며 균형과 사교상의 능력을 주게 되리라는 것이었다. 그러나 이것은 실제로는 실시되지 못하였고 1817년 동료의 검술교수 피에르 토마스(Pierre Thomas)가 원하는 사관생도에 한하여 자원 무용반을 조직할 수 있도록 허가받았다.

1823년 무용은 하계 야영의 필수과목으로 포함되어 3, 4학년은 매일 그 당시 보스턴(Boston)의 무용교사 파판티(Papanti)로부터 지도를 받았다. 19C 초 약 25년 동안 무용은 각 초등학교에서 눈에 띄기 시작했는데 그것은 주로 몸가짐, 예절, 사교의 처신을 배우는 수단이라고 생각되었다. 무용 저서를 남긴 죤 엘 브록(John L. Blake)은 농부의 하루(The farmer's everyday)에서 시골 학교에서도 교직원 지도하에 무용이 보급되어야 한다고 주장하였다.

정오 전후나 오후 수업을 시작하기 전 30분간을 마치 우등생에게 선행상을 주듯 매혹적인 운동을 할 수 있게 해준다면 어떤 학생이건 절대로 지각하는 일이 없을 것이라고 자신 있게 예언할 수 있다. 이 밖에도 춤은 예상보다 훨씬 더 예절과 성품을 순화시켜 줄 것이다. 이런 구상은 그들을 무용실에 적응시키기 위한 것이라기보다는 건강에 좋고,

남녀 학생별 그 특성에 적합한 운동을 시키려는 것이다.

이렇듯 존 브록은 당시 체육교과 중에 무용을 포함시켰다.

무용은 공리나 도덕적 이유로 도전을 받은 공립학교에서 보다는 사설 연구소에서 더 많이 볼 수 있었다. 예를 들면 1840년 클리블랜드(Cleveland)시의 어느 시민은 의회를 향해 공립학교에서 음악을 가르칠 수 있도록 하라는 청원을 제출했다가 학교에서 음악을 가르치는 일이 불법이라하여 취하된 일이 있었다.

이 의회에서 한 의원은 만일 이것을 허가한다면 무용도 또한 학교에서 가르치게 될지 모른다고 우려했다. 그러나 무용은 채택되었다. 때로는 무용을 가르치면서도 외형상으로는 음악, 체조나 미용체조처럼 가장되는 일도 있었다. 그래서 마리 리용(Mary Lyon)이 1853년 경에 교과서 한 권을 몬드 홀리요크(Mount Holyoke)대학에서 출판했을 때 교사들은 연습이 음악에 맞추어 행해지더라도 무용이 우선 되어서는 안 된다고 반대했다. 그럼에도 리용 교수의 지도와 1840~1850년대 씬시나티(Cincinnati)와 몬트 홀리요크(Mount Holyoke)의 여학교에서 캐더린 베춰(Catherine Beecher)가 지도한 미용체조는 모두 무용과 대단히 유사했다.

미용체조(Calisthenics)라는 말은 그리스어로 아름답다는 뜻의 Kalos와 힘을 뜻하는 Sthenos에서 온 것이다. 연습은 음악의 반주에 따라 우아한 동작과 좋은 태도를 갖게 하는 간단한 운동들이 포함되었다.

남북전쟁(1861~1865) 때부터 19C말 사이에 무용은 이론적 배경 없는 체육교과의 한 영역이 되어 일반교육 과목으로 간주되었다. 금주와 건강에 관한 강연으로 인기가 있던 디오 레위스(Dio Lewis)는 가벼운 아령을 음악이나 북소리에 맞추어 사용하는 율동적인 연습법을 고안했다. '새로운 체조'라는 그의 저서에서 무용은 '적당히 분투적인' 운동이며 유연성, 민첩성, 우아함을 길러주는 것이라고 칭찬했다.

메사츄세츠주 렉싱턴에서 그가 운영하는 학교에서는 하루 두 차례씩 30분간 여학생에게 체조에 참가하도록 했으며 일주일에 3번쯤은 그와 함께 무용을 하게 했다. 그는 그의 체조법을 다음과 같이 설명했다.

남녀 학생들은 서로 사귈 수 있다는데 크게 즐거워하면서 모든 연습을 함께 해 나감으로써 이곳에 대한 매력을 더해 가는 것이다. 특히 신체육관(New Gymnasium)에서는 모든 것이 음악에 맞추어져 있다. 행진, 자유운동, 아령, 장대, 링, 상호보조 훈련 등이… 아무리 무감각한 사람 들이라도 이 즐거운 자극들을 거절할 수는 없다. 100여 명의 학생이 연습에 참가했다. 각자가 단독으로 연습하는 구식 방법 하에서는 음악이 일으켜 주는 공감과 활력이 저하될 뿐만이 아니라 연결성 있는 동작을 구할 수 없게 된다.

그는 그의 '새로운 체조'에서 내세운 것이 무용이라고 보지는 않았으며 그 연습들은 '음악에 따라서 정리되고, 춤보다는 기타 친목을 위한, 오락보다 나은 것'이라고 했다. 그러나 그것들은 행진, 도약, 스텝 그리고 상대와 같이 연습량을 두루 돌아가는 것 등이 포함된 것으로서 분명히 수정된 무용 형식이었다.

더구나 19C세기 후반에 와서는 이러한 무용도 이미 공인될 단계에 이르렀다. 이러한 무용 형식이 모든 사회 계급 간에 사교상의 오락물로서 받아들여졌다는 사실에도 그 원인이 있다. 실로 이것이 베사르(Vassar)대학 같은 일류 여자대학에 소개되고 또 이에 반대가 있었을 때도 대학의 이사들과 교직원들은 이를 강력히 찬성했다. 이 대학 설립자 매츄 베사르(Mattew vassar)는 1869년 이사들에게 다음과 같이 말하였다.

> 수년 전에 나는 종교적인 입장에서 이 어려운 문제들을 판단하고 각종 오락에 대해 호의적인 결정을 하게 되었던 것입니다. 나는 아직까지 대중 무용을 해 본 일은 없지만 무용이 건강상 좋고 우아한 운동이라는 점에서 대단히 찬성하는 사람이고 부모나 보호자들의 권유를 받은 교내 학생이라 면 누구든 배울 수 있기를 권장합니다.

또 몇 해 뒤에 하버드대학교(Harvard University) 총장 찰스 더블유 엘리엇(Charles W. Eliot)은 찰스 프란시스 애덤스(Charles F. Adams)에게 보낸 편지에서,

하버드대학에서 필수과목을 고르라고 하면, 나는 가능하면 무용을 선정하겠다는 말을 자주해 왔습니다. 웨스트포인트 학교는 이 점에 있어서 정말 현명하였다고 봅니다.

결국 무용교육은 장기적인 인간교육에 큰 도움을 줄 수 있다는 결론에 자연스럽게 도달하였다.

제3장 일반교육과 무용

오늘날 미국뿐만 아니라 각 나라에서 무용교육은 폭넓게 그리고 다양한 장면에서 제공되고 있다.

첫째, 무용은 일반교육의 한 분야로서 유치원, 초·중·고등학교뿐만 아니라 대학에까지 무용교육이 제공되고 있다.

둘째, 무용은 여러 가지 전문 혹은 예술형식으로 수천 개의 개인 스튜디오, 연구소, 컨설바토리, 발레단 또는 다른 공연단체 등에서 시도되고 있다.

셋째, 교사들의 연수, 협의회 등을 포함한 사회조직 혹은 무용 전문가를 후원하는 연맹 등에서 무용교육이 실시되고 있다.

넷째, YMCA, 문화센타 등에서 평생교육의 한 분야로서 무용 프로그램이 제공되고 있다.

이 장에서는 일반교육으로서의 무용에 관한 안목을 넓히기 위하여, 교육으로서의 무용과 학교교육과 무용, 평생교육으로서의 생활무용을 여러 가지 차원에서 검토할 것이다.

Ⅰ. 교육으로서의 무용

1. 무용에 대한 올바른 접근

무용은 신체를 표현도구로 사용한다는 점과 연습과정의 상황적인 조건 때문에 교육적으로 존중받는 교과로 인정받지 못하였다. 성별적·인종적 요소들과 과목에 대한 편견은 사회에서 무용 역사의 성격을 규정하였고, 하나의 교육적 매개 수단으로서 조심스러운 태도를 보였다. 일반적으로 사회는 무용에 대한 소녀들의 관심과 능력의 개발을 격려하는 동안 대부분의 학교들은 교과과정 안에 무용에 대한 공인된 타당성 혹은 무용의 가치 또는 무용 프로그램을 적절히 제공하지 못하였다. 대조적으로 남성들이 활동을 장악한

스포츠는 풍부한 프로그램을 가지고 사회의 다양한 계층에서 폭넓게 인정되었다.

사실상 소년들이 무용에 참여한다면 우스꽝스럽게 생각하였고 소년들을 위한 프로그램이 있는 곳에서 조차도 억제되거나 또는 실제적인 경험은 매우 위축되어 있었기 때문에 그들은 무용의 혜택을 거의 누리지 못하였다. 흑인 문화권에서 무용은 표현과 교육의 중요한 양식이었고 흑인들의 학교 프로그램에는 어느 정도 무용 프로그램이 있었다. 그러나 아프리카 민족무용에 의해서 재연된 그 문화적 업적의 타당성은 일반적으로 인정되어지지도 않았으며 연구되지도 않았다. 대부분의 무용 프로그램들은 교외 활동이나 혹은 여유 있는 학교에서만이 사치스럽게 이용되었고 평범한 사람들은 거의 이용할 수 없었기 때문이다. 흔히 무용 프로그램들은 돈을 지불할 수 있는 사람들에게 한정되어 있었다.

불행히도 무용은 소녀들만의 활동으로서 혹은 부유한 사람들의 상징으로 생각되었다. 그러나 많은 부족사회와 문화를 둘러보면 남성 활동이 많았다. 아메리카 인디언과 알라스카 에스키모인은 강렬한 남성무용을 하였고, 그리스와 다른 나라에서는 남성들은 사교장(dance floor)에서 그들 자신의 리드미컬한 턴(turn)을 즐긴다. 이렇게 무용은 각 민족, 시대, 인종, 지역 사회적 계층에 따라 보는 시각에 큰 차이가 있다.

잘못 인식되고 판에 박힌 듯 고정화된 관념은 제거되어야만 한다. 어린이들은 그들 자신의 정서를 표현하고, 그들의 예술적 관심과 가치를 개발시키는데 자유로워야만 한다. 학교는 모든 학생에게 무용에 접근할 수 있는 기회를 제공해야 할 책임이 있다. 학교 행정당국은 무용하는 기회는 모든 이에게 유익하며 개인의 감성을 정화시키고 밝은 사회를 만들 수 있다는 긍정적인 의지를 반영해야만 한다. 학교 교육과정 상에서 경험하는 무용이야말로 무용에 대한 올바른 접근 방법이 될 것이다.

2. 무용을 통한 교육

일반교육계획에 무용을 포함하는 것은 무용이 모든 어린이들에게 발달하는 인격과 성장하는 예술적 성질에 영향을 줄 수 있고, 자유로이 표현할 수 있는 기회를 제공하는 하나의 수단이 되기 때문이다. 무용이 표현의 적절한 수단으로서 경험되어 지적, 정서적,

정신적인 움직임들이 신체의 활동과 잘 협응될 때, 그 결과로서 생생한 역동적인 표현이 생기게 된다. 즉 무용은 정신과 육체의 복합적인 관계에서 나타나는 표현이기 때문에 우리는 신체의 구조와 신체적 운동의 법칙에 관한 지식뿐만 아니라 인간의 감정과 육체적 운동 사이의 관계를 평가하고 이해하려면 감정의 심리적 요인까지도 조심스럽게 접근하여 이해의 강도를 높여 가야만 할 것이다. 즉 연구 진행을 나타내는 체계화된 지식을 정립해 나아가야 할 것이다.

언제부터인지 교육자들은 계통 있는 설교보다 더 필요한 것은 자기활동(self activity)을 일으킬 수 있는 지적인 자극임을 인식하기 시작하였다. '인생에 대한 준비(a preparation for life)'로서 정의되는 교육은 종종 인간의 경제적 조건을 향상시키는 수단 이상 아무 의미가 없다고 해석된다. 이러한 이유로 몇몇 사상가나 작가, 특히 교육의 현장에 몸소 접촉하고 있지 않는 사람들은 창조적 활동의 중요성에 의문을 갖고 미의 감상이나 예술적 가치 추구에 별 관심을 두지 않는 경향이 있다.

그러나 인간의 인성(personality)과 예술의 관계를 이해하는 사람이라면 누구든지 교육에 있어서 예술의 가치를 의심할 수 없고, 인간교육을 이해하는 사람이라면 적절한 교육계획 속에는 예술에 대한 항목을 설정하지 않으면 안 된다는 것을 안다.

오늘날 교육의 고차원적인 목적은 인간의 모든 욕구와 능력에 대한 과학적인 이해를 기초로 하여 개인의 성장을 최고도로 발달시키는 것이다. 교육은 지도자의 개인적인 능력을 학습자에게 수여할 수는 없지만, 학습자의 능력을 개발하고 성장을 촉진하고 도울 수가 있다. 즉, 학습자에게 자기 자신을 개발할 기회를 부여하는 것이 교육이다.

교육에는 두 가지 측면이 있다. 하나는 받아들이는(to take in) 능력, 즉 인상 지워지는 능력이고, 다른 한 가지는 밖으로 나타내는(to give out) 능력, 즉 표현하는 능력이다. 인상을 받아들이는 일은 정신을 집중 하여 입력(in put)시키는 것이지만, 이들의 인상에 대한 결과(out put)를 표현하는 것은 여러 가지 입력된 경험들을 소화하는, 모든 정신적인 힘의 조성과 협력을 필요로 한다.

경험을 지각하고 평가하는 힘은 고도의 능력이지만, 그러나 실행에 옮겨지지 않으면 거의 쓸모가 없다. 단순한 지각과 지식의 이해만으로는 정신을 최고도로 발달시킬 수 없다. 안다고 하는 것은 필요불가결한 과정이지만 성격이나 감정, 감각을 발달시키는 것은 자신이 알고 있는 것을 표현하는 것이다.

우리들의 성격이 체험을 동화(assimilation)하고 그것을 자신의 본질이나 사상, 정서, 의지의 세계 내면에 수용시켜 가는 것은 감각, 지각, 인지, 감정, 개념을 통해서이다. 이러한 경험의 신진대사가 없으면 성격은 원만하게 성숙할 수 없고, 또한 동화할 수 없는 과중한 정보로 혼란에 빠지게 될 것이며 내면의 자발성(spontaneity)도 저해받게 될 것이다.

만약, 무용교육이 이 심적 통합에 기여하는 것이라면, 학습자가 인간적 반응이라는 특징을 갖는 형식으로 운동을 체험하는 것이 필요불가결하다. 즉, 구조에 의해 결정되는 것보다 자연적인 운동의 형태에서 변화할 수 있고 개인적으로 수정할 수 있는, 고도의 관념연합과정의 조정 하에 있는 모든 반응이 의식적인 방향으로 결정되어야 한다.

마지막으로 자신이 진보함에 따라 정서가 풍부하게 되었다고 하는 것은 그것에 수반하는 감정의 상태를 경험하고 평가하는 일도 수반하게 될 것이다. 즉, 무용이 교육의 보다 큰 목적 아래, 의식적 체험에 의한 개성의 개발에 기여하려면 무용 교육은 신체적인 것뿐만 아니라 정서적, 지적, 정신적인 것이어야 한다. 무용이 교육의 전체성에 공헌하기 위해서는 여러 가지 무용과 무용이 만들어져 가는 과정들을 선택하고 종합하며, 계획하여 여러 가지 가능한 방법을 이용하여야 할 것이다.

만약 '인간은 유기적인 통일체'라는 신념을 승인한다면 인간의 모든 에너지는 상호 의존적임에 틀림없다. 인간의 정서나 욕구는 현명한 선택과 지도를 필요로 한다. 그리고 그것들이 완전한 표현으로 실현되기 위해서는 숙련된 수단으로 실행에 옮겨져야 한다.

이와같은 인간발달의 개념에 있어서 신체를 개성의 외적 양상으로 생각하는 것은 외부에서 인상(impression)을 받고 신체라는 매체를 통하여 의미를 선달하기 때문이다. 따라서 무용하는 신체에는 사상과 감정의 연합과정과 같이 심오한 사고(thinking)와 고도의 기술적 완성이 부여되어야 할 것이다.

인간을 가장 완전하게 발달시키려면 신체적, 지적, 정서적으로 통합되도록 인간의 모든 특성을 동등하게 중시하고 배려하도록 훈련시켜야 할 것이다. 따라서 교육의 의미를 학습자의 모든 힘을 단련하고 훈련하는 일, 혹은 수행하기 위한 기술(skill)을 획득하는 것이라고 바꾸어 말할 수도 있다.

  예술의 성질, 그 자체가 교육의 이상에 특히 적합한 이유는 인간의 복잡한 천성의 모든 양상이 표현됨에 있어 일체감을 이루는 것은 오직 예술뿐이기 때문이다. 예술에 있어서도 일상의 경우와 마찬가지로 그 추진력은 정신적인 것이며 그것은 자기 제어(self-control)에 따라 신체적으로 실행에 옮겨졌을 때에는 개성이 집중된 초점에 모든 에너지를 용해하게 된다.

  이상과 같이 개인의 성장과 개발에 있어서 무용은 우리들의 신체적, 정서적, 지적, 정신적 에너지의 총괄적 표현으로 정의될 수 있다. 이들 에너지는 우리들이 생활하고 있는 사회질서에 대하여 끊임없이 반응하고 또 끊임없이 영향을 받는 상태에 놓여있다. 모든 예술 중에서 무용은 특히 이와 같은 인격의 완성에 적합한 교육수단이다. 무용은 신체의 발달을 돕고 상상력을 불러일으키며, 지식을 요구하고 미에 대한 감상력을 기르게 하며 정서적 감성을 세련되게 한다.

  무용을 교수하고, 학습의 정도를 발전시켜감에 따라 학습자가 장래 전문적인 무용수가 될까 안 될까를 염려할 필요는 없으며, 교사의 관심은 무용학습과 연구를 통하여 표현력을 발전시키는 것이어야 한다. 보통 일반 사람들은 표현이 그렇게 특별한 가치를 갖는 것인가 질문할지도 모르지만, 전문적 예술에 있어서 표현이 특별한 관심사인 것은 사실이다.

  우리들이 가장 위대한 예술가의 작품에 접근하는 것은 그들이 우리들에게 전달해주는 진·선·미를 구하는 감상의 차원이지만, 표현(expression), 실행(execution), 참가(participation)는 일반교육 속에서 학습되어야 하는 것이며, 일반인들이 감지하고 터득해야 될 필요가 있는 것이다.

  무용교육은 아직도 전체를 대상으로 연구하고, 창조적 운동 경험을 지도의 기초로서 사용하는 대신에 기술적 숙련에 중점을 두는 연기(performance)에 너무 집중하는 경향이 있다. 무용을 연기로서가 아니라 교육적, 창조적, 예술경험으로 생각한다면 학습자들에게 무용을 현실에서 발견된 심미적 가치를 재 경험하기 위한 특별한 방법으로 이해시켜야 할 것이다. 모든 인간은 정도의 차이는 있지만 예술 무용가와 같은 가능성을 갖고 있다. 모든 인간은 지성, 정서, 정신, 상상력, 운동능력, 교육받을 수 있는 능력을 가지고 있다. 모든 정상적인 인간은 자신의 생각, 느낌, 의지를 동원하여 행동하는 힘을 갖추고 있으며 누구든지 자기능력 한도 내에서 춤을 출 수 있다.

이러한 사실을 우리 청소년들에게 실감시키려면 기초적인 인간능력에 입각한 접근이 필요하다. 우리들의 문제 중 하나는 성숙해가는 시기에 창조적 충동을 어떻게 생동감 있게 계속 보유하게 할 것인가, 그리고 이것을 성인의 현실 생활에까지 이 충동을 잘 지속하도록 어떻게 힘쓸 것인가 하는 것에 있다.

일상생활에 현존하는 모든 형식의 밑바닥을 흐르는 기초적인 힘은 표현을 재촉하는 창조적 충동의 원천임을 인식하지 않으면 안 된다. 만약, 무용이 이러한 교육적 가능성을 실현하는 것이라면, 무용은 그러한 가능성에 적합한 형식을 취해야만 한다. 무용의 운동 양식은 신체적 동작의 법칙위에 기초하여야 한다. 또한 동작연구는 인간 반응의 특색인 모든 형식의 운동을 포함해야 한다. 동시에 그 기술은 기능이 부족한 학습자가 신체를 자기표현의 도구로서 충분히 잘 이용할 수 있을 만큼 단순한 것에서부터 무용을 자기의 직업으로서 선택하려고 하는 학생에게는 흥미도 있고 가치도 있는 것으로 입증될 만큼 복잡한 것까지를 포함해야 할 것이다.

무용의 리듬적 범위는 학생들 개개인이 각기 다른 개성을 가지고 있으므로 광범위하고 다양할 필요가 있다. 또한 그 형식과 내용은 개인의 표현 방식이 다르므로 모든 사람들에게 기회를 부여하기 위하여 충분한 탄력성을 가질 필요가 있다.

무용에 대한 이와 같은 접근은 전문적 비평가의 견해에서 본 예술적 완성을 주장하는 것은 아니지만, 그것은 고도의 아마추어 수준에서 실행될 수 있고, 또한 학습자의 개성을 존중하여 교수함에 따라 각자의 예민한 예술적 통합 및 감상을 발전시키기 위한 기초를 수립할 수가 있다. 이와 같은 연구의 배경에서 학습 초기부터 소질이 있고, 예술 무용가가 될 운명을 짊어지고 있는 자들이 출현될 것이다.

무용교육의 목적은 소년, 소녀, 성인남녀에게 무용이라 하는 수단을 이용하여 교육시키는 일이다. 즉, 무용을 생활철학 및 계획에 기여하는 경험으로서 가르치는 것이다. 모두가 위대한 무용수가 되는 것은 아니지만 무용을 배우는 사람들이 그렇지 않은 사람들

보다 더욱 완성된 예술경험을 하는 것은 당연한 이치이다.

모든 아이가 장래에 전문적인 예술가가 될 것인지 아닌지에 관계없이 한 상자의 크레파스를 가지고 묘사의 근본원리나 색의 사용법을 학습 받을 권리를 가지고 있는 것과 마찬가지로 모든 어린이들은 인생에 대한 자신의 생각을 표현하는 방법을 배울 권리를 가지고 있다.

가령 그가 무용을 그 최고의 형식으로 실현할 정도로 성과가 결코 진척될 수 없다고 하더라도 그는 자유로우며 제어된 표현적·운동적·리듬적 감각의 진정한 기쁨을 경험할 수 있고 또한 인생에 무용이 첨가되면 더욱 좋은 것임을 알 수 있을 것이다. 그리고 그러한 경험은 모든 인간에게 부여되어 있는 권리이기도 하다.

무용을 교육할 때 관심이 무용수를 만들어내는 것에만 있다면 만인에게 가능한 창조적인 즐거운 무용의 의미는 사라져 버리고 말 것이다. 무용의 창조적, 표현적, 전달적, 사회적 가치를 확신하고 있는 사람들이 예술로서의 무용 장르를 여러 가지 방법으로 교육의 차원에서 되살리려고 노력하고 있는 것은 특별한 의도가 있기 때문이다.

무용교육

II. 학교교육과 무용

1. 학교에서의 무용교육

1800년대 미국 무용교육의 초기발전은 2장에서 언급되었듯이 초등학교와 중등학교의 교육과목의 확장과 여성을 위한 사설학원, 사립 중등학교 및 대학의 설립과 관계가 깊다. 1800년대 초에는 주립대학이나 교회재단 대학의 설립이 많았고 마운트 홀리요크 및 뉴잉글랜드의 곳곳에 여자대학이 최초로 설립되어 무용을 가르치기 시작했다.

무용은 대체로 여자들을 위한 교육 프로그램에 포함되지만 미국 육군사관 학교에서는 신사로서의 몸가짐과 처신을 하는데 도움을 주기 위하여 무용을 가르쳤다. 1823년에는 당시의 유명한 보스턴의 무용교사인 판파티가 지도교사가 되어 여름 야영에서 3학년과 4학년의 일과로 무용이 필수과목으로 지도되었다. 이후 여러 군사학교에서 무용을 교육과정에 포함시키게 되었다.

1800년대 초반에는 춤이 어린 학생들의 학교교육과정에 나타나기 시작하였다. 1800년대 중반에는 무용이 건강에 유익한 것이라는 점에 관심이 깊어지게 되었으나 청교도적인 편견 때문에 무용은 상당한 제재를 받았다. 1853년 마운트 호릴요크대학에서 운동에 관한 저술을 하였는데 이 책에서 교사는 운동을 실시할 때 춤과 같은 형태로 실시해서는 안 된다고 경고한 적도 있다.

남북 전쟁시대 부터 1800년대 말엽까지 무용은 체육교육 과정의 한 부문으로 보다 널리 받아들여졌다. 1862년에 디오 루이스(Dio Lewis)는《새로운 체조》라는 저서에서 춤은 유연성, 민첩성 및 우아함을 개발시키는 제법 격렬한 운동이라고 찬미하였다. 루이스의 체조는 행진, 리핑, 스키핑, 파트너와 마루 위를 도는 등의 개조된 형태로 춤을 닮은 것이었다. 1800년대 후반에 이르는 십여 년간 춤은 모든 계층에서 여가선용으로 널리 보급되었다. 바싸르 여자 대학에서는 많은 반대 의견을 물리치고 춤이 수업에 도입되었다.

수년 후 하바드대학의 총장 엘리어트(Charles W. Eloit)는 아담스(Charles F. Adams)에게 보낸 편지에서 "나는 만일 하바드대학의 필수과목을 개설해야 하고 또 할 수 있게 된다면 무용을 넣고자 한다고 자주 말해 왔습니다. 이 점에서 볼 때 미 육군사관학교는 매우 현명했습니다."라고 썼다.

한편 무용교육과 관련하여 율동체조는 음악과 더불어 움직임의 리듬을 찾음으로서 발전하였다. 이 체조의 발전에는 19세기의 민족주의의 체조에 별 반응을 보이지 않았던 프랑스 체육지도자들의 교육사상과 교육방법이 크게 영향을 미치게 되었다. 즉 자연주의에 바탕을 둔 그들의 교육사상과 방법이 신체의 자유로움 움직임을 바탕으로 하는 체조인 율동체조의 발달에 큰 영향을 끼쳤던 것이다. 먼저 스페인의 장교 출신으로 프랑스 최초의 체조 교사가 되었던 아마로스(D.F.Amaros, 1789~1848)는 전반적으로 dis(Fridrich Ludwing John)과 링(Per Henrik Ling)의 방법을 많이 따랐지만 절대적이고 강력한 영향은 페스탈로찌로부터 받았다. 그리하여 그는 자아 통제를 위해서는 리듬이 고상한 감정 표현을 위해서는 음악이 체조에 결합되어야 한다고 주장하였다. 한편 근대 프랑스 체조의 창립자로 알려진 데미니(G.Dmeny, 1850~1917)도 신체의 각부분은 스스로의 리듬을 가지고 있으며, 이 리듬은 우리의 몸짓, 움직임, 스포츠, 게임 등을 통해서 확실히 알 수 있다고 말한 바 있다. 그리고 이에 덧붙여 음악적인 소리는 운동의 리듬과 아름다움에 꼭 필요한 것이며, 체조는 무용으로 이끌어져야 한다고 주장하였다(한양순, 1979).

19C 무렵에 이르러 무용은 각급 학교교육에서 적극적으로 활용되기 시작한다. 구체적으로 무용이 지닌 정신적 측면과 미적요소를 학교체육에서 원용하면서 미국에서는 델사르트의 영향 아래 표현체조, 또는 미용체조가 주로 도입되었고, 프랑스와 독일에서는 율동체조가 학교교육의 일환으로 확립되었다. 이와 같이 각국의 학교교육에 본격적으로 도입되면서 무용은 혁명적이라고 부를 수 있을 만큼 중세 이전의 시대와는 전혀 다른 거대한 질적 발전을 이룩하게 되면서 체조로부터 점차 분리되어 독자적인 영역으로서 확립되기에 이른다.

한 조사에서 의하면 미국 학교에서의 무용교육은 1960년대 후반에서 1970년대 초 사이에 가장 급격히 발전하였고, 결국 학교에서 주로 실시된 무용은 미적무용과 체조무용, 민속무용, 현대무용과 창작 무용이었다(Richard Kraus & Sarah Chapman, 1979).

1) 미적 무용과 체조무용

예술로서의 무용을 중등학교와 대학에 도입시키는 데는 프랑스와 델사르트(Francois Delsarte)의 역할이 컸다. 델사르트의 미국인 추종자들은 외적인 동작을 내면적인 정신세계와 연관시키려고 노력한 델사르트식 체계의 운동을 개발시켰다. 1890년대 크게 유행한 이 방법은 동작의 자유와 조화를 강조하였으며 긴장과 이완에 중점을 둔 운동이었다.

델사르트식 체계에 의한 미적인 미용체조는 1894년 사전트(Sargent)에 의해 체육교육자들에게 소개되었다. 이 방법은 애티튜드(attitude), 아라베스크(arabesques), 포즈(poses), 엘리베이션(elevation), 그룹핑(groupings) 등의 전신 포지션과 다섯 가지 발과 팔의 포지션에 기초를 둔 것이었다. 이 방법은 미용체조로서 점차 미적무용으로 알려지게 되었다.

1900년대 초 미적무용을 지도하는 사람들은 이사도라 던칸(Isadora Duncan)의 표현방법에 영향을 받아 미적무용을 표현력이 강한 예술적인 형태의 것으로 만들려고 노력하였

체조 · 리듬체조

다. 이 결과 남성들과 소년들이 이 형태의 무용을 거부하기에 이르러 보다 힘들고 보다 남자다운 짐네스틱 댄스를 만들기에 이르렀다. 스텔리와 로워리는 짐네스틱 댄스를 단순한 동작과 상당히 격렬하고 훌륭한 실제적인 운동, 근육단련을 조장한 자유롭고 연속적이며 리드미컬한 균형운동이라고 기술하였다.

디오 루이스(Dio Lewis)의 훈련 방법을 닮은 짐네스틱 댄스는 미로 달리기, 스키핑, 스텝, 갤로핑, 버지니아 릴, 호른 파이프, 하이랜드 프링, 짜르다스와 여러 나라의 포크댄스를 포함하고 있었고 미적 무용의 일부분과 신체활동의 여러 분야에서 추출한 운동 등으로 이루어져 있었다. 또한 1900년대 초·중등학교와 대학의 체육에는 남성을 위한 짐네스틱댄스와 소녀를 위한 미적무용의 두 가지 형태의 무용이 확립되었다.

특히 미국에서 무용교육의 발전은 길버트(Melvin Balbu Gilbert)의 노력에 힘입은 바가 크다. 그는 발레의 기술에 기초를 둔 다소 정형화된 심미적 무용을 수업에 적용하였는데, 이 무용은 체육교육에서 제기된 리듬 문제에 대한 궁극적인 해결책으로 간주되었다(무용교육학회, 1996).

2) 민속무용과 민족무용

1900년대 초부터 급속도로 유행하게 된 춤은 포크댄스(Folk Dance)와 내셔널댄스(National Dance)였다. 민속무용은 브르클린 노멀 체조학교의 교장인 윌리엄 지 앤더슨(William G. Anderson)이 1887년 아일랜드의 지그(gigs), 릴(reels), 버크(buck), 윙(wing) 등을 소개한 이후부터 체육교육의 한 과목으로 실시하게 되었다. 앤더슨은 초기에 이 춤을 여름 야영지에서 가르쳤으나 후에는 예일대학과 그 밖의 대학에서도 지도하게 되었다.

1892년 경에는 뉴욕 거주 스웨덴인 사회 교육자들 가운데 스웨덴의 포크댄스를 수집하여 가르치는 것에 관심을 기울이는 사람이 많아졌다. 이 자료는 바로 짐네스틱 댄스에 스며들어 미국 전역에서 레크리에이션 종목으로 혹은 체육의 독자적인 종목으로 발전하게 되었다.

엘리자베스 버처널(Elizabeth Barchenal)과 크렘프톤(Crampton)은 유럽에서 민속무용의 근원에 관한 연구를 하였고 전통적인 포크댄스와 미국의 컨트리 댄스를 집대성하였다.

　1900년대 초, 미국의 중등학교와 대학의 체육시간, 지역사회의 레크리에이션 종목에 민속무용이 광범위하게 채택되었다. 의사이며 체육교사였던 길릭크(Luther Halsey Gulick)는 포크댄스와 내셔날 댄스가 순환계, 호흡기계, 소화계에 미치는 영향을 이론적으로 증명하였다.

3) 현대무용과 무용교육

　미국에 현대무용을 도입시키는 데에는 콜비(Gertrude Colby), 라이슨(Birol Larson), 더블러(Margaret H Doubler)의 노력이 매우 크다. 콜비는 1920년대의 지도급 무용가들의 영향을 받아 자연스럽고 자유로우며 자아표현이 허용되는 체육과목의 개발을 위하여 창작무용을 실험하였다. 그는 감정적인 자극제로 음악을 사용하였는데 이 방법을 내추럴 댄스(Natural Dance)라 불렀다. 내추럴 댄스는 현대의 학교 무용의 전신이라 할 수 있을 것이다. 콜비는 이 시기에 미국의 지도급 무용교육자들을 가르쳤다.

　라아슨은 콜롬비아의 버나드대학에서 무용을 담당한 사람으로 내츄럴 댄스의 가치를 인정하는 한편 해부학, 운동기능학, 물리학의 법칙에 맞는 무용기술이 필요하다고 생각하여 이를 실험하였다. 라아슨은 학생들이 무용을 통해 스스로를 개발할 수 있도록 도와주고 그들의 욕구나 능력, 한계에 어울리는 무용예술을 개발시킬 수 있도록 노력하였다.

더블러는 1916년부터 콜롬비아대학의 강사로 있던 2년간 콜비와 라아슨의 실험작업을 주의깊게 관찰하고 위스콘신대학에 근무할 때 창조적 표현과 신체운동에 관한 과학적인 이해에 근거한 무용 종목을 개발하였다. 더블러는 대학교육에서 무용에 대한 인식을 새롭게 하였고 무용과 체육 교육자들의 전문적인 영역에 커다란 영향을 준 무용교재를 저술하였으며 무용센터를 중서부에 설립하기도 했다.

4) 학교무용과 창작무용

1930년대에는 민속무용, 사교춤, 현대무용 등이 공존하던 시기였다. 민속무용과 민족무용은 전 미국의 중등학교와 대학에 확대 실시되었으며, 탭댄스는 1920년대와 1930년대 초에 중등학교와 대학에서 널리 가르치기 시작하였다. 탭댄스(Tap dance)는 초기에 글러그 댄스(Clog dance)라는 이름으로 사용되기도 했다. 이 춤은 나무창을 댄 구두를 신고 거칠고 둔 중하면서도 리드미컬한 음을 만들면서 추었다. 그러나 1940년대부터는 체육교육의 목표를 달성할 수 없는 기계적인 형태의 활동으로 간주되어 학교 교육과정에서는 상당히 퇴조하였다.

1930년대 초부터 학교에서 가르친 창작무용은 콜비가 가르쳤던 내츄럴 댄스에 기초를 둔 것으로 초등학교에서는 교사들의 지시나 사실적인 교육을 최소한으로 하면서 창조적이며 리드미컬한 동작을 나타내고 교사는 학생들이 움직일 수 있도록 암시를 주었다.

고등학교나 대학의 학생들에게도 내추럴 댄스 이론에 입각한 자유로운 접근법을 다수의 교사들이 강조했다. 톰프슨(Betty Lynd Thampson)은 이 시기의 창작무용에 대해서 다음과 같이 쓰고 있다.

> 무희를 기르는 것이 아니라 인격을 개발시키기 위한 목적으로 발전되었으며, 모든 동작은 신체의 자연스러운 움직임과 보통 행할 수 있는 동작에 근거를 두고 있다. 그러나 그 동작들은 학생들이 쉽게 할 수 있는완전한 밸런스와 협응능력을 가지고 움직일 수 있을

때까지 연구되고 연습되었다. 이 당시에는 창작을 효과적으로 수행할 수 있기 전에 신체를 도구로서 훈련시켜야만 한다는 확신이 없이, 개인적인 독창력과 미적 표현에 중점을 두었다.

1930년대에 이르러서는 예술무용가들의 영향으로 기술과 무용동작이 다양화되고 예술적인 형태로서 무용도 커다란 관심을 불러 일으켰다. 각급학교의 무용교육자들은 무용 기교를 배우고 새로운 매개체의 예술적 가능성을 탐구하기 위하여 특별한 워크샵에 참가하거나 무용가의 연습장에 가서 연구를 시작했다. 한편 예술가들은 많은 학교 지도자들이 자신의 수업 참석하기를 바라고 자기의 관객확보를 위해서도 이들을 환영하였다.

오늘날 무용교육은 미국교육에서 학교의 체제나 조직, 또는 대학에 따라 분명히 다양하게 다루어지고 있지만, 크게 세 가지 수준에서 교수되고 있다.

초등학교 수준에서 무용은 일반적으로 담임교사가 가르치고, 상급학년의 경우 체육교사가 가르치고 있다. 중·고등학교에서는 대부분 체육교사가 담당하고 있고, 대부분 여학생들을 위하여 제공되고 있다.

고등교육에는 여자 체육과 내에 한 활동영역으로써 기본적으로 교수되고, 대학 수의 증가로 독립된 무용과 혹은 연극 영화과 또는 음악과 내의 한 무용 프로그램으로 제공되고 있다. 각 수준에서, 연습의 독특한 형식 혹은 경향과 연령수준에 알맞은 목적에 따라 그 성격이 규정되어진다. 1940년대에 접어들면서 직업 무용가들은 현대무용을 무분별하게 모방하던 단계에서 벗어나려는 움직임이 일어난다. 일부 무용 교육자들에 의해 교육무용의 기능은 직업적 무용의 기능과 달리 학생들을 인격적 통합으로 이끄는 데 있다는 주장이 제기되었다. 즉, 교육무용의 목적은 교육의 커다란 틀 안에서 이해되어야 한다는 주장이 등장했던 것이다. 이와 같은 여러 교육자들의 노력에 힘입어 1950년대로부터 현대에 이르는 기간 동안 학교에서의 무용교육, 즉 창작무용에 대한 교육은 현대교육의 달성 목표인 '전인' 형성을 위한 효과적인 방법으로 자리 잡게 된다. 물론 여기서 말하는 전인이란 심신의 조화를 이룬 창조적 인간을 의미한다. 이런 여러 과정을 거쳐 이제 세계의 많은 나라들이 학교에서 가르치고 있는 교육무용의 비중은 결코 가볍지 않게 된 것이다(무용교육학회, 1996).

2. 우리나라의 학교무용

1) 학교 무용교육과정의 변천

조선조 말엽의 복잡한 국내외 정세는 우리나라에서도 현대식 교육을 필요로 하게 하였다. 이에 따라 1885년 2월 고종은 교육입국인서를 발표하고, 4월에는 각급 학교의 학제가 공포되었으며, 6월에는 우리나라 최초의 현대식 교육기관인 재배학당이 설립되었다. 1885년 7월에는 우리나라에서 처음으로 초등학교(당시 국민학교)의 설치령이 공포되었다. 이 시기에 발표된 학제에는 체육(체조 : 당시의 체육명칭)을 학습하기 전에 유희를 적절하게 지도하도록 하고 있다.

1908년의 고등여학교와 1909년의 사범학교 교육내용에는 유희가 필수 교재로 채택되었다. 이때의 유희 내용은 창가유희, 공의 유희, 경주 유희가 주류를 이루었다. 이로써 우리나라 학교교육에는 무용교육이 처음으로 필수교재로 인정을 받게 된 것이다.

1914년에는 학교 체조 교수요목(학교체육교육과정)이 개정되었는데 이 때에는 경쟁을 위주로 한 유희, 발표적 동작을 위주로 한 유희, 행진을 위주로 한 유희 등으로 유희 종목이 개정되었다. 무용에 해당하는 종목은 '발표적 동작을 주로한 유희'였으며 학습 내용은 동화, 노래 등을 주제로 하여 동요에 맞추어 만들어진 동작을 교사가 학생들에게 지도하고 학생들은 이를 그대로 모방하여 암기하는 것이었다. 교육과정에서는 년간 4종류를 지도하도록 하였으며 시간 수는 교사가 임의대로 적절히 가감할 수 있게 되어 있었다.

1927년에는 제1차 세계대전으로 강화되지 못했던 유희가 스포츠가 강조되면서 5종목으로 증가되었다. 그런데 10년 후인 1937년에 개정된 체육교육과정에는 유희 종목이 많이 첨가되어 초등학교(보통학교)에서는 창가 유희와 행진유희를 합쳐서 15종으로 했으며, 여자중학교에서는 행진유희를 합쳐 21종목을 지도하도록 규정하고 있다. 이 시기에는 초등학교 저학년부터 여자중학교의 고학년(현재의 여자고등학교)까지 무용이 체육수업에서 필수로 지도되도록 배려되어 있으나 수업 내용이나 방법에는 과거와 커다란 변화가 없었다.

1941년 이후에는 2차 세계대전이 막바지에 이르게 되어 국방력을 위주로 한 신체 단련이 체육수업내용의 주류를 이루었다. 이 시기까지 체조로 불리웠던 체육과목 명칭이 체련과(體練科)로 변경되었다. 이에 따라 초등학교와 여자중학교의 무용도 명맥만을 유지할 정도로 시간수가 줄어들었고 전쟁준비를 위한 신체강화 훈련 종목은 강화되었다.

1945년 8월 15일에 해방이 되면서 9월에는 초·중학교가 개학을 하게 되었으나 1955년이 되기까지는 정상적인 학교교육이 실시되지는 못하였다. 그러나 제도적인 면에서의 학교체육은 초등학교에서 고등학교 과정에 이르기까지 필수교과로 제정되어 있었으며 대학 교육과정에서도 교양과목으로 채택하게 되었다.

1955년에 개정된 교육과정 중 초등학교에서는 노래 맞추기와 표현놀이로 무용교육이 이루어지게 되었고, 중·고등학교에서는 체조, 스포츠, 무용, 위생, 체육이론 등과 같은 5개 단원으로 이루어지는 체육과목 속에 처음으로 무용이라는 명칭으로 독립된 단원을 이루게 되었다.

1963년에는 해방 후 두 번째의 교육과정 개편이 있었다. 이때의 교육과정 내용은 초등학교가 체조놀이, 놀이, 춤놀이, 보건위생 등과 같은 단원으로 구분되었고, 중·고등학교에서는 레크리에이션 단원이 첨가되어 중·고등학교에서의 무용단원의 교과과정 내용은 몸 익히기, 리듬훈련, 옮겨가기, 나타내기, 춤추기, 무용이론 등으로 세분화하게 되었다.

이와 같이 무용단원의 교육과정은 1973년의 체육교육과정 개편 시에 도 큰 변화없이 계속 사용되어 왔으며, 1981년의 교육과정 개편에서는 무용교육 내용으로 리듬동작 익히기, 민속무용과 창작무용으로 편성되었다.

1987년 개편된 제5차 교육과정기(1987~1992)의 체육과 교육과정에는 움직임 교육(Movement Education)이 대폭적으로 반영되어 무용 내용으로는 기본 움직임을 결합한 기능 익히기, 무용 동작의 기본요소를 결합한 기능 익히기, 형태를 갖추어 춤추기, 사람 및 물체와의 관계를 지각할 수 있는 기능 익히기, 형태를 갖추어 춤추기, 사람 및 물체와의 관계를 구성하여 춤추기 등으로 인지적인 요소가 강조되면서 학습자의 자아개념(self-concept)과 자아인식(self-awareness), 그리고 지도자의 창의적인 교수활동을 기대하고 있다.

1992년 개편된 제6차 교육과정기(1992~1997)의 체육과의 교과목표는 신체적 능력과 환경에 대한 적응력의 개발에 있다. 초등학교 체육과 교육과정에서는 교육적 가치를 고려하여 기본운동(basic movement), 리듬 및 표현운동, 기계운동, 게임, 계절 및 민속운동, 그리고 체력운동의 영역에서 이동운동 형태, 비이동운동 형태, 조작운동 형태 및 이들의 결합된 운동형태들을 다루되, 모든 움직임이 포함하고 있는 운동요소인 신체요소, 노력(에포트 : effort)요소, 공간요소와 관계요소를 고려하여 아동 중심적으로 지도할 것을 요구하고 있다.

제7차 교육과정(교육부 고시 제 1997-15) 초등학교 체육과의 목표는 다양한 신체활동을 통하여 학생 개개인의 움직임 욕구를 실현하고, 운동을 수행하는 데에 필요한 기능과 체력을 증진하며, 운동과 건강에 관한 지식을 이해하고, 사회적으로 바람직한 태도를 함양하는데 있다. 지도 내용에는 (1) 체조활동, (2) 게임활동, (3) 육상활동, (4) 표현활동, (5) 체력활동, (6) 보건 영역으로 구분된다. 이중에서도 표현 활동은 학생들의 창의적인 신체 표현 능력 개발을 목표로 하여 이동 움직임, 비이동 움직임, 조작 움직임이 시간, 힘, 공간적인 요소로 연결되어 함께 이루어지는 입체적인 움직임의 표현을 강조하고 있다. 또, 우리나라와 외국의 민속춤을 익힐 수 있는 기회를 제공하여 우리 고유의 것에 대한 이해뿐만 아니라 세계 여러 문화를 이해할 수 있는 계기를 마련하였다.

2) 현행 교육과정과 무용교육

2007년 개정 유치원, 초등학교, 중학교, 고등학교 교육과정에서의 무용을 살펴보면 다음과 같다.

(1) 유치원 교육과정에서의 무용

자신의 생각과 느낌을 자유롭고 창의적으로 표현하는 경험을 목적으로 하며, 유아의 발달과 흥미를 고려하여 놀이 중심의 통합적인 교육활동으로 전개되어야 한다. 교육과정의 영역으로는 건강생활, 사회생활, 표현생활, 언어생활, 탐구생활로 분류하고 있다. 표현생활에서는 풍부한 감성과 심미적 태도 및 창의적 표현력을 기르며, 다양한 예술표현 방식을 존중하고, 즐기는 태도를 기르기 위한 영역이다. 내용으로는 자연과 생활에서 아름다움 찾아보기, 예술적 표현 즐기기, 감상하기가 있는데, 예술적 표현 즐기기는 유아가 다양한 예술 활동에 참여하여 생각과 느낌을 자유롭게 표현하고, 음악, 움직임과 춤, 조형활동, 극놀이를 통합적으로 경험하며 예술 활동 감정을 즐기는데 중점을 둔다.

(2) 초등학교 교육과정에서의 무용

제7차 개정 교육과정(교육인적자원부 고시 제 2006-75) 초등학교 체육과의 교육목표는 신체 활동 가치의 내면화와 실천을 통한 전인 교육을 목표로 한다. 즉, 신체 활동을 통하여 활기차고 건강한 삶에 필요한 지식과 실천 능력, 자신의 미래를 계발하는 데 필요한 도전 능력과 창의적 사고력, 공동체 생활에 필요한 선의의 경쟁력과 협력하는 태도를 함양하는데 있다. 따라서 초등학교 목표는 건강 가치, 도전 가치, 경쟁 가치, 표현 가치, 여가 가치 목표 영역으로 이루어져 있다.

표현 활동은 움직임 표현, 리듬 표현, 민속 표현, 주제 표현이라는 중영역으로 구분되어 있다. 그 내용면을 보면, 모든 움직임 표현의 기초가 되는 움직임 언어(이동, 비이동, 조작 움직임)와 표현 요소(신체, 공간, 시간, 에너지, 관계 등), 여러 가지 운동과 무용에 존재하는 다양한 리듬 유형과 특성에 관한 즉흥 표현과 감상, 리듬 체조와 음악 줄넘기 등의 표현 방법과 감상을 포함하는 리듬 표현, 우리나라와 외국의 민족성을 담고 있는 움직임 표현 형태를 포함한 민속표현, 신체 움직임의 정형화된 형식을 표현하는 데 중점을 두기 보다는 창의적인 과정을 통해 개인의 생각과 감정을 표현할 수 있는 신체 활동에 초점을 둔 주제 표현이 있다

체육과는 '신체활동'을 통하여 자신 및 세계를 이해하며, 건강하고 활기찬 삶에 필요한 능력을 기르고 바람직한 품성과 사회성을 갖추며 체육문화를 창조적으로 계승·발전시킬 수 있는 자질을 함양하는데 있다. 신체활동 가치의 내면화와 실천을 통한 전인교육을 목표로 한다.

초등학교 1~2학년 학생들의 발달 특성을 고려하여 학생들이 즐겁고 명랑한 학교생활

을 할 수 있도록 다양하고 즐거운 놀이와 활동(노래, 색, 신체 등)을 통하여 몸과 마음을 건강하게 하고, 창의적인 표현능력과 감상능력, 심미적인 태도를 기르는데 그 목적이 있다.

초등학교 3~6학년의 지도내용에는 건강활동, 도전활동, 경쟁활동, 표현활동, 여가활동으로 분류하고 있는데, 표현활동 내용 부분을 살펴보면 다음과 같다.

표현활동은 생각과 느낌을 신체 움직임으로 표현하고, 자신 및 타인의 움직임을 감상할 수 있는 신체 활동을 말하며, 움직임 표현, 리듬표현, 민속표현, 주제 및 창작표현으로 구분한다.

각 표현마다의 특징과 유형, 요소를 이해하고, 표현활동 습득, 발표와 감상을 통해 움직임표현에서는 신체 인식의 개념을, 리듬표현에서는 음악이나 도구를 활용하여 적응력의 개념, 민속 표현에서는 자기 확신의 개념, 주제표현에서는 창의력의 개념을 이해하고 적용한다.

(3) 중학교 교육과정에서의 무용

중학교 교육과정은 초등학교에서 학습한 내용을 기초로 편성되어 있다. 표현활동에는 창작표현이 있는데, 내용요소로는 심미표현과 현대표현, 전통표현과 움직임 예술표현이 있다. 이에 대한 학습과 함께 창작의 과정 및 절차를 이해하고 실제 움직임 예술을 발표하고 감상하는 내용을 포함한다. 각 표현마다의 특성과 유형을 이해하고, 표현 방법을 습득, 발표와 감상을 통해 심미표현에서는 심미적 태도의 개념을, 현대표현에서는 대인관계의 개념을, 전통표현에서는 전통의식과 예절을, 움직임 예술표현에서는 창의적 태도의 개념을 이해하고 적용한다.

(4) 고등학교 교육과정에서의 무용

신체 활동을 위한, 신체 활동에 관한, 신체 활동을 통한 교육으로서 지, 덕, 체가 조화롭게 통합된 전인 육성을 목표로 하며, 고 1과정의 무용 영역에는 창작 무용이나 민속 무용 중 한 가지 내용을 선택하여 다양한 표현 방법을 이해하고, 기능을 익혀 춤추며, 그 특성과 효과를 알고 무용의 예술적 개념을 이해하며, 또한 그 가치를 인식하고, 창의적으로 표현하려는 태도를 함양하는데 있다. 고 2~3학년 과정의 무용 영역에는 한국 무용, 현대 무용, 발레, 민속 무용 중 한 가지 이상의 내용을 선택하여 다양한 표현 방법을 이해하고, 기능을 익혀 춤추며, 선택한 내용의 특성과 종류 및 역사적 배경 등을 이해하며, 작품을 올바르게 감상하고 평가하는 태도를 함양하는데 그 목표를 둔다.

III. 평생교육과 생활무용

1. 평생교육의 이해

우리가 살고 있는 21세기는 변혁의 세기라고 할 수 있다. 경제 체제는 토지, 자본, 노동이 기초인 자원기반 경제에서 지식이 생산과 성장의 기본이 되는 지식기반경제로 급속히 전환되고 있으며 기술적으로는 아날로그 체제에서 디지털 체제로 변하고 있다. 인구 구

평생교육

조는 인생 50년형에서 인생 80년형으로 바뀌고 있다. 평생직장은 사라지고 있으며 평생 고용가능성이라는 말이 그 자리를 채우고 있다. 이와 같은 총체적 변화는 생애에 걸친 체계적인 인적 자원개발, 관리라는 평생교육에 대한 새로운 접근을 요구한다.

평생교육의 형태는 매우 다양하며 특히 사회가 분화·발전함에 따라 그 폭과 깊이를 꾸준히 넓혀 가고 있다. 그리고 교육 대상을 아동이나 청소년뿐만 아니라 유아기는 물론 가정주부, 직장인, 일반시민 및 노인으로까지 확대하였고, 교육기관 역시 매우 다양한 형태로 확장시켰다.

급격한 사회 변화와 정보화, 세계화 시대에 적응하여 삶의 질을 향상시키기 위해서는 날로 새로워지는 지식과 기술을 익혀야 하며, 이러한 평생교육은 적극적으로 확대되고 제도적으로 뒷받침되어야 한다.

1) 평생교육의 개념

교육은 학교에서만 이루어지는 것이 아니라 가정 또는 사회에서도 교육은 이루어진다. 또한 교육은 청소년기에만 이루어지는 것도 아니며 청소년기를 포함하여 유아기, 장년기, 노년기 등 인간의 일생동안 교육은 이루어진다. 교육은 인간의 평생 동안에 걸쳐서 모든 장소에서 이루어진다. 이것이 교육의 형태에 관한 가장 넓은 개념이며 최근에 활발히 논의되고 있는 평생교육의 개념이다.

평생을 통하여 이루어지는 교육은 크게 둘로 나눌 수 있는데 그 하나는 학교교육이며, 다른 하나는 학교 외 교육이다. 사람에 따라서는 전자를 형식교육(formal education), 후자를 비형식교육(nonformal education)이라고도 한다. 학교교육은 유치원부터 대학원에 이르기까지 '사다리식' 제도를 유지하고 있다. 그러나 학교 외의 교육은 이러한 계제를 이루고 있지 않으며 가정교육, 사회교육이 모두 학교 외 교육에 속한다. 또한 학교교육에서는 비교적 장기간에 걸쳐서 체계적인 교육과정이 제공되지만 학교 외의 교육은 대부분의 경우 단기간에 걸쳐서 피교육자의 요구나 흥미를 최대한으로 반영시키는 교육과정이 제공된다. 여기에 무형식 학습(informal learning), 환경에 의한 우발적 학습(incidental leaning)까지 포함하는 경우도 있다.

평생교육으로 번역되는 원어는 프랑스어의 'L'ducation permanete' 이고 이를 번역하면 영구교육 또는 항구교육이 될 것이고 영어로는 'lifelong education' 이라고 번역한 후 우리나라에서는 평생교육, 일본에서는 생애교육이라고 옮기고 있다.

우리나라에서 평생교육이라는 말이 처음 소개되었을 때 사람들은 흔히 이것을 계속교육, 성인교육, 또는 사회교육의 동의어로 받아들이는 경향이 많았다. 그것은 평생교육의 개념이 원래 성인전문가들에 의해 제창되고 이론화되었다는 점과 평생교육의 구성요소인 '평생' 의 용어가 내포하는 뜻이 모두 계속성을 강조하는 단어라는 점과 그리고 평생교육이 과거에 교육이 전부라고 인식되었던 학교교육의 한계를 시정하려는 노력으로 출발하였다는 점으로 당연하고 자연스러운 일이었다고 하겠다. 그러나 오늘날 우리가 사용하는 전문용어로서의 평생교육 개념은 보다 포괄적인 개념으로 성인교육은 그 속의 한 구성요소에 불과하다.

1965년 12월 유네스코의 성인교육 발전을 위한 국제위원회(International Committee for the Advancement of Adult Education)에서 랭그랑의 계속교육에 관한 연구 논문을 검토한 끝에 유네스코는 "출생에서부터 죽음에 이르기까지 인간의 일생을 통하여 행하는 교육의 과정- 전체적으로 통합적이어야 할 필요성이 있는 교육의 과정-을 만들어 활동하게 하는 원리로서 평생교육이라는 구상을 승인해야 한다." 라는 건의를 유네스코 사무국에 제출하여 1970년대의 유네스코 기본교육 사업으로 채택되었고, 그 해를 "국제교육의 해" 라는 주제로 내걸고 평생교육을 표방하기도 했다.

2) 평생교육의 필요성

현대사회는 새로운 교육의 형태를 필요로 하고 있으며 그것은 삶과 현실적으로 관련된 교육이어야 한다. 그 삶이란 인생의 어느 부분적 생의 단계에만 관련된 교육이 아니고 삶의 전체와 관련되어진 계속적 교육이 되어야 한다는 것이다. 즉, 평생교육은 태어나면서부터 죽을 때까지의 평생을 통한 계속된 '삶의 현장' 에서의 배움을 뜻하며 공식화된 학교 교육과 학교 외의 교육을 모두 포괄하는 전 생애에 관련된 모든 교육이다.

인생의 합리적 설계와 생애 개발을 위한 평생교육이며 학교와 가정과 사회에서 이루어지는 모든 교육의 기회를 필요에 따라서 제공받을 수 있도록 하는 제도적 노력을 평생교육이 하고 있다.

평생교육의 필요성은 사회의 구성원들이 살아가고 있는 그 사회의 구조 기능적 특성과 아울러 그 사회의 문화적 변천과 밀접한 관계를 보이고 있다. 인구의 증가와 평균수명의 연장 및 과학 기술의 고도화와 여가의 증대 등에 따른 급격한 사회변동에 효과적으로 대처할 수 있고, 사회발전을 촉진시킬 수 있는 사회의 교육역량을 증대시키기 위해서이다.

또한 개인이 날로 팽창하는 지식을 시시각각으로 습득하고 새로이 출현하는 사회가치를 창조적·비판적으로 수용하기 위해서이다.

점점 더 전문화되고 특수화되며 조직화되어 가는 현대 사회체제에서 개인이 기능적으로 적응하며 개인의 잠재적 개발 가능성을 한평생 동안 끊임없이 최대로 발전시키기 위해서도 평생교육은 필요하다. 그리고 개인이 각 발달단계에서 수행하여야 할 새로운 역할을 습득하여 새롭게 일어나는 개인적 요구를 만족시키며 개인이 받은 학교의 형식교육을 충족·보강하거나, 형식교육의 기회를 놓친 사람에게는 자기 발전을 위한 기초교육의 기회를 제공하기 위해서이다.

3) 평생교육의 일반적 특징 및 현황

평생교육은 사회의 구성원들이 살아가고 있는 그 사회의 구조 기능적 특성과 아울러 그 사회의 문화적 변천과 밀접한 관계를 보이고 있다.

평생교육에 대한 이념적 지향의 차이에도 불구하고 평생교육은 다음과 같은 일반적 특징을 지닌다. 평생교육의 일반적 특징에는 확장성, 혁신성, 통합성이 있으며 이것의 특징은 다음과 같다.

첫째, 확장성(expansion)은 평생교육은 학습시간, 학습영역과 내용 및 학습상황이 확장되었다. 이러한 교육의 확장은 일과 여가에 대해 새로운 태도를 요구한다.

둘째, 혁신성(innovation)은 확장의 원리는 매혹적인 전망과 새로운 양식을 열어주는 혁신의 필요를 제기한다. 즉, 대안적인 학습의 구조와 유형을 발견하고, 학습자가 선택할 수 있는 학습기회의 창출을 통해 혁신을 고무하고 가치있게 여기며 아울러 기회, 동기,

학습가능성 등이 실현될 수 있는 학습풍토를 조성하며 학습내용의 유연성과 다양성 추구, 적절한 학습도구와 기법의 활용, 학습시간과 장소의 자유로운 선택 등을 모색한다.

셋째, 통합성(integration)은 학습조직들을 충분히 마련하고 이들 간의 연계를 의미있게 모색하여 확장과 혁신의 과정을 촉진하는 것이 바로 통합의 원리이다. 통합이 없는 확장은 많은 비용을 요구하고 낭비적이게 되며 통합없는 혁신은 성공하기 어렵다. 평생교육에서는 지식의 통합으로 학제간 연구의 실현 및 지식의 양적 팽창에 따른 질적 가치를 고양할 수 있고, 가정, 지역사회 및 이보다 더 큰 사회 그리고 일과 매스미디어의 세계 등 교육적 잠재력을 통합하여 교육의 과정에서 보다 효과적인 새로운 학습상황을 창출할 수 있으며 인간의 신체적, 도덕적, 미적, 지적 발달 등 제반 영역을 통합하고 학교교육 이전의 학교교육과 학교교육 이후 및 순환교육의 학습단계를 통합한다.

현재 우리나라에서는 2000년 3월 1일 정부의 "평생교육법"을 제정하였으며, 이에 2000년 8월 1일부터 법적 뒷받침 속에서 평생교육의 정책을 수립할 수 있게 되었으며 평생교육 사업도 활성화시킬 수 있게 되었다(김솔, 2001).

평생교육이 중요시되면서 전국 각 지역에서 사회교육기관이 설립되었고, 그 안에 각종의 생활무용 프로그램이 개설되면서 무용이 활성화되기 시작하였으며 현재 중요한 교육 과정의 하나로 자리매김하고 있다.

평생학습이 궁극적으로 이루어지는 장소는 사람들의 생활권과 학습권이 형성된 지역사회이므로 평생학습이 지역사회 속에 생활과 문화로서 뿌리내릴 수 있으려면 평생학습에 대한 동기유발 및 인식확산, 평생학습축제 개최, 평생학습 동아리 활성화, 평생학습마을, 도시 만들기 운동을 전개하여야 할 것이다.

2. 생활무용의 개념 및 필요성

1) 생활무용의 개념

무용은 역사적으로 살펴볼 때 다양한 측면에서 그 기능 및 효과 그리고 가치를 지니고

맥을 이어오고 있다. 원시시대 때에는 주술적인 형태로 제의무용이 성행하였고, 식생활 유지를 위한 수렵무용, 다른 부족과의 세력유지와 종족보존을 위한 전투무용들이 필연적으로 성행하였다(이병옥, 1989). 그리스 시대부터 16, 17세기까지 무용은 춤이라기보다는 예절 및 행동과 품행을 다스리고 건강과 민첩성, 그리고 아름다운 신체와 선한 마음을 제공받을 수 있는 하나의 교육형태였으며, 특히 아이들에게는 외적인 아름다움뿐만 아니라 대담한 사고와 그것에 알맞은 신뢰를 주는 교육의 수단이었다. 르네상스와 함께 예술 분야에 대한 예술적 실험과 흥미를 재생시키기 위한 도구로서 16세기 이후의 무용의 연애물과 스펙타클의 발전과 더불어 예술로서의 탄생을 이루게 되었으며 19, 20세기에는 대중에게 가까이 서서 미적 가치를 제공해 주는 공연예술로서의 가치를 인정받게 되었다.

더구나 최근에는 평생교육시대로 향하는 생활무용이 활성화됨에 따라 사회의 문화를 습득하고 이해하며, 건강유지와 건강증진을 위한 생활문화의 한 형태로 건강한 삶을 추구하는 그 기능과 역할을 담당하는 매개체가 되었다. 학교무용이 학생만을 대상으로 하여 뚜렷한 목적 하에 형식적, 의도적, 계획적으로 행해지는 신체활동이라면, 사회무용 혹은 생활무용은 모든 사람을 대상으로 비형식적이며 자유롭게 또 자발적으로 행해지는 신체활동이라고 할 수 있으며, 사회무용 혹은 생활무용은 'Dance for all' 혹은 'Dance as a life-long activity', 'life-long Dance'라는 개념으로 사용할 수 있다(이희선, 1995).

생활무용이란 유아에서 노인에 이르기까지 모든 사람이 건강증진과 아름다움의 추구를 위해 여가활동으로 실행하는 모든 종류의 무용을 말하는 것으로 참여자의 자발적인 참여를 전제로 하여 이루어지는 비형식적인 신체활동이다(임혜자, 1996). 또한 생활무용은 무용수나 안무가 등 전문예술인에 의한 예술무용뿐만 아니라 무용의 대중화를 지향하므로 보다 포괄적인 의미의 무용이다.

또한, 예술무용이 정식 무용수를 대상으로 하여 뚜렷한 목적 하에 형식적, 의도적, 계획적으로 행해진 신체활동이라면 생활무용은 모든 사람을 대상으로 비형식적이며, 자유롭게, 자발적으로 행해지는 신체활동이라고 말할 수 있다. 그리고 예술무용이 하나의 공연형태를 지니고 있으며, 일반 대중은 관람자 입장에서 관람하고 즐기는 고급문화이나, 생활무용은 관람자와 공연자를 구분하지 않고 참여자로서 함께 즐기는 대중문화라 할 수 있겠다(이병옥, 1989).

최근에는 국민의식이 높아지면서 특권층보다는 사회 구조의 중핵적인 중간층의 비중이 높아지고 세계 문화의 판도가 상류층 위주의 문화에서 중산층 중심의 문화로 변화되고 있다. 이에 스포츠도 엘리트 중심에서 국민들의 건강과 여가활동을 윤택하게 하는 생활체육이 대두되었으며, 아울러 생활무용의 중요성도 높아지고 있다.

2) 생활무용의 필요성

1980년대 일어난 무용의 붐은 예술공연에서뿐만 아니라 TV나 거리에서 현대감각의 지표가 되는 무용패션과 저연령층의 관심 및 참가 인구의 증가를 초래하는 새로운 생활문화를 창조하고 있다(권명주, 1997).

일본의 무용학자 가다오카 야스코는 건강미용, 생활의 보람과 즐거움, 사교 등의 사회 문화적 성과를 추구하고 태어나서 죽을 때까지의 생활 전체를 포괄하는 평생교육으로서의 그 의미를 담고 있다고 하였다(가다오카 야스코, 1993). 또한, 독일의 무용학자이며 안무가인 루돌프 본 라반은 신체적, 미적 의식 및 예술형태 등 창의성을 가지고 있는 문화 형태로서의 그 중요성을 강조하고 있다(라반, 1975).

이러한 두 학자의 견해는 생활 속에 무용을 끌어들이는 타당성을 제시해주었다고 할 수 있겠다.

신체활동으로서의 무용은 오래 전부터 인간의 삶과 그 안녕을 위하여 주술의 한 형태로 이루어져 왔다. 원시인들은 무용을 통하여 전쟁의 승리를 기원하였고, 혹은 병든 신체를 치료하려고도 하였다(황명자, 2000). 이처럼 무용은 옛날부터 인간의 욕망이나 신념을 표출시키는 매개체로서의 역할을 수행하여 왔으며 생활의 일부분이었다. 이러한 무용이 소수에 의해 명맥을 유지해 오다가 오늘날 경제성장 및 여가시간의 증대로 현대인들이 생활무용에 관심을 기울이게 되었다. 이는 무용이 신체의 움직임을 통하여 관절의 윤활, 근육의 긴장·강화 등의 신체상의 긍정적 효과를 얻을 수 있는 매우 유용한 신체활동 중의 하나이다. 또 무용은 심장혈관의 순환을 좋게하고, 스트레스를 감소시키며 사회적인 상호작용을 촉진시킨다. 이러한 무용의 신체활동은 신체적, 정신적 양측면에 그 기초를 둔 건강치료의 한 형태이며, 이른바 예술요법(Art therapy)의 한 분야로까지 평가받고 있다(황명자, 2000).

한편, 생활무용 프로그램들은 주로 학교부설 평생교육기관, 공공시설 스포츠센터, 구민회관, 사회복지관, 그리고 언론사나 백화점 부설 문화센터 등을 통해 공급되고 있다.

무용의 기본적 특징이 그 표현성에 있다면, 그 표현은 성격의 반영으로 인정되므로 무용은 성격적 발달에 이바지 할 수 있다. 결국 무용활동의 참여는 그것을 통하여 개인적으로는 독립된 인격체로서 성숙을 기하고, 사회적으로는 건강한 심신을 갖춘 사회인을 배출하여 균형잡힌 사회의 발전을 도모하는 밑바탕이 되는 것이다(김현석·임금옥, 2002). 때문에 생활무용에 대한 현대인들의 의욕적인 관심에 부응하기 위해 생활무용은 필요하며 참여자들의 다양한 욕구 및 수준에 부응하는 프로그램을 개발·보급하여야 하겠다.

3. 평생교육으로서의 생활무용

평생교육은 사회변화에 따른 새로운 교육적 요구를 기존의 교육체제가 충족시키지 못하는 데서 비롯되었다. 전통사회에서는 소수의 사람들이 단순한 성격의 교육을 필요로 했으나 현대사회는 그 특성상 모든 사람들로 하여금 다양한 교육적 요구를 하게 한다.

평생교육을 추구하고 있는 현대사회에서의 무용문화는 인간생활을 풍요롭게 유지시킬 것이라고 예측한다. 그래서 모든 사람들 앞에 펼쳐져 있는 무용문화의 특성을 재인식하고 연령·성별에 따른 발달의 차이, 세대성과 계층성 등을 고려하여 무용의 평생교육에 따른 학습구조를 구상하는 것을 시도한다. 이것은 종래의 교육의 중심이었던 학교뿐만이 아니라 가정·직장·지역을 중심으로 전생애를 통해 어떠한 무용이 어떻게 전개될 수 있는가를 검토하는 것이다. 따라서 생활무용 활동도 평생교육의 한 분야로서 그 역할을 수행할 수 있는 능력을 갖추었다고 할 수 있다.

생활무용은 현대사회에 있어 적응할 수 있는 건강과 체력, 아름다움을 증진시켜 바람직한 무용활동 참여를 통한 건전한 시민의식을 고취시켜 주며, 삶에 대한 즐거움과 긍정적인 태도를 갖게 해준다. 생활무용은 예술무용과는 다르게 일반인들로 하여금 일상생활

중 여러 가지 형태의 무용활동을 직접 경험할 수 있는 자발적인 기회를 부여함으로써 무용의 대중화 및 보편화에 크게 기여하고 있다. 다른 나라의 문화를 접할 수 있는 민속무용, 선조들의 멋과 흥을 느낄 수 있는 전통무용, 신체적 활동으로서의 무용, 신체를 통한 자기표현의 무용, 미적 추구로서 심리적 욕구를 위한 무용, 공동 작업을 통한 공동 의식을 함양할 수 있는 군무 등으로 그것이 가능한 것이다(최은용, 2001).

이에 따라 '무용'에 있어서도 기존의 관람 문화에서 일상생활에서 즐길 수 있는 참여 문화로 변화되고 있으며 그 프로그램도 기존의 한국무용, 발레, 현대무용에서 재즈댄스, 볼룸댄스, 에어로빅댄스, 힙합댄스, 밸리댄스, 라틴댄스 등으로 다양화되고 대중화되었다. 또한, 일부 계층만이 즐기는 것이라는 고정관념에서 벗어나 여가선용은 물론 웰빙(well-being)시대에 맞는 건강 프로그램의 하나이며, 평생교육의 한 부분으로 자리매김하고 있다.

즉, 생활무용은 유아교육은 물론 청소년교육, 성인교육, 노인교육, 그리고 특수교육(무용치료)에까지 활용이 되고 있으며 평생교육의 임무를 다하고 있다고 해도 과언이 아닐 것이다. 그러나 생활무용에 대한 올바른 가치관의 정립과 생활화는 단기간 내에 이루어지는 것이 아니라 장기적인 교육과 실제적인 체험을 통하여 개인 스스로가 무용의 필요성을 자각하고 인식할 때 이루어진다.

이러한 생활무용 프로그램을 좀 더 체계적이며 대중적으로 발전시키고 개발하여 일시적인 교육이 아닌 평생교육에 있어서 최고로 가치있는 프로그램으로 만들기 위해서는 무용인들의 많은 노력이 요구된다.

제4장 예술교육과 무용

Ⅰ. 예술로서의 무용

1. 예술의 원리

일반적으로 '예술'이라고 할 때, 이 단어는 예술 일체를 가리킨다. 그것은 회화, 조각, 건축, 도자기, 금은세공, 의상 디자인, 음악, 무용, 시, 소설, 희곡, 영화 등을 가리킨다. 우리는 언제나 예술이라는 낱말을 이렇듯 일반적 의미로 사용하면서, 그것이 오직 하나의 특수한 영역에서만 타당하다고 생각하려 하거나, 하나의 예술을 파악하는 일은 또 다른 예술을 파악하는 일일 수 밖에 없다고 가정한다. 이를테면 음악은 연주, 청각적 재현을 위하여 존재하는 것으로, 악보를 소리내지 않고 읽는 독자의 음색(tonal)의 상상력에 주어질 때와는 다르다는 사실이 나타난다. 이러한 사실은 미학자들로 하여금 문학 역시 낱말들이 원초적으로 말해지는 것이지, 기술되는(written) 것은 아니라는 점 때문에 반드시 충분히 경험되어야 하는 세계라는 결론을 곧장 내리게 했다. 이상 두 가지 견해는 서로 비슷하다고 본다. 그러나 이것은 분별력이 결여된 애매한 생각이다. 어떤 원리를 유추(analogy)하는 것, 단순한 고찰로부터 일반화하는 것은 위험하다.

그러나 다음과 같은 유추적인 질문을 제기하는 것은 자연스럽고 매우 안전하다. 곧 그것은 (1) 음악에서 소리는 어떤 기능을 나타내는가? (2) 시에서 소리는 어떤 기능을 나타내는가? (3) 산문에서 소리는 어떤 기능을 나타내는가? (4) 희곡에서 소리는 어떤 기능을 나타내는가? 등이다.

이상의 질문에 대한 대답은 확실히 동질적이기 보다는 이질적인 것으로 나타난다. 이러한 이질성은 그 자체로 중요하며, 그것은 단순하고 확고하지 못한 이론을 극복케 한다. 이러한 발견은 이들 상호간의 정확한 관계와 추상적으로 다양하게 실증된 예술의 기본적 원리들을 살피게 만든다.

그러나 이 자리에서 우리가 취급하는 것은 각 예술의 유형을 그 자체로 연구하면서, 모든 예술 속에 존재하는 동일성을 증명할 수 있는 원리들이다. 이러한 연구는 (1) 모든 예술은 동일하며 오직 그 재료들만이 다르다거나, (2) 모든 예술의 원리는 동일하며 그 기교들은 모두 유사하다는 식의 보편적인 주장 이상의 것을 제기한다.

이러한 주장은 안정감이 없을 뿐만 아니라 허위적인 것이다. 예술 상호간의 차이를 추구함에 있어서 마침내 우리는 그 이상의 어떤 차이도 존재하지 않게 되는 지점에 도달하게 되며, 우리는 그때 여러 예술의 통일성(unity)을 가정하는 것이 아니라 발견하게 되는 것이다. 이러한 심층에는 모든 상이한 예술들이 실현하는 오직 하나의 개념이 존재할 뿐이며, 그것은 '예술'이라는 개념이다.

모든 유형의 예술이 총체적이고 기본적으로 내포하는 원리들이란 그렇게 많지 않다. 그러나 이 원리들은 우리의 연구에 결정적인 역할을 한다.

이 원리들은 '예술이란 무엇이며, 예술이 아닌 것은 무엇인가'를 결정하기 때문이다. 분명하고 적절한 의미에서의 표현성(expressiveness)은 어떤 종류의 예술작품도 모두 동일하게 소유한다. 그러나 '창조되는 것'은 어떤 두 가지 예술 속에도 동일하게 드러나지 않는다.

사실 이것은 그 두 예술을 분별케 한다. 그러나 '창조의 원리'는 이 두 예술 속에 동일하게 존재한다. 그리고 소위 생명적 형식(living form)이야말로 모든 예술 속에 동일한 것이 존재함을 반증한다.

하나의 예술작품은 감각이나 상상력을 통한 우리의 지각을 전제로 창조된 하나의 표현적 형식이며, 그것이 표현하는 것은 인간 감정이다. 감정이라는 단어는 여기서 '느껴질 수 있는 것 일체'라는 광의의 의미로 취급되어야 한다. 이러한 의미로서의 감정은 육체적 감각, 고통와 안락, 자극과 휴식으로부터 가장 복합적인 정서, 지적(知的) 긴장, 혹은 인간의 의식적 삶에 나타나는 점진적인 감정의 음조(feeling-tone) 등에 이르기까지의 일체의 것을 의미한다.

예술의 세계에서 가장 중심적인 문제는 '창조'라는 단어의 의미이다. 왜 우리는 예술가가 작품을 창조한다고 말하는가? 예술가는 기름물감이나 캔버스, 음의 진동적 구조

(structure of tonal vibrations)를 창조하지는 않는다. 시인은 낱말을 창조하지 않으며, 무용가는 자신의 육체와 그 운동성(mobility)을 창조하지 않는다.

예술가는 그 이상의 모든 것들을 발견하고 사용하는 것이다. 이러한 발견과 사용은 마치 요리사가 달걀과 밀가루를 이용하여 과자를 만들거나, 직조공이 양털을 사용해서 실을 만들고, 실을 사용해서 양말을 만드는 것과 같다. 우리가 과자 만드는 사람이 무엇인가를 '창조'했다고 말하는 것은 오직 유머나 방종한 의미로서일 뿐이다. 그러나 이러한 말이 예술작품과 관계될 때 우리는 이것을 진심으로 '창조'라고 부른다. 이러한 사실이 제기하는 것은 철학적인 질문이다. 곧 이것은 '우리가 의미하는 창조라는 낱말의 뜻은 무엇인가?', '무엇이 창조된다는 것인가?' 이다.

이러한 문제를 추구할 때 그것은 다음과 같은 서로 밀접하게 관련되는 복합적인 질문을 던지게 된다. 곧 그것은 '예술 속에 무엇이 창조되며, 무엇 때문에 창조되며, 어떻게 창조되는가?' 라는 질문들이다. 이러한 질문에 대한 대답은 예술철학에 일관되어 나타나는 개념들에 대한 대답을 포괄한다. 즉 그것은 환영(幻影, apparition), 이미지, 표현성, 감정, 모티브(motif), 변형 같은 개념들에 대한 대답을 포괄한다. 이 밖에도 더 있지만 그것들은 모두가 이상의 개념들과 관련된다.

2. 역동적 이미지의 창조

한번의 강의로 모든 예술에 관하여 말한다는 것은 불가능하며, 예술의 여러 원리와 실제적인 보기들을 혼동하지 않고 끝내기란 불가능하다. 이제 우리는 특히 무용에 대해서 말해야 하기 때문에 논의의 범위를 무용으로 좁히고, 그 예술성에 중점을 두기로 하자. 이때 우리가 제기하는 최초의 질문은 '무용가들은 무엇을 창조하는가?' 이다.

무용가들이 '무용'을 창조한다는 것은 분명하다. 앞에서 우리가 지적했듯이 무용가들은 무용의 재료들, 그들의 육체, 그 육체를 감싸는 의상, 그들이 춤을 추는 마루, 그들을 둘러싸는 공간, 광선, 음악적 선율, 중력 기타 다른 물질적 설비들을 창조하지는 않는다.

무용가는 이상의 모든 것을 사용해서 그 물질적 존재를 초월하는 어떤 세계를 창조한

역동적 이미지

다. 그 세계가 바로 '무용'이다.

　그렇다면 무용이란 무엇인가? 무용이란 하나의 외양(外樣, appearance)이다. 환영(apparition)이란 말이 허용된다면, 그것은 환영의 세계라 할 수 있다. 환영은 무용가의 동작에서 발생한다. 그러나 이 환영은 무용가의 동작을 초월하는 어떤 세계이다. 무용을 관람함에 있어서 우리는 우리 앞에 물질적으로 현존하는 것, 곧 무용가의 육체의 비틀림이나 원형(圓形)을 보는 것은 아니다. 우리가 보는 것은 상호작용하는 힘들의 전개이며, 이 힘들의 전개에 의하여 무용은 상승, 하강, 폐쇄, 희박이라는 특성을 나타내는 것 같다. 물론 이 힘들의 상호작용은 승려무용(dervish dance)의 끝 장면처럼 소용돌이치거나, 홀로 추거나, 여럿이 추거나, 그 동작이 느리거나 집중적이거나 단일하거나에 관계없이 한결같이 드러난다.

　하나의 인간적 육체는 우리 앞에 신비로운 힘들의 전체적인 유희를 제시할 수 있다. 그러나 이 힘들, 무용 속에서 작동하는 것 같은 힘들은 무용가의 근육이 나타내는 물질적 힘이 아니며, 무용가의 근육이 나타내는 물질적 힘은 실제적 공간을 차지하는 동작의 조건일 뿐이다. 대체로 직접적으로 지각(perception)되는 것 같은 이 힘들은 우리의 지각을 전제로 창조되고 이 힘들은 오직 이러한 우리의 지각을 위해서만 존재하는 것이다.

지각을 위해서만 존재하는 것, 많은 대상들처럼 자연 속에서 수동적인 역할을 하지 않는 것, 그것을 우리는 허구적 실체(virtual entity)라고 부른다. 허구적 실체는 비현실적인 것이 아니다. 이 실체가 우리 앞에 나타날 때 우리는 실제로 그것을 지각하는 것이지, 그것을 꿈꾸거나 상상하지는 않는다. 거울에 투영되는 이미지는 하나의 허구적 이미지이다. 무지개는 하나의 허구적 대상이다.

무지개는 지상이나 구름 속에 서 있는 것 같다. 그러나 실제로 어디에도 있는 것은 아니다. 무지개는 오직 눈에 보일 뿐, 손에 만져지지는 않는다. 그러나 적당한 장소에서 그것을 바라보는 정상적인 눈앞에 그것은 습도와 광선에 의하여 생산된 현실적인 존재가 된다. 우리는 무지개를 보려고 꿈꾼 것은 아니다. 그러나 무지개에 어떤 물질적 사물이 나타내는 일상적 속성들이 있다고 믿는다면, 그것은 잘못된 믿음이다. 왜냐하면 무지개는 하나의 외양, 가상적 대상, 태양이 창조한 이미지이기 때문이다.

무용가들이 창조하는 것은 하나의 무용이다. 하나의 무용은 능동적인 힘들이 나타내는 하나의 환영, 곧 하나의 역동적 이미지(dynamic image)이다. 무용가가 실제로 성취하는 모든 것은 우리로 하여금 참되게 볼 수 있게 한다. 그러나 우리가 참되게 보는 것은 하나의 가상적 실체이다. 물질적 실재들은 주어진 것에 지나지 않는다. 곧 장소, 중력, 육체, 근육의 강도, 근육의 제어, 그리고 소위 소도구들이라고 불리우는 사용 가능한 모든 사물들, 소리같은 부차적 사물들은 모두 주어진 것에 지나지 않는다. 주어진 이 모든 것들은 실제적인 사물들이다. 그러나 무용의 경우 이러한 사물들은 소멸한다.

무용이 완성될수록 우리는 이 사물들의 실제성을 보기 어렵게 된다. 우리가 보고 듣곤 느끼는 것은 가상적 실재들, 곧 (1) 무용이 나타내는 움직이는 힘들, (2) 그 힘들의 명료한 중심과 발산, 갈등과 해결, 상승과 하강, (3) 그 힘들의 선율적인 삶이다.

이상은 모두가 창조된 환영을 구성하는 요소들이며, 물질적으로 주어진 것이 아니라 예술적으로 창조된 것이다. 따라서 이제 우리는 우리가 제시했던 최초의 질문에 대하여 대답할 수 있게 되었다. 곧 〈무용가들은 무엇을 창조하는가?〉라는 질문에 대한 대답은 〈역동적 이미지〉라고 할 수 있으며, 그것이 바로 무용을 의미하는 것이다. 이러한 대답은 자연히 〈이미지는 무엇 때문에 창조되는가?〉라는 두 번째 질문을 환기한다.

3. 내적 삶의 표현

이 질문에 대해서도 역시 명백한 대답이 존재한다. 곧 그것은 '우리의 즐거움을 위해서'라고 할 수 있다. 그러나 우리로 하여금 그렇게 집중적으로 무용을 즐기게 하는 것은 무엇인가? 우리는 모든 가상적 이미지들이 동일하기 때문에 그것들을 즐기는 것은 아니다.

사막의 신기루는 주로 그것이 희귀하고, 지쳐있는 나그네에게 신선함을 주기 때문에 호기심을 끈다. 거울 이미지는 흔하기 때문에 놀람의 대상이 되지 않으며, 그 자체가 하나의 이미지로서 우리를 전율케 하지 않는다. 그러나 무용 속에 창조되는 역동적 이미지는 이상과는 다른 특성을 나타낸다.

이 이미지는 지각할 수 있는 하나의 실체 이상의 세계이다. 이러한 환경의 세계는 눈, 혹은 눈과 귀에 주어지며, 눈과 귀를 지나 우리의 전체적 반응감각을 통과하면서 감전으로 충전된 것처럼 충격을 준다. 그러나 이 때의 감정은 모든 무용가들, 혹은 일부 무용가들이 느끼는 감정과 반드시 동일시될 필요는 없다. 이때의 감정은 무용 자체에 귀속되는 감정이다. 무용은 다른 예술작품처럼 인간 감정의 본질을 표현하는 하나의 지각적 형식이다.

인간 감정의 본질이란 대체로 인간의 '내적 삶'이라고 때때로 불리우는 것이 나타나는 복잡성과 풍요성, 위기와 파열, 리듬과 연결을 의미하며, 내적 삶이란 살아있는 것으로 느껴지는 삶, 직접적 명령의 흐름을 뜻한다.

무용은 무용가가 어떻게 느끼는가를 나타내지는 않는다. 왜냐하면 무용가의 고유한 감정들은 우리가 요구한다고 해서 제시되고 서술되거나 강요될 수 있는 것은 아니기 때문이다. 우리의 고유한 감정들은 단순히 발생할 뿐이며, 대부분의 사람들은 한숨이나 우는 소리, 혹은 몸짓으로 우리가 우리의 감정들을 표현한다는 사실에 개의치 않는다.

만일 무용가가 실제로 자신의 고유한 감정을 표현한다면, 그러한 감정들을 보려는 발레광(狂)들은 그렇게 많지 않을 것이다. 무용 속에 표현되는 것은 하나의 관념이다. 곧 그것은 감정, 정서, 기타 다른 모든 주관적 경험들이 교차하는 방식에 관한 하나의 관념이며, 이러한 경험의 야기와 성장, 그 복합적인 종합은 우리의 내적 삶에 동일성을 부여하며 인격적 동일성(personal identity)을 부여한다.

한 인간의 〈내적 삶〉이라고 우리가 부르는 것은 그 인간의 고유한 역사의 내면적 설화이다. 곧 그것은 세계 속에서 그가 어떻게 느끼며 사는가 하는 삶의 방식이다. 이러한 종류의 경험은 흔히 공허하게 알려질 뿐이다. 왜냐하면 그 경험을 구성하는 대부분의 구성인자들은 명명(命名)될 수 없기 때문이며, 비록 우리의 경험이 매우 날카롭다 하더라도 명칭을 소유하지 않는 사물에 관해 하나의 관념을 형성하기란 쉽지 않기 때문이다. 이러한 사실은 많은 식자(識者)들로 하여금 감정이란 하나의 무형(formless)적 사태요, 그 원인을 단정하고, 우리가 결과를 처리해야 하지만, 그 자체로는 비합리적인 것, 곧 스스로의 고유한 구조가 결여된 유기체의 혼란이라고 믿게 하였다.

그러나 주관적 경험은 하나의 구조를 소유한다. 곧 주관적 경험은 순간순간 만나게 될 뿐만 아니라, 개념적으로 알려질 수 있으며, 그 세부와 심층의 상상적·상징적 표현이 고찰될 수 있다.

오직 우리의 흔한 수단, 곧 언어로서 일상적 담화들을 전달하고 표현하지만, 인간의 감정을 묘사하고 표현하기에는 역부족이다. 언어가 이러한 목적에 타당치 못한 논리적 이유들이 있지만, 이 자리에서는 그 이유들을 설명하지 않겠다. 가장 중요한 사실은 언어가 기존의 방식으로 수행할 수 없는 것, 즉 감각적·정서적 삶의 유형과 본질을 제시하는 일이 예술작품에 의해 수행된다는 것은 인간 감정의 본질이다.

이제까지 우리는 우리의 둘째 질문인 예술작품, 무용, 곧 가상적·역동적 이미지가 무엇 때문에 존재하는가에 대해서 대답한 셈이다. 그것은 직접적으로 느껴진 정서적 삶에 대한 창조자의 관념을 표현하기 위해서 존재한다. 하나의 예술작품은 긴장과 이완, 균형과 불균형, 선율적 일관성, 불안하지만 지속적인 통일성으로 구성된다. 삶이란 이러한 긴장, 균형, 선율들의 자연스런 과정이다. 고요함이라는 정서 속에서 우리가 우리의 고유한 삶이 고동치는 것처럼 느끼는 것은 바로 이러한 사실을 반증한다.

　이것들은 예술작품 속에 표현되며, 상징적으로 제시되며, 하나의 감정이 하나의 관념을 발전시키는 것처럼, 발전된 각각의 감정의 양상은 서로 결합되어 더욱 명료하게 재현된다. 무용은 무용가의 감정을 나타내는 하나의 징후가 아니라, 여러 감정들에 대한 그 창조자의 지식을 표현하는 것이다.

4. 다른 예술과의 차이

　우리가 요약했던 셋째 문제, 곧 '무용은 어떻게 창조되는가?' 라는 질문은 매우 거창하기 때문에 이 문제는 몇 개의 질문으로 나뉘지 않으면 안된다. 이 질문들 가운데 일부는 '기교', 곧 이러한 효과 혹은 저러한 효과가 어떻게 산출되는가 하는 실제적인 질문으로 포섭된다. 이러한 문제들에 대해서 많은 사람들이 관심을 기울이지만, 그것은 언제나 호기심을 유발한다는 점 말고는 별로 관심의 대상이 되지 않는다.

그것에 대한 철학적 질문은 다음과 같다. 그것은 '어떤 내면적, 혹은 주관적 과정에 대한 관념을 표현한다는 것은 무엇을 의미하는가?' 이다. 그것은 자신이나 남들이 볼 수 있게끔 내면적 과정을 외면적 이미지로 만드는 것을 의미한다. 그것은 주관적 사태에 객관적 상징을 부여하는 일을 의미한다. 무용이든 조각이든 회화든 음악이든 시(詩)든 모든 예술작품은 이러한 이미지로 존재한다. 예술작품은 내면적 본질을 외면적으로 제시한 것이며, 주관적 실재(reality)를 객관적으로 재현한 것이다. 그리고 예술작품이 내적 삶을 상징할 수 있는 이유는 예술작품이 내적 삶의 사물들과 동일한 유형의 관계 및 요소들을 소유하기 때문이다.

예술작품이란 감정의 삶과 동일한 유형, 요소들을 소유하는 창조된 이미지의 세계이다. 그러나 이 이미지는 비록 창조된 환영(幻影), 순수한 외양(外樣, appearance)이긴 해도, 객관적인 세계로 존재한다. 이 이미지는 그 형식이 바로 감정의 본질을 표현하기 때문에 감정으로 충전된 것처럼 생각된다. 따라서 무용은 주관적 삶의 객관화이며, 다른 모든 예술작품 역시 그렇다.

예술작품들이 모두 이러한 기본적 관점에서 유사하다면, 왜 우리는 회화와 음악, 시와 음악, 시와 무용 같은 몇가지 거대한 예술의 영역을 소유하는 것일까? 무엇인가가 이 영역들을 매우 첨예하게 구별했기 때문에 어떤 한 영역에 탁월한 재능을 나타내는 사람들은 다른 영역들과는 무관하게 작업할는지도 모른다.

분별력이 있는 사람은 무용을 배우러 피카소(Picasso)에게 가지는 않을 것이며, 회화를 배우러 섹스피어(Shakespeare)에게 가지는 않을 것이다. 그렇다면 실제로 무용이 어떻게 음악이나 건축이나 극(drama)과 다른 것일까? 무용은 다른 모든 예술영역과 관계를 가지고 있다. 그러나 무용은 무용인 것이다. 우리가 하나의 중심적인 문제에서 출발할 때, 예술의 몇가지 커다란 유형을 분별케 하는 것은 각 예술이 차례로 야기하는 또다른 문제로써 우리가 요구했던 문제는 아니다.

이렇게 자연스럽고 체계적인 방식으로 '무엇이 창조되는가?' 라는 질문이 하나의 문제에서 또 다른 문제를 유도한다는 사실이야말로 이러한 질문이 참으로 중심적인 것으로 생각게 한다.

무용과 다른 모든 위대한 예술들의 분별, 무용과 다른 위대한 예술들에 대한 개별적인 분별은 가상적 이미지, 표현적 형식이 사용하는 재료를 중심으로 수행한다.

우리는 다른 종류의 토론을 할 수 없고, 오직 무용가들은 무엇을 창조하는가?, 무용이란 무엇인가?라는 우리의 최초의 질문에 대해서 좀더 생각할 수 있을 뿐이다. 앞에서도 말했듯이 무용을 볼 때 우리가 보는 것은 '상호작용하는 힘들의 모습'이다. 우리는 크기를 암시하는 중량이나 책장을 흔들리게 하는 압력같은 물질적 힘들을 보는 것이 아니라, 무용 자체를 살아 움직이게 하는 것 같은 순수하고 명료한 힘들을 본다.

그 무용에 있어서 두 사람은 자기(紫氣)를 띤 듯이 서로 이끈다. 이때 하나의 단일한 정신, 곧 하나의 힘에 의하여 집단은 생명을 획득하게 된다. 환영(幻影) 자체는 스스로의 생명을 이끌고 밀어내고, 보존하고 생성하는 비물질적인 힘들로 구성된다. 환영의 배후에 있는 현실적, 물질적 힘들은 소멸한다. 관람자가 신체적 조작과 그 배열들을 볼 때 예술작품은 파괴되고, 창조는 실패하는 것이다.

회화(painting)가 공간을 채우는 현실적인 사물들이 아니라, 가상적 용량들(volumes), 곧 특수한 용량들로 순수하고 구성되고, 음악이 음조(tone)에 의해 창조되는 시간의 경과, 곧 움직임으로 구성되는 것처럼, 무용은 몸짓이 지속적 조직에 의하여 보이게 되는 저 힘들의 세계를 창조한다. 이것이 무용과 다른 모든 예술의 차이를 알려준다. 그러나 공간, 사건, 시간, 힘 등이 실제로 상호관련되는 것처럼 모든 예술은 서로 다른 복잡한 관계로 상호연결된다. 이것은 우리가 다루기엔 벅찬 주제이다.

여기서 자연스럽게 나타나는 또 하나의 문제는 무용몸짓(dance gesture)의 의미이다. 그러나 우리는 이 문제를 내버려 둘 수 밖에 없다. 그 의미들은 충분히 추구되었으며, 어떤 결론을 내리지 않는 한, 모든 문제는 끝이 없다는 것을 우리는 경험으로부터 알고 있다.

그러나 이러한 철학적 탐구를 끝냄에 있어서 우리는 때때로 철학적 고찰이 야기하는 해명하기 어려운 사실들에 대한 예기치 못했던 설명들 가운데 하나에 유의함이 좋을 것 같다.

탁월한 음악사가요 무용사가인 사크스(Sachs)는 그의 《세계 무용(World history of dance)》에서 다소 이상하게 생각되기는 해도, 무용의 진화를 선사시대사(pre-history)에 종속되는 하나의 고급 예술로 언급한다. 그는 문명의 여명에 무용은 이미 어떤 예술이나 과학도 성취하지 못한 완벽성에 도달했다고 본다. 야만적 생활을 하는 사회, 원시 조각과 원시 건축을 소유하지만 아직 시(詩)가 없던 사회들은 고도로 발전된, 난해하지만 아름다운 무용의 전통을 아주 흔하게 보여준다고 하였다. 이 때 무용은 음악과 분리되지 않은 채 존재한다. 음악은 무용 속에서 다듬어진다. 사람들은 무용을 찬미했으며, 그들은 무용의 종속이었다.

무용을 상호작용 하는 힘들이 나타내는 환영이라고 생각할 때, 이렇듯 이상한 사실은 하나도 이상하게 생각되지 않는다. 모든 예술 이미지는 내적 세계의 법칙에 따라 구성된 순화되고 단순화된 외적 세계의 영상이다. 예술은 세계의 객관적 양상이 다른 양상과 관계될 때 발생한다. 각 예술이 나타내는 이면적 세계에 대한 그 고유한 이미지는 내면적 세계, 주관적 삶, 감정을 객관화한다.

원시인들은 마력(demonic powers)의 세계 속에서 생활한다. 야만인들의 세계에 있어서 가장 현실적인 것으로 수용된 것은 유인(類人, subhuman)이나 초인(超人), 신이나 유령, 인간의 세계를 초월하는 마력, 사물 속에 전하(電荷)처럼 존재하는 행운과 불운 등이다. 모든 인간존재에 있어서 더욱 원시적인 것으로 생각되는 예술창조의 충동은 최초로 이상의 모든 환경들의 힘에 대한 이미지라는 형식으로 나타났다. 제단 주위의 마술적인 원이나 토템신앙의 막대기, 키와(kiwa) 사원 내면의 성스러운 공간은 자연스런 무용 장소였다. 이러한 생각은 합리적이다. 신비한 힘들의 영역을 지각되는 세계에서 최초로 창조된 이미지는 '역동적 이미지' 이다. 곧 최초의 참된 예술, 인간본질의 최초의 객관화는 무용이었던 것이다.

II. 예술교육과 무용

예술의 장에서 예술을 교육하는 교육자나 예술가에게 있어서 공히 관심있는 문제 중의 하나는 예술교육은 가능한가, 가능하다면 어디까지 가능하고, 무엇을 교육해야 하고, 교육한 결과가 예술작품에 어떻게 영향을 미치는가라는 예술교육에 관련된 문제인 것이다.

1. 예술교육의 가능성

흔히 우리는 예술교육이라는 말의 의미로는 다음과 같이 두 가지로 쓰고 있다. 하나는 예술을 통한 인간교육(Human education through art)이고, 다른 하나는 예술을 위한, 혹은 예술의 교육(Education for, of art)이다. 이같이 예술교육이라는 말이 두 가지로 구분되어 사용되면서 예술교육을 하는 구체적인 행위자에게 두 가지 중에 어느 하나를 선택하기를 강요한다. 리드(H. Read)는 예술을 통한 교육(Education through art)이라는 글에서 "예술교육의 목표는 결코 예술가의 육성이 아니라 인격의 자발적인 계발" 임을 주장하고, 그의 또 다른 글인 현대예술의 철학(The philosophy of modern art)에서 "대학은 결코 예술가를 만들 수 없다"라고 말하고 있다.

쉴러(Schiler)도 그의 《미적교육론(美的教育論)》에서 "미적인간의 형성은 미와 예술에 의한 본래의 인간성 회복, 구제이지 새로운 창조활동에 있지 않다"고 보고 있다. 이들의 주장에서 제기되는 문제는 결국 예술교육이 필요하다라는 것인가의 문제이다.

예술가의 의미는 시공간에 따라 달라질 수 있다. 고대는 창작자로서의 예술가이며, 근대는 천재, 장인, 영웅으로서의 예술가, 현대는 굳이 천재일 필요는 없는 평민, 속인(俗人), 범인(凡人)으로서의 예술가를 필요로 했으며, making creation creative making이 되어왔다.

이상과 같이 예술교육의 가능성을 요약하면 다음과 같다.

1. 예술교육은 예술을 위한 교육과 인간교육을 위한 예술로 구분된다.
2. 예술가란 말은 변함이 없으나 그것의 의미는 시공간에 따라 다를 수 있다.
3. 천재는 교육되어 탄생될 수 없지만 예술가로서의 천재는 교육이 필요하다.
4. 예술교육은 가능하다.

2. 왜 예술활동을 지속하는가?

왜 우리는 예술활동을 지속하고 아울러 왜 예술교육을 끊임없이 지속하려 하는가? 이 문제는 인간의 궁극적이고 근본적인 욕망의 문제를 생각하게 한다. 인간의 욕망이 무엇인가, 무엇이어야만 하는가? 하는 문제는 인간의 근본적인 구조, 혹은 인간존재학을 밝힘으로써만 가능하다. 무거운 물체가 중량 때문에 항상 밑으로 떨어지려고 하고, 물이 항상 낮은 곳으로 흐르려고 하듯이 인간이 근본적으로 무엇을 하려고 하게 되는 것은 인간 각 개인의 자유로운 선택에 의해서 결정되어 있다고 봐야 한다.

인간의 의식만도 아니고 육체만도 아니다. 그것은 의식과 육체의 두 부분이 아니라 양면을 가진 하나의 구체적 유기체이다. 육체로서의 인간과 다른 자연현상과 완전히 하나가 되어 조화를 이루고 있지만, 의식으로서의 인간은 자연으로부터 금이 가서 그것으로부터 이탈된다. 이와 같이 해서 인간은 자연 아닌 자연이 아닌 자연, 즉 의식으로서의 인간은 '의미차원'을 형성한다.

의식은 차츰 발전되고 그럼으로써 인간은 차츰 더 자연으로부터 이탈된다. 의식의 한 극단에 관학이 사고하고 계산하며 또 다른 반대의 극단에 시가 노래하고 꿈꾼다. 이와 같

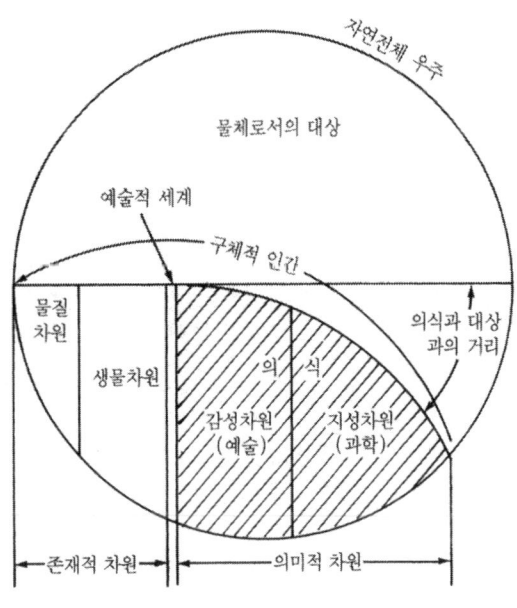

〈그림 4-1〉 예술활동을 하는 이유

은 의식을 각기 과학적 의식과 예술적의식이라고 부른다면, 예술 의식은 인간의 존재차원과 의미차원의 경계선에 해당된다. 이와같이 해석된 인간과 자연과의 관계는 다음과 같은 〈그림 4-1〉로써 나타낼 수 있다.

3. 예술교육을 어떻게 할 것인가? —그 기본도표(matrix)와 교육과정

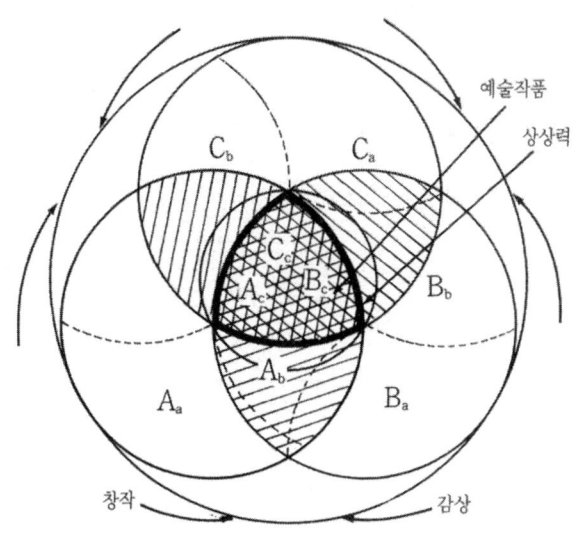

〈그림 4-2〉 예술교육의 목표

창작모형(Design model)
A : 미적체험
    A_a : 감정
    A_b : 지각
    A_c : 예술적 체험
B : 예술가 정신(인식능력)
    B_a : 순수주관
    B_b : 간주간
    B_c : 개관
C : 장인기질(조형능력)
    C_a : 표상
    C_b : 재현
    C_c : 표현

비평모형(Criticism model)
C : 예술가 장인기질(기법 분석)
    C_a : 제작
    C_b : 창작
    C_c : 창조
B : 예술가 정신(의도 분석)
    B_a : 주관적 심리(프로이드적 방법, 실존주의적 방법)
    B_b : 공통적 심리(현상학적 방법)
    B_c : 문학적 심리(구조주의적 방법)
A : 예술작품의 이해
    A_a : 분석(과학적 분석)
    A_b : 해석(철학적 방법)
    A_c : 평가(문학적 방법)

〈그림 4-3〉 예술가의 생의 내면구조

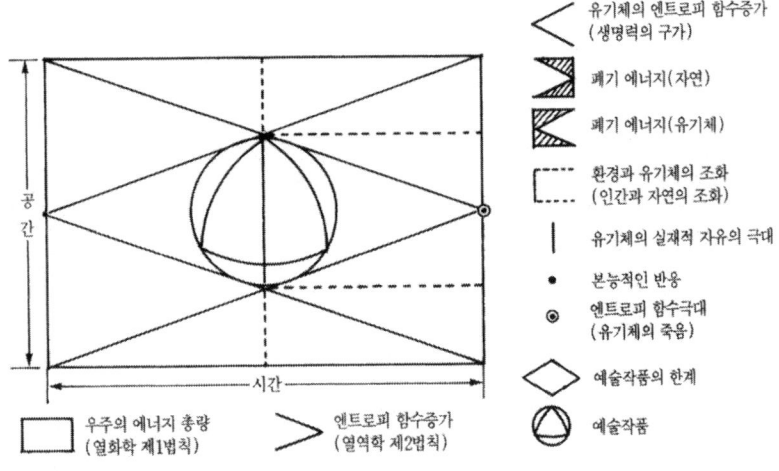

〈그림 4-4〉 예술작품의 한계

첫째의 조건 : 예술교육은 예술을 위한 교육이어야 한다(예술교육의 목표 1). 이 조건은 예술교육의 제 1의 목표로써 예술작품의 자율성과 타율성을 예술 혹은 예술작품의 본질과 그 작용을 동시에 일깨우고 교육하여야 한다는 것이다.

둘째의 조건 : 예술가의 생의 내면구조는 어떠하고 그것이 어떻게 예술작품으로 창출 또는 구체화되며 그것의 결과인 예술작품을 어떻게 해명할 것인가를 보여주어야 한다(예술교육의 목표, 그림 4-2). 이 조건은 예술가의 심의능력, 즉 인식능력(예술가 정신)과 조형능력(예술가의 장인기질)의 자유로운 활동과 그의 관점을 보여주고, 그 결과, 즉 작품 그 자체의 해명 방법들이 설명되어야 한다. 이것들을 창작(design)과 비평(criticism)이라는 각각의 관점을 통해 제시되어야 한다(그림 4-3).

셋째의 조건 : 우리가 예술활동을 지속하는 이유가 설명되어 보여져야 한다(예술활동의 이념). 인간은 존재구조상 모순된 두가지 욕망을 동시에 요구하는 존재이다. 예술활동을 통해서만이 이 두가지 모순된 욕망이 잠시나마 해결될 수 있고 그 속에서 인간은 즐거움과 행복을 갖게 됨을 보여주어야 한다(그림 4-1).

넷째의 조건 : 창작된 예술작품은 어떤 한계를 지니는가가 설명되어야 한다(예술작품의 문화적 한계, 그림 4-4). 우리는 예술작품을 하나의 세계로 간주한다. 사실 다키(G.

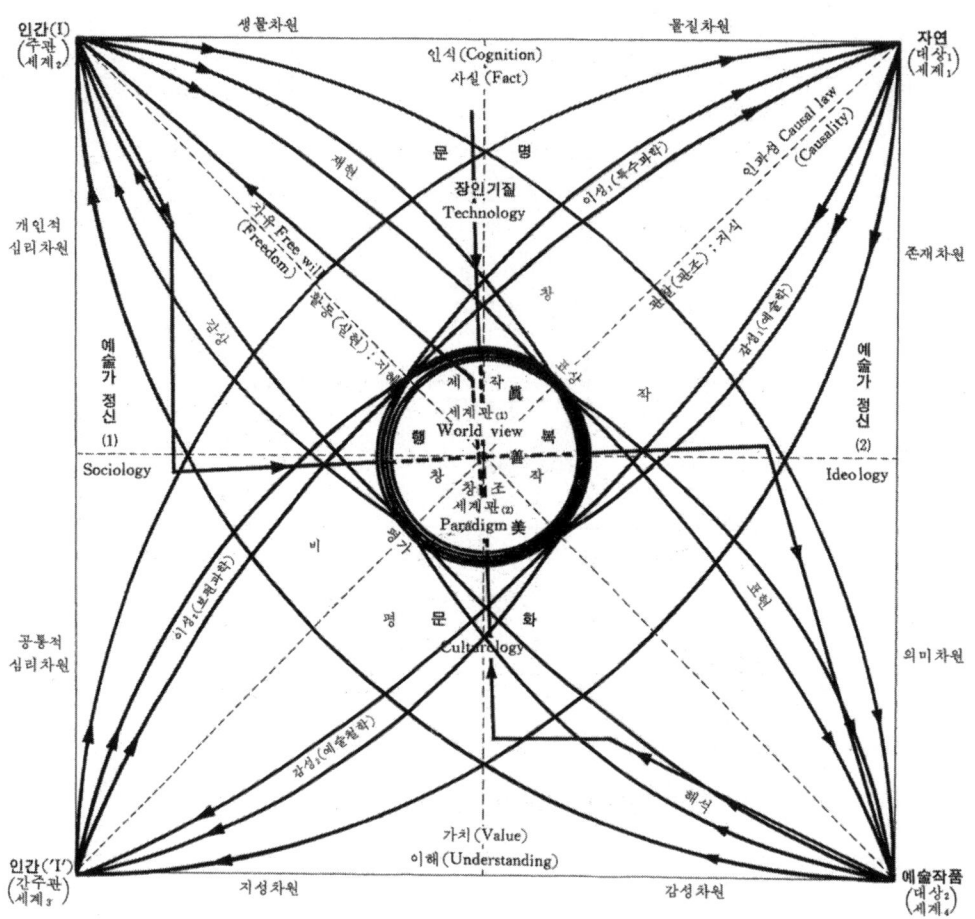

〈그림 4-5〉 예술교육 기본도표(Matrix)

Dickie)는 그의 미학(aesthetics)에서 "예술작품은 어떤 사물·현상 혹은 행위가 문화적 맥락 속에서 제도적으로 가능한 유일세계라고 정해진 것"이라고 정의하고 있다. 지금까지 설명된 조건을 최대한 만족시킬 수 있도록 도표를 작성하면 〈그림 4-5〉와 같다.

제5장 무용교육과 창조성

I. 창조성의 개념

　창조성을 교육의 가장 중요한 목표로 삼고 심리학에서 연구하기 시작한 것은 1950년의 일이다. 1960년 이후 부터는 다양한 형태의 창조성 연구가 더욱 활발히 이루어지고 있다.
　일반적으로 창조성이란 새로운 것을 생각해 내는 힘을 의미한다고 말한다. 아울러 창의적 사고 및 창의성 학습 그리고 창의적 교육이란 창의성을 얻는데 동원되는 생각이나 창의력을 기르기 위한 교육을 의미한다. 따라서 창의성은 새로운 문제사태에 당면해서 지금까지 알고 있었던 지식이나 습관으로는 해결되지 않을 때 그 주체에는 아주 새로운 방법이나 지식을 통해 해결이 이루어지는 사고과정이 창의성이라는 개념으로 통용되고 있다.
　그러나 이 창의성은 이미 과학이나 예술의 독점물은 아니다. 버몬(Vermon, 1972)과 사이몬(Simon, 1974)은 창의성이 과학자나 예술가의 독점물은 아니지만, 예술과 과학에서의 창의적 과정(creative process)은 본질적으로는 서로 같다는 점을 밝혔다. 또한 테일러(Tayler, 1959)는 창의성이란 비동조성(non conformity)과 같은 단순한 사고와는 질적으로 다른 생산적 사고(productive thinking)와 독창적 사고(creative thinking)를 포함하는 극히 복잡한 개념이라고 정의하고 이어서 창의성에 관한 100가지 이상의 각종 정의를 종합 분석한 후, 창의성을 3가지로 구분하였다.
　첫째, 표현적 창의성(expressive creativity)
　둘째, 발명적 창의성(inventive creativity)
　셋째, 혁신적 창의성(innovative vreativity)
　테일러에 의하면 창의적 사고과정의 핵심은 판별적인 구안으로 경험을 함양하는 능력이며 형식적 환경을 인지하고 타인과 특유의 경험을 상호교환함으로써 새로운 소산을 창달시키는 능력을 창조성이라고 결론지었다.

결국 인간이 인간다운 연유는 무엇보다도 주체적이고 창조적인 활동을 할 수 있는 특성을 지녔다는 점을 강조한 것이다. 따라서 창조성은 개인적 특성(trait)의 소산이다.

창조성이란 자유로운 결론을 산출해내는 능력이며 그것은 본질적으로 새롭고 그것을 만들어낸 사람에게도 생소한 것이다. 따라서 단순한 사고의 집합이라기 보다는 아이디어의 종합이라고 해야 할 것이다.

지금까지 논의되어 온 창조성에 관한 공통된 특징은 다음과 같다.

첫째, 어떤 행동이나 반응, 그 자체가 되는 상상이나 착상의 속성이 창의적이라고 인정받기 위해선 그 소산의 희귀성을 인지할 수 있어야 한다.

둘째, 우선 이런 희귀한 반응은 현실이나 이상면에서 어떤 목적 혹은 의도가 구현되었거나 실제에 적합한 반응이어야 한다.

셋째, 진정한 의미의 창조성은 그 소산이 지속, 전개 평가, 발전되어 완전한 형태로 구체화될 때 가치가 있다. 특히 창의적 업적이 인류의 문화, 문명의 발전에 실용적으로 기여할 경우 그 가치는 높이 평가된다(Osborn, 1975).

그 밖의 창의성에 대한 정의에서 드렉스달(Drexdahl)은 창조성은 본질적으로 새로운 것, 즉 아직 알려져 있지 않은 아이디어를 낳게 하는 능력이며, 이것은 상상력일 때도 있고, 종합적인 사고일 때도 있다고 정의하였다. 심슨(Symson)은 창조적 능력은 자발성이며 사고의 참신성(novelty of idea), 모험, 혁신, 발명, 발견 등의 개념이라고 했고, 길포드(Guilford)는 창조성이란 새로운 것(novelty)을 낳는 힘이라고 했다.

예술에서도 창조성도 결국 마찬가지이며, 무엇인가 새로운 것을 만들어 내는 능력이 곧 창조적 능력이다. 무용에서의 창조성(creativity)이란 인간 개인의 주체성에 의해 작용하는 모든 사태(situation)들이 주는 자극에 의한 반응을 말한다. 이것은 인간이 동물로서 반응하는 생각(psychobio-logical factor)이며, 동시에 문화적 생산(cultural production)으로 연결되는 인간 특유의 자산이라 할 것이다.

II. 교육활동과 창조성

21C는 창조적인 인간을 요구하고 있다. 우리나라 7차 교육과정(제 1997-15호)이 추구하는 인간상은 기초적인 능력을 토대로 창의적인 능력을 발휘하고, 새로운 가치를 창조하는 사람이다.

학교교육에 있어서 창조성 개발에 대한 일반적인 문제들을 살펴보기로 하자.

1. 교육활동과 창조성

원래 교육은 그 자체가 창조적인 기능을 가지고 있다. 토인비(Toynbee)는 "창조성은 인간의 가장 중요한 자산"이라고 했다. 만약 교육이 지식 기능의 전달에만 그친다면 우리는 더 훌륭한 문화를 기대하기 어려울 것이다.

이간은 원래 새로운 것, 더 나은 것을 찾는 능력과 활동성을 지니고 있다. 브라멜드(Brameld)는 "창조성이 없는 사람은 죽은 사람과 같다"고 한 것과 같이 창조적인 활동을 잘 할 수 있는 능력과 방법을 길러주는 것이 학교교육의 큰 임무라고 할 수 있다. 특히 아동은 그 활동이 새롭고 생동적이며 잠재 능력을 실현하려고 하는 의욕에 차 있는 생명체이다. 자기를 표현하려고 애쓰며, 성장함에 따라서 새로운 지식과 환경에 흥미를 느끼며, 또 알려고 한다.

그들에게는 표현, 탐구, 창조 활동 그 자체가 생활이며 목적인 것이다. 이와 같은 학생들에게 과거의 학교교육은 너무나도 지식의 전달이나 주입에만 힘을 기울였으며, 현실적인 입학 시험이나 사회적 행동에만 맞추어 온 것이 사실이다. 그들 자신들이 탐구하고 발견할 수 있는 장면을 제공하기 보다는 주지과목에서는 교과서의 내용이나, 교사가 알고 있는 것을 기억시키는 일에 주력함으로써 걸어다니는 백과사전(walking encyclo-pedia)을 만드는데 불과했고, 예술교육에서는 교사의 기술을 모방하게 하고 교사의 기술을 잘 따라하고 잘 기억하는 학생은 우수생으로 취급해 온 것이다. 이와 같이 우리의 학교교육은 주로 지식의 보관, 저장에만 역점을 두어 왔다. 이와 같은 결과로써 이들의 주체성은 크게 인정되지 않았으며 학생들이 원래 가진 모든 사고와 행동의 원동이 되는 자발성, 창조성은 말살되고 있는 것이다.

그러나 이제 학교의 교육활동은 지식의 전달만의 활동에서 해방되어야 한다. 무한한 잠재력과 선천적인 능력을 충분히 발휘시켜야 하며 그들의 새로운 활동과 창조에의 방법이 학교교육에서 계획되고 실현되어져야 한다. 학교교육의 모든 영역에서 이와 같은 활동이 이루어지고 있을 때 비로소 교육자는 지식 기능을 탐구적으로 습득하며 학습성과는 올바르게 이루어져 갈 것이다.

학생들의 활동에 대해서 제약을 가하지 않는 자유로운 학교가 먼저 이루어져야 한다고 했다. 현재의 학교에서 얼마나 많은 일들이 그들의 자유로운 사고의 표현을 억제하고 있는지 모른다. 학교는 그들의 사고의 표현과 행동을 고형화하는데서부터 해방되어야 한다. 21C는 사회자체가 창조적인 인간의 배출을 요구하고 있는 것이다. 새로운 발전과 비약적인 사고의 소산을 기대하고 있는 것이다.

교육은 원래 문화의 창조적 기능을 생명으로 하고 있으며, 인류가 존재하고 있는 한 교육은 계속되는 것이고, 교육이 있는 한 인간의 창조적 활동이 창달되어야 하는 것이다.

2. 창조성에 관한 교육적 전제

창조성의 개발을 위한 교육활동에 관해서 길포드(Guilford)는 다음과 같은 명목을 전제로 삼고 있다.

① 창조성은 특수한 인간만이 가지고 있는 것이 아니라, 모든 인간이 정도의 차이는 있으나 일반적 잠재능력으로서 가지고 있다.
② 잠재된 창조성은 모든 사람, 특히 학생들에게 효과적으로 교육되며 성장될 수 있다.
③ 창조성은 한정된 생활부분, 즉 예술이나 기타 조직활동에만 일어나는 것이 아니라, 모든 생활영역에서 일어나는 것이다.
④ 창조성과 지능과의 관계에 관해서는 여러 의견이 있으며 앞으로 더욱 연구되어야 할 문제이다. 그러나 지능 검사 자체가 창조성의 요인을 모두 포함하지 못한다는 것

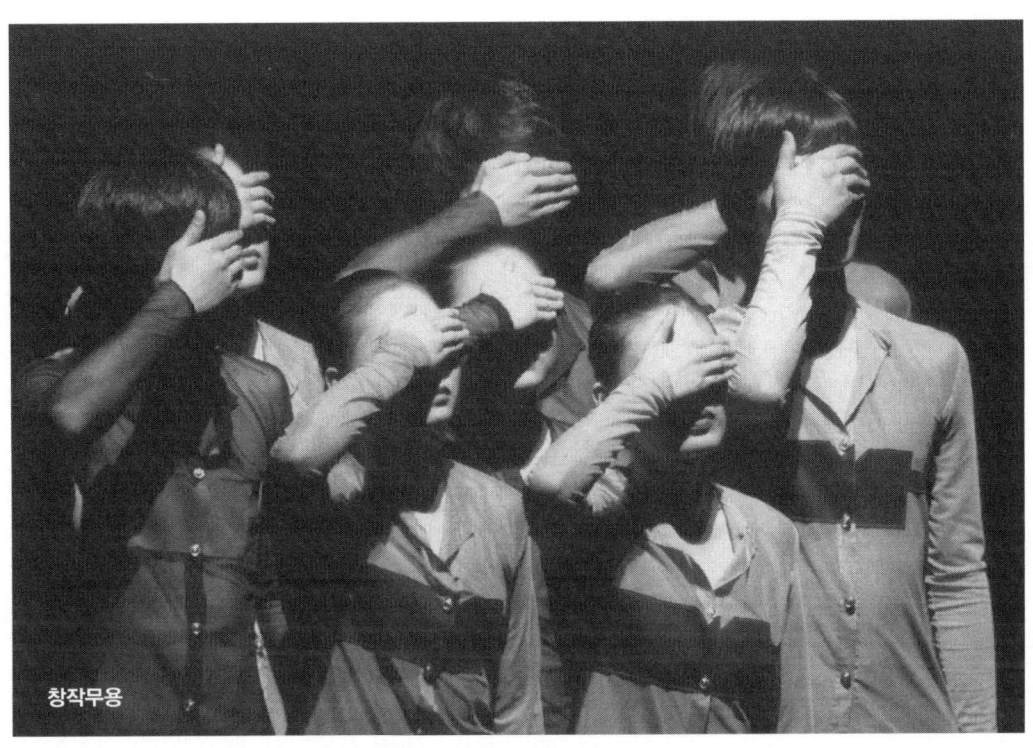

창작무용

은 사실이며 창조성의 영역을 보다 잘 알기 위해서는 보통 쓰여지고 있는 지능의 영역을 초월해야 한다.

⑤ 창조성의 원리는 사실상 전체적 인성(personality)에 관한 특별한 행동요인으로 구성되며 그것은 개인차에 관련된 문제이다.

위에서 길포드가 말한바와 같이 창조성은 모든 사람이 지니고 있는 것이며, 특별한 사람만의 능력은 아니다. 따라서 이 능력은 생활 전체에 관련되고 있는 것이다. 창조성을 개발한다는 것은 어떤 특수한 국면의 활동만을 창달하려는 것 보다도, 인간 활동 전체를 왕성하게 하려는 것이다.

그리고 창조적인 능력은 하나의 능력만으로서 규정되기보다는 전체 인성에 관련되고 있다는 것이다. 오늘날 창조적 교육을 제언하는 것은 위와 같은 전제 아래 개인적, 사회적 발전을 위한 의도에서인 것이다.

3. 창조성의 개발과 육성

창조성의 교육에는 다음의 두가지 측면을 고려할 수 있다.

첫째는 창조성은 개발된다는 것이다. 미도(Meadow)와 판스(Parnes)의 연구에 의하면 한 학기동안에 한 분야의 훈련을 받은 학생들이, 받지 않은 학생보다 94%나 더 새로운 활동이 증가되었다고 한다. 토렌스(Torrance, 1961)는 초등학교 1~3학년생에 대해 아이디어 발달에 관한 확산적 사고의 자극을 주었더니 그 결과는 많은 차이가 나타난 것을 밝혀 주었다.

학생의 활동에는 창조적인 특징이 있다. 그러나 성장함에 따라 사회의 행동 양식에 의하여 점차로 고정되거나 또는 교육에 의해서 창조성의 개발이 억제되고 있는 면이 적지 않다. 따라서 창조성이 개발을 촉진하는 조건을 학교에서는 갖추어 주어야 하며 또 저해하는 조건을 제거해 주어야 한다.

둘째로, 창조성을 육성하는 일이다. 학생의 활동을 그냥 두는 것은 창조성을 육성하는 것이 못된다. 그들은 미래에 대한 강한 호기심을 가지고 있으나, 그 호기심 자체만으로 가치가 있는 것은 아니다. 단순한 호기심을 무용교육에 의해서 인간의 움직임에 대한 과학적인 탐구심뿐만 아니라 예술적 성향을 높혀 주는 일이 중요한 것이다. 바로 이와 같은 활동이 모든 학교 생활을 통해서 조직적으로 계획되고 실천되게 하는 것이 창조성을 육성하는 학교교육의 중요한 역할이다.

창의성을 개발하는 데는 다양한 방법이 있다. 학교교육기관에서 사용할 수 있는 방법도 있고 학교에서는 사용하기 어려운 방법도 있다. 그런 방법이 바람직하다 하더라도 학급교사가 감당하기 어려운 방법도 있다. 여기서는 일반적으로 추천되고 있는 방법을 주로 다루기로 한다.

1) 브레인스토밍(brainstorming)

1964년에 미국의 오스본이란 심리학자가 기업에서 사용하기 시작한 기법인데, 이 방법은 창조적 문제해결법의 하나로 인정받고 있다. 어떤 특정한 문제나 연구주제에 대해서 다양한 아이디어를 짜내기 위한 기법이다. 이 방법은 상상력, 융통성, 그리고 토론기술로 강화하기 위한 훌륭한 기술이다. 어떤 문제 상황에서도 적용을 할 수 있다는 장점이 있다. 이 방법을 사용하려면, 교사는 판단을 일시적으로 보류해야 한다. 이것은 다른 사람에 대한 비판을 배제한다. 많은 아이디어를 내게 하는데 장점이 있기 때문에 아이디어의 양에 중점을 둔다. 사실 아이디어는 많을수록 그 속에서 좋은 아이디어를 많이 찾아낼 수 있다. 그런 아이디어 속에 기발한 독창적인 것이 나올 수도 있다는 것이 전제가 되고 있다.

> **교사를 위한 안내**
> - 학생들로 하여금 뭐든지 머리에 떠오르는 것이 있으면 서슴없이 말하게 하거나 적어내게 한다. 다만 다른 친구의 아이디어에 비판을 가하지 않게 한다는 것이 중요하다.
> - 학생들의 아이디어가 비록 빈약해도 제지하거나 비판하지 않는다. 엉뚱한 아이디어가 정말로 훌륭한 아이디어가 될 수도 있기 때문이다.
> - 될 수 있는 한 많은 아이디어를 내도록 한다.
> - 한 번 제시된 아이디어를 공동의 아이디어로 삼는다.
> - 실시방법은 연구할 문제를 확인한다. 연구그룹을 만든다. 해결할 문제를 제시한다. 진행을 하고 정리를 하는 단계로 진행한다.

2) PMI기법

이 기법은 데 보노(1988년에 한국에 옴)라는 학자가 제안한 기법으로서 특정한 문제의 긍정적인 면과 부정적인 면을 기록한 다음, 각각에 대해서 문제를 해결할 사람이 자기 나름대로 판단해서 이익이 되는 점을 찾는 기법이다. 그리고 좋아하지도 싫어하지도 않는 흥미있는 점을 기록한다. 이 방법은 여러 가지 아이디어나 여러 가지 제안들, 연구계획서 등을 평가하고 처리하는 방법으로 활용할 수 있다. 지도절차는 다음과 같다.

① 앞으로 할 활동에 대한 안내를 한다.
② 예시를 통해서 교사와 함께 훈련을 실시한다.
③ "학교의 담장을 헐어야 하는가?"라는 문제를 가지고 연구할 때,
    P = plus 이 아이디어에 대한 좋은 점

M = minus 이 아이디어에 대한 나쁜 점

I = interest 이 아이디어에 대해서 발견한 흥미있고 이익이 되는 점

3) SCAMPER기법

브레인스토밍보다 좀 더 구체적인 기법이다. 10개의 요인으로 분석해서 생각하는 기법이다(김재은, 1994).

S = substitute 대치(대신)하기

C = combine 결합하기

A = adapt 동화시키기

M = modify 수정하기, 새롭게 바꾸기

M = magnify 확대하기

M = minify 축소하기

P = put to other use 다르게 사용하기

E = eliminate 제거하기

R = rearrange 재배열하기

R = reverse 거꾸로 바꾸기

4. 창조성의 훈련

비록 명확하게 규정지을 수는 없지만 학습 내용에는 두 가지 측면을 생각할 수 있다. 하나는 학습의 결론이나 결과로서 정의나 공리, 공식, 가치와 기술 등의 파악이며, 다른 하나는 그것을 얻게 되는 발견, 창조의 과정이다. 즉 결과(product)에 대한 과정(process)이 파악되어야 하는 것이다. 일반적으로 창조적 사고는 그 과정을 더욱 중시하고 있다. 학습내용은 이 두 개의 측면에서 파악되지 않으면 충분하다고 할 수 없다.

과거의 학교교육에서는 이와 같은 결과로서 문화유산을 정확하고 풍부하게 학습하기를 요구하여 왔다. 그러나 첨단산업 등에서 폭발적인 발전을 하고 있는 현재의 팽창된 사

어린이의 창의성

회에서는 결과의 습득만으로는 새로운 사회적 요구에 부응하기 어렵다.

 교육에 있어서도 결과를 중시하는 면에서부터 과정을 중시하는 면으로 바뀌어야 한다. 그리고 지식을 풍부하게 하는 것도 중요하나 새로운 것을 스스로 생각하는 태도와 방법과 습관을 체험하게 하는 것은 더욱 중요한 일이다. 새로운 사회는 항상 새로운 문제를 내포하고 있다.

 기성된 지식이나 기술은 새로운 문제 해결에 대하여 기초는 될 수 있으나, 문제 해결의 열쇠가 될 수는 없다. 학습활동에 있어서 문제장면을 설정하고 이것을 자주적으로 해결하도록 하는 훈련이 필요한 것은 이와 같은 까닭이다.

 문제 장면 밖에서 부터의 조력을 기대하는 태도가 아니라, 그 장면 내에 있는 문제의 소재를 여러 면으로 규명하며, 이것이 파악된 연후에 그 해결방법에 대한 자기대로의 이미지(image)를 구성하며, 가설을 설정해서 확인하고 검증해 나가는 태도가 참으로 생각하는 과정이라고 할 수 있다. 주어진 문제를 해결해 나가는 것보다 앞서서 문제를 발견하는 태도부터 가지게 해야 한다. 이와 같은 대도가 형성되어지면 문제가 외부에서 주어지기보다 스스로 문제를 찾아 나가게 되는 적극적인 자세를 취하게 된다.

질문이 주어지기 전에 자신의 질문, 의무를 찾는 태도가 이루어져 새롭고, 더욱 깊은 사고활동으로 탐구적이며 창조적 태도가 육성되도록 해야 할 것이다.

III. 예술교육과 창조성

창조성이란 프린스(Prince, 1970)에 의하면 임의적인 조화, 예기치 못한 놀라움, 습성적인 계시, 익숙한 경이, 관대한 이기주의, 생생한 일상적 사소함, 훈련된 자유, 도취된 착실성, 되풀이된 발의(發意), 차이의 통일, 요청도가 높은 만족도, 기적적인 기대, 일상적으로 익숙해진 놀라움이다.

실바노 아리에티(Silvano Arieti, 1976)는 창조성이란 마법적인 종합(Creativity is the magic synthesis)이라고 했으며, 무의식의 원시적이고 비합리적인 힘과 의식의 논리적, 합리적, 인지적 메카니즘의 종합으로 보았다.

창조성이란 더 깊이 파고드는 일이며, 두 번 보는 일이며, 고양이에게 말을 걸고 그의 말을 듣는 일이며, 더 깊은 물 속으로 들어가는 일이며, 잠긴 문의 뒷편에서 탈출하는 일이며, 더 깊은 물 속으로 들어가는 일이며, 잠긴 문의 뒷편에서 탈출하는 일이며, 태양을 향해 탄환을 쏘는 일이다. 또 창의성은 알려고 원하는 일이며, 모래성을 쌓는 일이며, 자기의 음조로 노래 부르는 일이며, 자신의 몸짓으로 춤추는 일이며, 노래와 악수하는 일이다. 창조성의 완성이란 새로운 종합을 통해서 새로운 제품, 조형, 작품, 생활방식, 행동양식, 제도, 가치, 이상 등을 만들어 내는 힘과 태도를 말한다고 할 수가 있다. 이러한 창조성은 예술교육을 통해서 가장 잘 길러질 수 있다(김재은, 1984).

예술 창조에 있어서 영감(inspiration)은 대단히 주요한 구실을 한다.

웰라스(G. Wallas)의 창조성의 4단계는 준비, 부화, 영감, 검증의 단계인데, 영감은 세 번째 단계에 속하는 것으로 문득 숨쉬듯이(inspiration : 吸氣) 우리 속으로 찾아드는 것이다. 그러기 때문에 내성(內省)이 곤란하다. 즉 항상 새로운 공기를 마신다는 것이다.

예술창조에 있어서 영감이란 무에서 자연히 도래하는 것이 아니라, 끊임없는 노력과 수련을 통해서 나타난다는 것을 기억해야 한다. 웰라스의 4단계에 의하면, 먼저 준비의 단계와 부화의 단계 즉 잉태의 단계가 선행되는 것이다. 영감이 꿈이나 환상처럼 오는 듯 하나, 영감은 수업을 통해서 몸에 붙게 되는 특징을 가지고 있다. 그러니 예술교육에서는 바로 멋진 영감이 몸에 붙게 하는 훈련이 필요하며, 또한 그런 훈련은 가능한 것이며, 무용에서는 즉흥을 통하여 이러한 훈련에 도움을 주고 있다.

창조성은 또한 풍부한 상상력을 전제하는 것이다. 자기가 체험한 바를 단순히 재생할 수 있을 뿐만 아니라, 이를 기초로 해서 창조적인 상상력을 부풀게 하지 않고는 새로운 것을 만들어 낼 수가 없다.

상상(imagination)이란 선행체험을 해체해서 새로운 형태로 재구성하는 과정을 말한다. 예컨데 사람에 대한 지각과 소에 대한 지각을 해체해서 소의 머리를 한 사람의 모습을 상상함으로써 새로운 장을 만들어 낸다거나, A, B, C, D라고 일련의 사상이나 경험을 해체하여 D, C, B, A라는 새로운 구조를 상상해내는 것 등이 그것이다.

이와 같이 영감이나 상상은 교육방법의 여하에 따라 얼마든지 길러낼 수가 있다. 그러나 중요한 사실을 간과해서는 안된다. 즉 영감과 상상은 신비주의적 해석할 유혹을 받아서는 안된다. 영감과 상상에 관한한은 예술창조과정이나 과학적 증명과정 사이에 실질적인 차이기 없고 둘다 합법칙적 과정을 거치는 것이다.

로웬폴드(V. Lowenfeld, 1958)는 바셀(Besel)의 국제예술교육회의에서 "과학교육에 대한 지나친 치중은 인간성을 잊고, 창조적 사고를 가볍게 보고, 과학과 사회적 진보에 커다란 도량을 만들었다. 아무것도 없는 곳에서 새로운 것을 생산해 내는 것을 상상해낼 수 있는 교사가 아니면, 창조성을 길러낼 교육을 이해할 수가 없을 것이다."

로웬폴드는 창조성의 특성을 다음과 같이 여덟 가지로 들고 있다.

① 문제에 대한 민감성

② 유창성

③ 유연성

④ 독창성

⑤ 재구성력

⑥ 분석 또는 추상능력

⑦ 종합과 결합

⑧ 조직화의 일관성

이와 같은 내용을 음미해 보면, 전체적으로 예술교육에는 자유가 부여되어야 하며, 특히 학생들의 마음의 해방을 자극하는 교육이 되어야 한다는 것을 알 수 있다.

교사와 학생의 관계를 단순히 자극반응의 상황에서만이 아니라, 살아있는 관계를 공동체험에 기초를 두어야 한다. 분방한 상상력을 갖는 아이들, 즉 기성의 방법에 순순히 순종하지 않는 아이들은 말썽을 부리기 쉽다는 점에서 불행한 문제아일 수가 있다.

그러나 이런 일탈아(逸脫兒)를 곧 이상아(異狀兒)나 문제아로 간주하는 시각에 문제가 있는 것이다. 학교교육이 성공지향적(success orienting)이기 보다는 성적지향적(achievement orienting)이고, 성인지향적(adult orienting)이기보다는 또래지향적(peer orienting)이라는 점이 창조성 육성에 유해한 영향을 끼치는 문화적 특징이라고 할 수 있다. 그런 특징들은 모두 타자지향적인격(他者指向的人格, other directed personality) 특징을 요구하는 특성이며, 또 규격화를 강요하는 것이기 때문이다.

토렌스(E. P. Torrance)는 창조적 사고를 기르기 위해서 교사가 취해야 될 다섯가지 원리를 제시한다.

1. 엉뚱한 질문을 존중할 것
2. 엉뚱한 생각을 존중할 것
3. 학생들에게 그들의 생각이 가치있다는 것을 보여줄 것
4. 자발적 학습의 기회를 제공하고 그것을 인정할 것
5. 점수로서 평가하지 않는 연습 내지 학습기간을 제공할 것

즉, 외적 평가란 위협이 되기가 쉽고 그 평가를 받는 쪽에서는 방어의 필요를 느끼게 되는데, 학생들에게는 점수평가를 받지 않는 시기가 필요하다. 특히 창조성에 기반을 둔 무용창작 과정에서는 성적 평가를 의식하지 않는 것이 바람직하다. 창조성 개발에 있어서 핵심적인 개념은 자유와 자발성의 개념이다. 이러한 개념들이 살지 못하면 창조성은

창작무용

극히 제한을 받게 되는 것이며, 예술학습에서는 이러한 규칙에 따라야 한다. 즉, 예술의 창조에서는 자유와 자발성의 개념에 근거하여야 하며, 예술교육은 그 점에서 가장 창조적인 작업이며 또 그렇게 되어야 한다.

Ⅳ. 무용교육과 창조성

오늘날 교육의 고차원적인 목적은 인간이 모든 욕구와 능력의 과학적인 이해를 기초로 해서 개인의 성장을 최고조로 발달시키고자 하는데 있다.

플라톤(Platon)은 "교육의 목적이 육체와 정신에 가능한 완전성을 부여하는 것"이라고 정의하고 있다. 이같은 교육의 목적적 정의는 아직도 정당성을 지니고 있으나 오늘날에는 플라톤의 정의에 스펜서(Spencer)는 "인생이란 내부적인 관계를 외부에 자아 조정하는 것"이라는 정의를 부언하고 있다(Rusell, 1966).

이러한 두 가지 견해는 모두 개인의 발달과 성장에 초점을 두고 있고 교육의 기본이 되고 있는 자기 스스로의 활동을 중시하고 있다. 교육의 개념은 기술과 지식의 주입에 두어서는 안된다. 교육은 집어넣는 것이 아니고 안에 있는 가치관을 끄집어 내는 것이므로 인간의 잠재적인 창조의식을 일깨우는 것이다.

교육에 있어서 창조적인 인간의 가능성을 믿고 그 중요성을 강조할 수 있는 첫 번째 요인은 인간이 본질적인 특성으로서 창조의 가능성을 내포하고 있으며 창조적으로 개발되고 형성될 수 있다는 사실이다. 교육은 인간이 본래 갖추고 있는 심성의 내재적 가능성을 밖으로 표출시키는 작용이어야 하기 때문이다. 교육은 문화의 창조적 기능을 생명으로 하고 있으며 인류가 존재하고 있는 한 교육은 계속되는 것이고 교육이 있는 한 인간의 창조적 활동은 창달되어야 하는 것이다.

지금까지 창조성이란 신비스럽고 자발적인 과정이며 분석될 수 없는 것이고 단지 소수의 사람만이 소유하고 있는 것으로 믿어왔다. 그러나 근래의 연구결과 창조성이란 사람에 따라 다른 정도로 모든 사람이 소유하고 있는 잠재적 가능성이며 오로지 천부적인 재능을 지닌 예술가만이 소유되는 것이 아니라는 것이 밝혀졌다. 그러므로 창조성은 바람직한 조건하에서는 자극되고 육성되어질 수 있다는 것이다.

'학생들이 창의력에 관해 많이 배운다고 해서 그 학생들이 창의적인 사람이 될 수 있는가?' 라는 질문에 대해 지금까지의 누적된 많은 연구 결과가 창의력 지도의 가능성을 입증해 주고 있다. 또한 창의력 교육을 받은 학생들이 성격 특성에도 변화가 일어났다고 밝히고 있다(Osborn, 1975).

창조성이란 건설적인 형태로 일을 처리하는 에너지로서 창조적인 인가행동은 건설적 에너지를 보존하려는 인간동기를 강하게 해준다. 이것이 창조성 교육의 가장 중요한 이유이다. 무한한 잠재력과 선천적인 능력을 충분히 발휘시켜야 하며 그들의 새로운 활동과 창조에의 방법이 학교교육에서 계획되고 실현되어야 한다.

겟젤(Getzel)과 잭슨(Jackson)의 연구결과가 시사하듯이 창의성이 높은 집단이 지능이 높은 집단보다 환영을 받지 못하는 교육풍토 속에서 많은 잠재적인 창조성이 시들어 버리고 있음을 개탄하고 있는 것은 형식교육이나 모방교육의 결함을 지적하고 있는 적절한 예이다. 이러한 여건하에서 가장 시급한 것은 창조성의 중요성을 깨닫고 타고난 고유의 창조성을 잠재워 버리지 말고 이를 육성하여 주는 교육조건을 말하는 것이다.

무용은 19C에야 무용의 교육적인 면을 끌어내기 위하여 무용의 내부구조를 연구하기 시작했다. 1900년경에 무용의 가치를 증가시킨 것은 바로 사회와 사회적 연대성이다. 라반(Laban)은 그 시대의 가장 훌륭한 분석가였다. 라반은 그의 현대 무용교육(Mordern education dance)이란 저서에서 학교에서 감당해야 할 과제는,

첫째, 선천적인 충동을 잘 육성하여 연령이 높은 층의 학생들로 하여금 동작을 지배하는 몇몇 원리의 일부를 이해시키고,

둘째, 동작의 자발성(spontaneity of movement)을 보존하여 이 자발성을 학교를 떠나는 나이에는 물론 그 이후 성인생활까지도 살아남을 수 있도록 보존하는 일과,

셋째, 동작이라는 기본적인 예술매체로 예술적인 표현력을 길러내는 일(Laban, 1974) 이라고 주장하며 무용은 곧 움직임에 의한 예술(Art of movement)로 창의적인 표현을 위하여 움직임의 원리를 이해시키는 움직임 교육(movement education)은 창작무용의 밑바탕이 되어야 함을 강조하고 있다.

따라서 학교에서 무용의 목적은,

첫째, 학생들의 천성과 그들 심신의 발달단계에 알맞는 무용을 만들어서 그들의 창조적 표현을 돕고,

둘째, 교사가 만들어내는 보다 고차원적인 공공무용에 참여하는 능력을 길러내고,

셋째, 인간활동에 사용되는 동작의 흐름을 관찰하여 인간활동에 대한 넓은 시야를 깨워 일으키는 일이라고 하였다.

위의 목적에서 볼 때 무용은 인간형성을 위한 가장 기본이 되는 교육이며, '창조된 것'이 아니라 '창조하려는 것'으로 창작과정에 대한 예술성을 강조하고 있다. 따라서 무용교육이념은 창조적 교육에 있으며, 무용교육 지도의 원리는 무용창작에 이르는 과정(process)을 창조적으로 다루는 데 있다. 그러므로 무용교육의 궁극적인 목적은 학생들

로 하여금 무용이라는 매개체를 통해서 사상, 사고, 감정을 전달할 수 있게 하는 것이며, 단지 훌륭한 작품을 그대로 재현하는 기능의 숙달이 아니라 자기의 감정이나, 자기의 뜻하는 바를 신체를 통하여 표현하는 창조과정인 것이다. 누구에게나 무용감각은 잠재해 있는 것이라고 가정할 때, 무용교육은 이 감각을 이용하여 자유롭게 창작의 길을 열어주는 일을 맡아야 한다.

따라서 무용교육은 개성적이고 창조적인 인간의 본질을 바탕으로 한 무용의 표현성과 감상의 원리에 기초를 두고 미적인 가치를 추구하는 인간의 문화적 행위라고 해야할 것이다.

창작무용 발표회

무용교육과정

제6장 교육과정의 개념 | **제7장** 무용교육과정 | **제8장** 무용교육과정의 유형 | **제9장** 무용의 목표·과정 중심 모형의 개념과 내용 | **제10장** 창작무용의 지도방법

제6장 교육과정의 개념

I. 교육과정의 의미

교육이 이루어지는 과정을 크게 나누어 보면 ① 왜, ② 무엇을, ③ 어떻게, ④ 얼마만큼 달성되었는가를 다루는 영역으로 구분된다. 즉, 교육의 목적이나 목표를 설정하는 일, 무엇을 가르쳐야 할 것인가의 문제, 그리고 그러한 내용을 어떻게 가르쳐야 할 것인가를 검증하고 반성하는 일로 나누어진다. 그 결과에 따라 다시 교육목표가 재검토되는 등 순환의 과정이 이루어지는 동안 발전적 교육작용이 전개되어지는 것이다.

물론 이 교육의 전 과정을 통하여 어떠한 교육철학을 갖느냐에 따라 교육의 접근방법은 달라질 것이다. 이러한 교육의 네 과정은 어느 과정이든 중요하지 않은 것이 없지만 현대와 같이 학습해야 할 내용이 기하급수적으로 증가하고 있으며, 또 사회가 급변하는 오늘날에 와서는 그 많은 지식 중에 어떠한 것을 골라서 정해진 기간내 가르치고, 소중한 경험을 시켜야 할 것인가 하는 교육과정의 문제가 더욱 중요하게 다루어지게 되었다. 그리고 그러한 내용을 어떠한 방법으로 교수하고 학습하여야 급격히 변화하는 사회에서 생산적인 힘을 갖는 지식을 습득할 수 있으며, 복잡하고 다양화된 이 사회에서 잘 적응할 수 있느냐의 문제가 중요한 관심사가 되었다.

교육과정(curriculum)이란 교육의 과정(process)에서 그 목적과 목표를 달성하기 위하여, 무엇을 선정해서 어떻게 조직하여 가르칠 것인가를 종합적으로 묶은 교육의 전체계획이라 할 수 있다.

그러나 교육과정이란 말의 뜻은 논자의 견해에 따라 또는 시대나 장소에 따라 차이가 있다. 이것을 대별하여 본다면 교과중심적 정의, 경험중심적 정의, 학문적 접근방법에 의한 정의를 들 수 있다.

교과중심적 입장에서 교육과정은 일반적으로 문화유산의 전승을 교육의 가장 중요한 기능으로 생각하여, 문화재 중에서 적당한 교재를 선택하여 교과로 조직 배열해 놓은 것을 의미하고, 경험중심적 입장에서는 일반적으로 학교 또는 교사의 지도하에서 피교육자에 의하여 학습되는 모든 지식, 기능 또는 피교육자에 의하여 시행되는 경험과 활동을 일정한 순서를 배열해 놓은 교육 내용의 계획을 말하고 있다.

1960년대 이후 미국의 교육과정 개혁운동에서부터 시작되어 세계적 개혁운동으로 전개되고 있는 학문중심의 접근방법의 입장에서는 교육내용을 선정하고 배열함에 있어서 학문적 접근방법을 사용하여 교과의 구조를 밝혀서 그 학문의 기본적인 개념을 바탕으로 한 일반적인 원리를 지도하고자 하는 것이다.

그러나 인간중심 교육과정은 인간의 잠재력을 실현하는 과정으로 보고, 교육과정의 주된 관심은 교과목에 있는 것이 아니라 인간 즉 학습자에게 있다. 즉, 인간중심 교육과정은 교육과정의 목적, 내용, 교수, 학습활동의 인간화를 내세우고 있다.

II. 교육과정의 어원

교육과정을 영어로 Curriculum이라고 하는데 이 말의 어원은 라틴어의 쿠레에루(currere)라고 한다. 즉 Currere라는 말은 '달린다' 는 의미의 동사이며 명사로는 '달리는 코스' 라는 의미로 사용하여 온 것이다. 다시 말하면, 말(馬)이 달리고 사람이 뛰는 경주의 '코스' (course), 달리는 '코스' (race course)를 의미하였다. 이 말이 교육에 전용되어 학생이 일정한 목표를 향해서 학습하는 진로 혹은 내용을 의미하게 되었다. 흔히 말하는 교수요목(course of study)란 말도 라틴어의 영역으로서 Curriculum과 같이 '달린다' 에서부터 나온 학습과정, 즉 교육과정의 의미로 쓰였던 것이다. 그러나 Curriculum은 단지 '달리는 코스' 만을 말하는 것이 아니고 '달리는 코스' 에 반드시 수반되는 내용을 함께 의미하게 된다.

이것이 교육에서는 일정한 순서로 배열된 학습의 코스를 의미하게 되고, 동시에 학습내용이나 경험내용을 의미하게 되는 것이다. 학습내용이나 경험내용을 그 교과의 기본구조로 선택하고 학습자의 발달단계에 따라 정도에 맞게 계획하고, 배열하고, 전개되어야

KDF 수업현장

하므로 학습의 내용과 코스와는 밀접하게 관련된다. 따라서 교육과정(Curriculum)은 학생이 학습할 선택된 내용을 교육의 목적과 그 교육수준에 맞춰서 조직하고 배열한 과정이라 할 수 있다.

III. 현대교육과정의 개념

교육과정의 개념규정은 근본적으로 그 개념을 사용하는 사람의 교육에 대한 철학적 신념에 다라 얼마든지 달라질 수 있다. 따라서 교육과정의 개념은 그 깊이와 폭에 있어서 퍽이나 다양하게 발전되어 왔다. 종래의 Curriculum은 교육과정 또는 학과과정이란 말로 사용해 왔었다. 왜냐하면 전통적인 교육에서 말하는 Curriculum이란 국어, 수학, 역사, 과학, 외국어, 체육 등과 같이 각 교과나 이를 교과속에서 취급한 학습내용을 학년별로 배정한 것을 의미하였기 때문이다.

그러나 오늘날에 있어서의 Curriculum의 개념은 그 영역이 넓어지고 또 질적으로 달라졌다. 즉 교과활동도 학교교실에서 이루어지는 활동뿐만 아니라 실험실, 도서관, 체육관 등 그 밖에 학교 외의 교육정보자료와의 상관관계에서의 활동, 그리고 학교에서의 특별활동, 표면적 교육활동 외에도 학교에서의 인적, 물적 여러 분위기나 상황에 영향을 미치게 되는 잠재교육과정에 까지 교육과정의 영역이 확대되고 있다.

현행 우리나라의 교육과정도 교육활동으로서 각 교과목의 학습활동이 설정되어 있고 교과외 특별교육활동으로 학생의 클럽(club) 활동이라든가, 홈룸(home room) 활동, 자치활동, 단체훈련 등을 포함하고 있다.

이와같이 교육과정의 범위가 뚜렷하게 확대되었으며, 동시에 교육과정의 내용이나 구성방법도 크게 변화하였다. 교과중심 교육과정에서는 교과의 지식체계를 강조하였으나 그 초점이 과거 지향적이었기 때문에 문제가 있었고, 경험중심 교육과정에서는 현재 생활에서 부닥치는 문제해결능력을 강조하였으나 그 초점이 현재 지향적이어서 급격히 변화되어 가는 사회에 부응하기에는 문제가 있다고 지적되면서부터 60년대 이후부터의 교육과정 개혁운동은 각 교과에서 그 방면에 권위있는 교과전문가, 학자들이 탐구해낸 최근에 발전된 지식이 교육과정 속에 포함되어야 할 것을 강조하고 또 각 교과의 핵심이 되는 기본구조(fundamental structure)를 이해하고 학습하는 일이 중요하다고 지적하고 있다.

지식의 양이 급격히 늘어나고 교육내용이 시대에 뒤떨어져 있다는 비판을 받게 됨으로써 변혁을 하지 않을 수 없는 입장이 된 것이다. 그렇다고 단순히 교재의 내용만을 바꾸자는 것이 아니라 이 내용을 선정하고 구조화함으로써 탐구를 곁들인 학습자의 동기유발에 기대를 거는 것이다.

어떤 종류의 학습이든지 학습의 첫째 목적은 그것을 통하여 지적인 희열을 느낀다는 점도 있겠지만 그보다 더 중요한 것은 그 학습이 장차 우리에게 쓸모가 있어야 한다는 것이다. 학습은 우리를 어디론가 인도해야 할 뿐만 아니라 우리로 하여금 그 이상 더 먼 곳까지 더 쉽게 갈 수 있도록 해 주어야 한다.

현대 교육과정 개혁운동에서는 각 교과의 기저를 이루고 있는 구조를 가장 잘 반영하도록 교육과정을 구성하는 일에 주력하고 있다. 즉 어떤 학문의 교육과정을 구성하는 일

학교에서의 무용(운동장)

은 그 학문분야의 가장 전문적이고 권위있는 학자가 맡아야 한다는 것이다.

초등학교 학생들에게 산수에서 무엇을 가르칠 것인가를 결정하는 데는 각각 그 분야에서 권위있는 학자 또는 전문가의 도움을 필요로 한다. 이와같이 학문적 접근방법은 1950년대 후반부터 경험주의 교육이론을 비판하고 교과의 본질에 따라 교육내용을 강조하게 되었다.

이렇듯 어떤 교육과정이든 그것은 학습 또는 교육의 결과이며, 그 결과를 보다 효율적으로 바람직한 방향으로 이끌어 나가기 위해서는 교육과정의 체계적인 개발이 필연적인 과업임을 생각하지 않을 수 없다. 요컨대, 교육과정이란 학습자의 인지적, 정의적, 심동적 능력의 성질과 발전을 돕기 위하여, 교육을 주관하는 기관이 체계적으로 개발하여 제공하는 모든 종류의 교수, 학습 경험의 계획이다.

여기서 문제가 되는 것은 무엇을 인지적, 정의적, 심리운동적 능력으로 볼 것인가? 어떻게 그것의 발전을 도울 것인가? 어떻게 개발하는 것이 체계적인 개발인가? 모든 종류의 한계는 어디까지인가? 등의 규명이라고 하겠다.

Ⅳ. 교육과정의 일반적 성격

오늘날 교육과정이 갖추어야 할 일반적인 성격은 다음과 같다.

① 교육과정의 범위는 넓고 포괄적이어야 한다. 각 교과의 기본구조를 밝혀 교과의 이해를 지도하는 인지적 활동이 형식적 교육과정에 의하여 전개될 뿐만 아니라 정의적, 심동적 영역의 활동도 동시에 이루어지도록 계획하여야 하며, 교과외 활동을 통한 잠재교육과정까지 포괄되어야 한다.
② 교육과정은 교육목적을 달성하기 위한 교육과정에 관한 수단이다.
③ 교육과정의 구성과 전개는 학생의 개인차가 고려되어야 한다.
④ 교육과정은 학생의 창의력을 발휘할 수 있게 계획되어야 한다.
⑤ 교육과정은 학문적 접근방법에 의하여 해당분야에 권위있는 학자, 혹은 전문가에 의하여 탐구된 학문, 혹은 예술의 세계에서 자료를 구하여 그것으로 구성하여야 한다.
⑥ 교육과정은 교과전문가, 교과담당교사, 교육학과, 심리학자 그리고 교육행정가 등 관련있는 사람들의 협력에 의하여 민주적으로 계획하여야 한다.
⑦ 교육과정은 끊임없이 개정되어야 한다. 사회적인 변화, 시대적 요청의 변화, 그리고 학문의 발전, 산업사회의 새로운 요구 등을 반영하여 끊임없이 개정되고 발전되어야 한다.
⑧ 교육과정은 지역사회나 학교의 특성을 고려하여야 한다. 중앙계획에 의한 획일적이고 고정된 과정이 아니고, 지역의 특수성과 학교의 특성이나 교장의 교육방침 등이 반영될 수 있는 교육계획이어야 한다.
⑨ 교육과정은 인간의 잠재력을 실현하는 과정으로 각 개개 학습자에게 자아 이해, 자아 통합을 가져오도록 하는데 도움을 주어야 한다.

V. 교육과정과 교육내용

 교육과정은 '어떤 내용을 어떤 목적을 위하여, 어떤 방법으로' 가르쳐야 하는가에 대한 문제를 다루는 분야이며, 이 문제는 근본적으로 교육이라는 작용을 어떻게 보느냐는 교육철학의 성격에 따라 해답이 달라질 수 있다. 그러나 공통적인 것은 교육과정은 분명히 교육의 과정에서 어떠한 내용을 다루느냐 하는 문제에 대한 해답을 추구하는 일이다.

 미국의 교육과정 개혁운동에 있어서 1960년 이후 이른바 학문적 접근(disciplnary approach)이란 원칙이 크게 논의되어지고 또한 그러한 원칙이 오늘날의 교육과정 개혁운동에 끼친 영향이 매우 크다고 할 수 있다.

 피닉스(Phenix) 교수는 《의미의 세계》(Realms of Meaning, 1964)에서 여섯가지 종류의 가능한 인간의 의미를 규정하고 그것을 설명하였으며 나아가서는 그것이 교육과정 구성에 어떻게 활용되어야 할 것인가를 밝혔다. 그는 여러 학문을 이러한 여러 가지 기본유형, 또는 의미의 영역에 의하여 분류하였다. 그리고 기본적인 학문 중에서 대표적인 것으로 언어, 수학, 과학, 예술, 윤리, 역사, 종교, 철학을 분석하여 그러한 학문의 대표적인 개념과 독특한 탐구방법이 무엇인가를 제시하였다.

 이러한 학문의 구조적인 유형을 밝혀보는 것은 일반교육의 프로그램을 계획하고 실천하는데 논리적인 기반이 된다고 생각하였다. 학생 각자의 학습능력을 가장 효율적으로 활용하여 지식을 의미있게 가르치려는 새로운 방법을 찾아내고자 하는 노력이었다. 오늘날 학문의 각 분야에 나타난 지적 폭발이 얼마나 긴급한 사태를 빚어내고 있는가에 비추어 학생이나 교사가 다같이 지식이 그렇게 부단히 늘어가고 빠르게 바뀌어 가는 현실에서 뜻깊은 생활을 찾는 길이 무엇인가를 생각해 보자는 것이기도 하다.

 피닉스는 인간이란 본질적으로 의미를 찾아내고, 창조하고 표현하는 존재라고 주장하였다. 인간이해(human understanding)의 뚜렷한 양식을 가능한대로 분석하여 볼 때 다음의 여섯가지 기본적인 의미의 유형을 가려낼 수 있다. 그 여섯가지 유형은 상징적인 것(symbolics), 경험적인 것(empirics), 미적인 것(esthetics), 깨닫는 것(syneresis), 윤리적인 것(ethtics), 그리고 개관적인 것(synoptics)에 있다.

각 의미의 영역 및 의미영역의 하부조직은 그 영역의 특별한 탐구방법, 대표적인 개념 및 특징이 될만한 구조를 검토함으로써 풀이할 수 있다.

첫째 영역, '상징적인 것'은 우리가 일상에서 사용하는 언어, 수학 및 여러 가지 비추리적 상징적 형태, 몸짓, 표정, 의식, 리듬의 형태 따위를 포함한다. 이러한 의미들은 형성이나 변형에 있어 사회적으로 용납이 된 구조들이다. 상징적인 의미를 나타내는 것들은 모든 의미의 영역 중에서 가장 기본적인 것이라고 할 수 있는데, 그 까닭은 다른 모든 영역의 의미를 나타낼 때 반드시 그것이 도구로 쓰이기 때문이다.

둘째 영역, '경험적인 것'은 물질의 세계, 살아있는 것들 및 인간에 관한 과학을 포함한다. 이러한 결과들은 물질의 세계, 생명, 마음 및 사회에 대하여 관찰과 실험을 통하여 얻은 것을 바탕으로 한 사실의 기록, 일반화 및 윤리의 설정과 그 설명을 내용으로 한다. 그러한 과학들은 증거와 검증의 일정한 규칙에 따르고 분석적 추상의 특별한 체계를 세움으로써 얻은 가능한 경험적 진리로서의 의미를 나타내는 것이다.

셋째 영역, '미적인 것'은 예를 들면 음악, 미술, 무용 및 문학을 포함한 여러 가지 예술을 말한다. 이 영역의 의미는 심상에 떠오른 주관적인 생각이나 느낌을 독특하게 객관화한 것으로, 특정되고 중요한 사물에 대한 명상적인 지각을 나타내는 것이다.

넷째 영역, '깨닫는 것'은 개인적인 지식과 나와 너의 관계를 합친 것이다. 그리하여 관련된 통찰, 분명한 깨달음을 의미한다. 그것은 느낌의 영역인 동정에 대하여 지식의 영역인 유사성을 의미한다. 이러한 개인적인 또는 관련된 지식이란 구체적이고 분명하며 실존적이다. 그것은 다른 사람이나 그 사람 자신, 더 나아가서는 사물에 까지도 적용할 수 있는 것이다.

다섯째 영역, '윤리적인 것'은 의무를 강조하는 도덕적인 의미를 가졌다. 도덕은 자유와 책임과 신중한 결정을 바탕으로 한 개인의 행위를 대상으로 한다.

여섯째 영역, '개관적인 것'은 포괄적으로 종합된 것을 뜻한다. 그것은 역사, 종교 및 철학 등이다. 그러한 학문들은 경험적인 의미, 미적인 의미 및 깨달음의 의미를 두루 앞뒤가 잘 맞는 한 덩어리로 만든 것이다.

의미의 분류에 있어 한쪽 끝에 놓인 '상징적인 것'은 전체 계열의 모든 의미를 둘러싼 것으로 어떤 의미이든 간에 모든 의미를 표현하는데 있어야 할 수단이 된다. 의미의 분류 체계의 다른 끝에 놓인 '개관적인 것'도 역시 전체 계열의 의미를 그의 통합적인 특징에 의하여 두루 모아들인다. 이 두 영역, 즉 상징적인 것과 개관적인 것 사이에 네 가지 본질적으로 다른 의미의 차원 즉, 세계와 모든 실존에 대한 중요한 인간의 관련성을 드러내는 경험적인 것, 깨닫는 것 및 미적인 것들이 놓인다.

이렇게 분류한 여섯 영역은 인간이 경험하는 모든 의미의 바탕을 이룬다. 그것들은 인간의 중요한 경험의 질을 결정하는 순수하고 원형적인 의미라는 점에서 모든 의미의 바탕이 되는 것이다. 이러한 관점에서 볼 때, 어느 특정의 의미도 위에서 말한 여섯 가지 영역의 어느 하나거나 둘 또는 그 이상의 결합된 것으로 분석할 수 있다. 실제에 있어서는 어느 의미도 순수하고 단순한 것으로 나타나는 것이 아니라 언제나 몇가지 기본적인 것이 복합된 것일 때가 많다.

이러한 복합성에도 불구하고 그것은 교육과정을 분석하고 편성하는데 있어 모든 의미의 기본적인 요소를 가려내고, 일반교육의 학습과정을 그러한 요소들에 비추어 체계를 세우는데 크게 도움이 된다.

만일 이러한 여섯가지 영역이 모든 가능한 의미를 두루 포함하는 것이라면 일반교육에 있어 모든 사람을 계발하는 가장 기본적인 기능이라고 보아도 좋은 것이다. 완전한 사람은 말이나 기호, 몸동작을 쓰는데 능숙할 것이고 모든 사실을 밝게 알 것이며, 미적으로 가치있는 것이며, 창조하고 감상하는 힘을 가졌을 것이며, 자신과 타인과의 관계에 있어 풍부하고 잘 훈련된 생활을 할 수 있을 것이며, 옳고 그른 것을 현명하게 판단할 수 있을 것이며, 모든 사물에 대하여 흠잡을 데 없는 견해를 가졌을 것이다. 이러한 것들의 전인적인 발전을 위한 것이 일반교육의 목표가 된다. 이러한 능력들을 계발하기 위한 교육과정은 의미에 대한 인간의 본질적인 요구를 만족시키도록 꾸며져야 할 것이다.

급격하게 변화하는 현대에서는 이미 배운 것이 많은 부분이 얼마 안가서 쓸모없는 것이 되어버리게 된다. 따라서 교육과정 내용을 잘 선택하여 변화되어 가는 사회에 오래 적응할 수 있게 된다면 그것은 또한 의미의 실현을 위하여 큰 공헌이 되는 것이다.

교육과정 내용을 선택하는데는 다음 네 가지 원칙이 의미의 학습의 적절한 전개를 보장한다.

첫째, 교과내용을 전적으로 학문적이 탐구의 각 분야에서 끌어와야 한다. 따라서 교사는 반드시 전문적으로 분화된 학문에서 가장 의거할만 하고 보람이 큰 학습자료를 끌어내야 한다. 여기서 학문(discipline)이란 말은 확립된 지식의 분야로서 언제나 변하지 않는 틀잡힌 것이 아니라, 새로운 학문 즉, 인공 두뇌학, 게임의 이론, 우주 항공학 등이 계속하여 등장하고 있다. 그리고 학문의 새로운 결합은 학문 자체 내에서도 급격한 변형이 진행되고 있다는 것이다.

둘째, 특정한 학문에 관한 방대한 자료의 자원 속에서, 특히 그 분야를 대표하는 항목을 골라야 한다는 것이다. 지식의 과다한 습득을 막는 가장 과감한 과정을 밟는 일이다. 그러한 목적은 학문에서 전체적인 학문의 줄거리를 잡을 수 있는 기본적인 개념을 찾아냄으로써 이루어진다. 학습지도의 내용이 신중하게 선택되고 조직되어 한 학문의 본질적인 특색이 강조되었다면, 비교적 적은 지식으로도 그 학문에 관한 방대한 자료를 효과적으로 이해할 수 있을 것이다. 즉, 대표적인 개념을 골라서 교수자료로 삼는다면 학습자의 할 일은 현저하게 단순화 될 것이다.

셋째, 선정된 내용이 그 학문이 탐구방법을 예시하는 것이며, 그 학문을 이해하는 길잡이가 되는 것이어야 한다. 학생들로 하여금 공부하는 방법에 숙달하게 한다는 것은 어떤 분야의 특정한 연구조사의 결과를 배우는 것보다 더 중요한 일이다. 방법을 알게 되면 그 사람은 계속하여 연구할 수 있고 자신이 스스로 탐구할 수 있게 되는 것이다. 나아가서는 탐구방법이 탐구한 결과보다 더욱 진실해질 것이다. 학문의 방법에 중점을 두게함으로써 무의미한 분화주의와 자료의 과다를 이겨내도록 한다. 어느 학문이나 그 분야의 연구가 도달한 모든 결론에 공통되는 방법에 의하여 통일이 된다. 학문이 대표적인 개념의 범주 속에 포함되어 있으며 그것은 학습의 단순화를 가능케 하는 것이다.

넷째, 선정된 재료가 반드시 상상력을 불러 일으키는 것이어야 한다. 의미의 성장은 학습자의 마음이 능동적으로 교수자료를 통화하고 그것을 다시 만들어낼 때 이루어진다. 대체로 평범하고 관습적인 생각은 개인의 활기있는 개념 파악을 자극하지 못한다. 좋은 학습지도의 질을 정하기 위해서는 학습자에게 비상하고 놀라운 생각을 가지게 하여 학습에 대한 과감한 행동이 지속되게 하는데 있다. 이렇게, 자료를 상상력을 발휘하는데 사용하면, 학생은 지식과 신념의 급격한 변화에 당황하는 대신 강한 흥미를 느끼고 도전할 수 있게 되며, 받아들이고 간직하여야 할 개념의 무게에 눌려 부담을 느끼지만, 대신 이해의 기쁨을 맛보게 될 것이다.

예술성

제7장 무용교육과정

I. 교육과정 구성의 기본방향

　우리나라 교육은 모든 국민으로 하여금 인격을 완성하고 자주적 생활능력과 민주시민으로서의 자질을 갖추게 하여 국가 발전에 봉사하며, 인류 공영의 이상 실현에 기여하게 함을 목적으로 하고 있다. 이러한 목적을 달성하기 위하여, 정부수립 이후 지금까지의 교육은 건강한 신체와 강인한 기상, 애국애족의 정신과 민족 문화의식, 진리 탐구의 정신과 과학적 사고력, 심미적인 정서 등을 함양하고 책임의식과 협동정신을 가지며, 근검 노력하는 한국인을 육성하는데 힘써 왔다.

　그리고 그 동안 수차에 걸쳐 교육과정을 개정 시행한 경험을 가지고 있다. 그러나 지식의 급격한 팽창과 과학의 발달에서 오는 고도의 산업화, 정보화 시대에 능동적으로 대처하고 국제관계의 다양한 변화에 주체적으로 대응하며, 민주주의의 굳건한 바탕 위에 조국의 평화적 통일을 현명하게 주도하면서 모든 국민이 쾌적한 환경 속에서 행복한 삶을 누릴 수 있는 복지국가를 건설하기 위해서는 학교교육의 바탕이 되는 교육과정의 수정·보완이 필요하게 된다.

　2007년 개정 교육과정에서 추구하는 인간상은 제 7차 교육과정과 마찬가지로 '복합적이고 다면적인 인간상'을 견지하고 있다는 데 특색이 있다. 우리나라의 교육이 추구하는 인간상은 홍익인간의 이념 아래 모든 국민으로 하여금 인격을 도야하고, 자주적 생활 능력과 민주시민으로서 필요한 자질을 갖추게 하여 인간다운 삶을 영위하게 하고, 민주국가의 발전과 인류공영의 이상을 실천하는데 이바지하게 함을 목적으로 하고 있다. 이러한 교육이념을 바탕으로, 우리나라 2007 개정 교육과정이 추구하는 인간상은 다음과 같다(교육인적자원부 고시 제 2007-79호).

① 전인적 성장의 기반 위에 개성을 추구하는 사람
② 기초 능력을 토대로 창의적인 능력을 발휘하는 사람
③ 폭넓은 교양을 바탕으로 진로를 개척하는 사람
④ 우리 문화에 대한 이해의 토대 위에 새로운 가치를 창조하는 사람
⑤ 민주 시민 의식을 기초로 공동체의 발전에 공헌하는 사람

체육과 교육은 학교 교육과정에서 추구하는 인간상을 구현하는 일환으로 편성되었으며, 학생들로 하여금 체육을 통하여 몸과 마음의 균형을 이룰 수 있는 다양한 경험을 갖고, 궁극적으로는 전인적 성장의 기반 위에 개성을 추구할 수 있는 인간을 형성하는 데 목적을 두고 있다.

2007 개정 체육과에서 추구하는 인간상은 신체 활동을 종합적으로 체험함으로써 그 가치를 내면화하여 실행하는 사람이다. 즉, 신체 활동에 지속적으로 참여하면서 건강 및 체력, 스포츠 정신과 공동체 의식, 창의적이고 합리적인 사고력, 신체 문화 인식 등의 능력을 갖춤으로써, 자신의 삶을 스스로 계발하고 건강한 사회와 국가를 만드는 데 공헌할 수 있는 사람이다.

⟨표 7-1⟩ 추구하는 인간상과 학교급별 교육 목표와의 관계(2007 개정 교육과정)

인간상 \ 교육목표	초등학교	중학교	고등학교
1. 전인적 성작의 기반위에 개성을 추구하는 사람	몸과 마음이 균형있게 자랄 수 있는 다양한 경험을 한다	심신의 조화로운 발달을 추구하고, 자기 발견의 기회를 가진다	심신이 건강한 조화로운 인격을 형성하고, 성숙한 자아의식을 가진다
2. 기초 능력을 토대로 창의적인 능력을 발휘하는 사람	일상생활의 문제를 인식하고 해결하는 기초 능력을 기르고, 자신의 생각과 느낌을 다양하게 표현하는 경험을 한다	학습과 생활에 필요한 기본 능력과 문제 해결력을 기르고, 자신의 생각과 느낌을 창의적으로 표현하는 경험을 가진다	학문과 생활에 필요한 논리적, 비판적, 창의적 사고력과 태도를 익힌다
3. 폭 넓은 교양을 바탕으로 진로를 개척하는 사람	다양한 일의 세계를 이해할 수 있는 폭넓은 학습 경험을 한다	다양한 분야의 지식과 기능을 익혀 적극적으로 진로를 탐색하는 경험을 가진다	다양한 분야의 지식과 기능을 익혀, 적성과 소질에 맞게 진로를 개척하는 능력을 기른다
4. 우리 문화에 대한 이해의 토대 위에 새로운 가치를 창조하는 사람	우리의 전통과 문화를 이해하고 애호하는 태도를 가진다	우리의 전통과 문화에 대한 자긍심을 지니고, 이를 발전시키려는 태도를 가진다	우리의 전통과 문화를 세계 속에서 발전시키려는 태도를 가진다
5. 민주 시민 의식을 기초로 공동체의 발전에 공헌하는 사람	일상생활에 필요한 기본 생활 습관을 기르고, 이웃과 나라를 사랑하는 마음씨를 가진다	자유 민주주의의 기본적 가치와 원리를 이해하고, 민주적인 생활 방식을 익힌다	국가 공동체의 형성과 발전을 위해 노력하며, 세계 시민으로서의 의식과 태도를 가진다

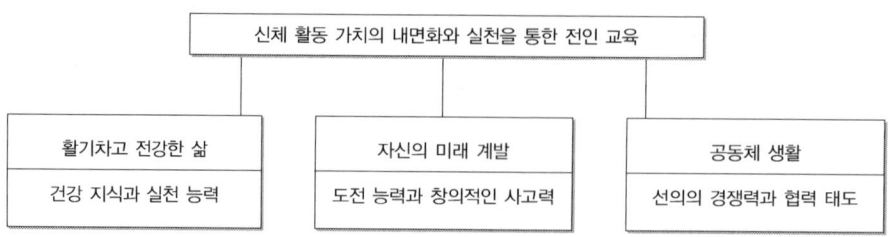

〈그림 7-1〉 초등학교 체육과 목표의 구조

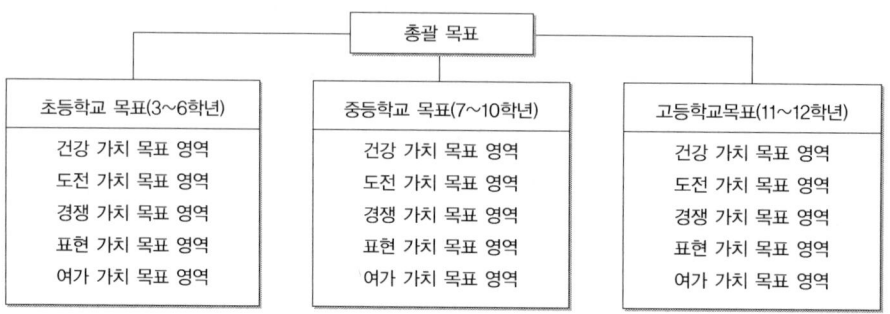

〈그림 7-2〉 체육과 총괄 목표의 체계와 내용

다음은 2007 개정 초등학교 체육과 교육 모형이다.

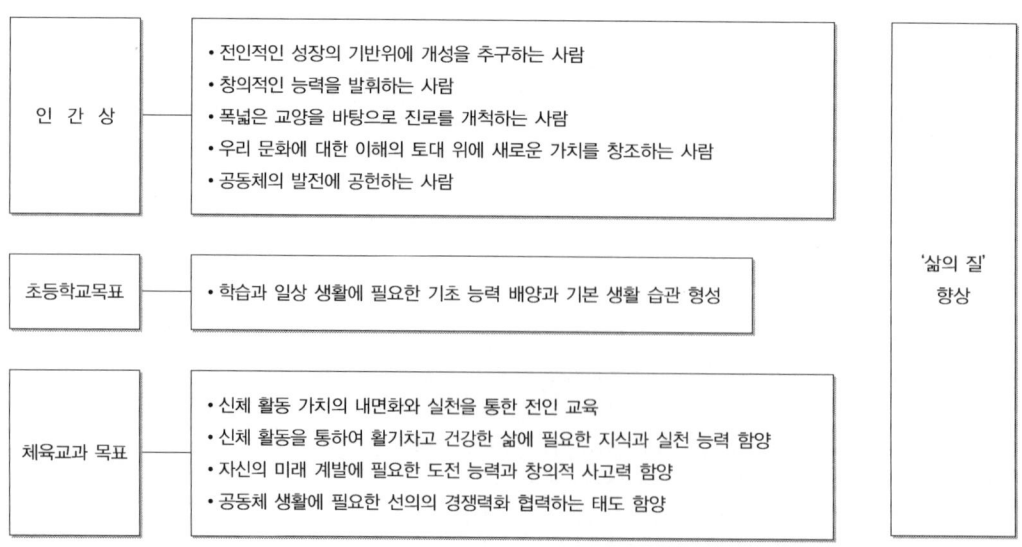

〈그림 7-3〉 2007 개정 초등학교 체육과 교육 모형

체육과의 목표는 크게 '움직임 욕구의 실현', '운동 수행 기능과 체력의 증진', '운동과 건강에 관한 지식 이해', '사회적으로 바람직한 태도 함양'으로 나눌 수 있다. 체육과의 목표는 체육과 성격에서 제시하고 있는 신체 활동의 다섯 가지 가치를 하나의 목표 영역으로 설정하고 있다. 따라서 초등학교 목표는 건강, 도전, 경쟁, 표현, 여가 가치 목표 영역으로 이루어져 있다. 즉, 제 7차 체육과 교육과정까지 사용되어 왔던 학습 영역(인지적, 심동적, 정의적 영역)의 목표 체제를 지양하고, 신체 활동 가치에 따른 목표 체제를 활용하고 있음을 알 수 있다. 이는 하나의 신체 활동을 중심으로 볼 때 인지적 영역, 심동적 영역, 정의적 영역의 학습이 독립적으로 이루어지는 것이 아니라, 통합적으로 이루어지는 학습의 실체를 반영한 것이다. 즉 사람은 움직이면서 지식을 습득하고, 신체 활동 수행은 알고 있는 지식을 표현하는 행위라는 주장을 입증하고 있다(Ross, 2001). 무용교육 담당자들은 우리나라의 교육이 추구하는 인간상과 체육과 교육과정의 목표를 깊게 인식하여 무용교육과정에는 물론이고, 실제적 현장수업에서 그 뜻을 반영시켜야 할 것이다.

교육과정 개발에 있어서 학생을 지도하기 위한 학습 경험의 선정과 조직은 중요한 기능이므로 확고한 원리에 따라 수행되어야 한다. 교육과정은 전통적 교육내용을 아무런 의미없이 모아놓은 것이 아니기 때문에 기존 교육과정이 막연히 반복되어서는 안된다. 그렇다고 새로운 교육내용을 무조건 받아들여 교육과정을 조직한다면 그 또한 합리적이지 못할 것이다. 뿐만 아니라 다수 교사에 의해 만들어진 교육과정이 비해 소수 교사의 참여로 만들어진 교육과정은 수용하기 곤란한 점도 있을 것이다. 교육과정 개발은 매우 복잡하고도 중요한 절차를 밟아야 하므로 가능한 한 그 개발 원리에 따라야 할 것이다.

교육과정이란 학교라는 체제하에 학습자가 참여하게 되는 경험의 총체라고 정의되어 왔다. 교육과정은 형식적 교육과정(formal curriculum)과 비형식적 교육과정(informal cuirriculum)으로 구분된다. 형식적 교육과정은 정규수업에서 다루어지는 학습경험으로 사전 계획을 통하여 논리적, 체계적으로 잘 정리된 교수요목(course of study)으로 구성된다. 비형식적 교육과정은 형식적 교육과정에서 다루지 않는 여타의 교육내용으로 구성되며 상담활동이나 특별활동이 이에 해당된다.

무용교육에 있어서 비형식적 교육과정은 학생들의 흥미를 잘 반영하고 학습기회를 각

종 무용부 활동과 학급별 무용 발표회, 교내 예술제 행사에서의 무용 발표, 혹은 교외 학생 무용 콩쿨 등도 이에 포함된다.

'교육과정 개발'이라는 용어는 형식적, 비형식적 측면에서 교육과정의 계획, 조직, 실행 및 개선을 의미하며 개발원리에 따라 수행되어야 한다.

II. 무용교육과정 개발의 원리

1. 학습목표의 설정

교육과정의 목표는 인간의 기본적 욕구와 사회적 현상, 민주주의 이상 등이 고려되어 설정되어야 한다. 교육의 성과는 그 목표에 따라 달라지므로 목표설정은 매우 중요한 의미를 갖는다. 수세기에 걸친 교육의 역사속에서 목표설정에 관한 많은 의견이 제시되었지만 이런 의견들을 모두 포괄하는 목표설정이란 불가능하기 때문에 목표설정은 가장 중요하고도 어려운 작업이다. 합리적으로 설정된 학습목표는 인간의 기본적 욕구를 충족시켜 주게 될 것이다.

머피(G. Murphy)는 인간의 본질적 욕구를 다음과 같이 4가지로 구분하고 있다.

① 신체욕구(visceral needs) - 신체기관과 관련된 욕구로서 음식, 공기 및 물의 섭취욕구, 또 극단적 추위와 더위로부터 신체를 보호하려는 재생체계에 대한 욕구
② 활동욕구(activity needs) - 탐색과 조정 및 유지에 관한 욕구
③ 감각욕구(sensory needs) - 색깔, 음색 및 리듬에 관한 욕구, 환경에의 적응욕구, 혼란에서의 탈피 및 명쾌한 지각에 대한 욕구
④ 안전욕구(safety needs) - 공격, 상해, 갈증, 충격, 방해 등을 피하려는 욕구

결국, 인간의 삶에 이어서 가장 기본적이며, 본질적인 욕구를 간단히 정의한다면 '보다 나은 삶을 위하여'(better life)이다. 인간은 보다 나은 음식을, 보다 멋진 옷을, 보다 안락한 주택을 원하며, 어느 정도의 의식주가 해결되면 자신의 건강을 보살피고 몸매를 가꾸며 보다 나은 예술품을 감상하고 표현하고 싶어한다. 예술은 곧 표현성(expression)이라고도 한다.

한편 인간은 태어나면서부터 표현 능력을 가지고 있다. 이때의 표현은 생존을 위한 것으로 배가 고플 때, 아플 때, 더울 때, 추울 때 등 이 모든 것을 울음으로 대변하다가 차츰 기쁨과 즐거움을 웃음으로 나타낼 줄 알고, 그 다음 단계는 말(구술)로 나타내고, 차츰 교육을 받으면서 글로, 그림으로, 음악으로, 무용으로 자신이 나타내고 싶은 것을 어떤 도구를 이용하여 표현한다. 이러한 측면에서 본다면 표현은 인간의 가장 기본적이며 본질적인 욕구인 동시에 인간이 성장하고 사회를 경험함으로써 점점 더 복잡해지는 자신의 내면 세계를 타인에게, 사회에, 세계에 그 나름대로의 모습으로 내보이는 예술성을 갖게 된다.

교육과정의 목표는 인간이 기본적인 욕구나 파생된 욕구를 충족시켜 줄때만이 그 의미가 존재될 수 있다. 그러므로 학습의 목표는 사회적 현상에 비추어 현실적으로 설정되어야 한다. 오늘날 학교교육에서 수상 안전과 자전거 타기의 안전에 대한 교육목표는 전기

제품 사용상의 안전만큼이나 중요한 것이며, 운전 기능는 여타의 생활 기능보다 더 필요한 것으로 받아들여지고 있다. 흡연의 생리적 영향에 대한 이해는 장티푸스 감염 경로에 대한 이해보다 훨씬 현실적인 교육목표인 것이다. 현실적인 사회상을 반영하는 교육목표는 도덕적 가치의 함양은 물론 외국문화와 예술의 이해, 컴퓨터 이용방법의 터득, 언어 구사력의 증진, 상품의 평가 및 비판적 사고력의 향상 등과 관계되고 있다.

학습목표는 모든 사람의 능력을 최대한 신장시켜 자아실현을 극대화할 수 있도록 설정되어야 한다. 개인 자질의 특성을 발견하고 이를 최대한 개발토록함은 민주사회에서 추구하는 기본과제라고 할 수 있다. 국민의 체력과 창의력, 생산력은 국가의 중요한 자원이다.

학습목표는 각 개인의 잠재적 능력을 최대로 발달시켜 자아 실현을 가능하게 하며 도덕적, 정신적 건강은 물론 신체적·정서적 건강을 도모해야 할 것이다. 교육은 공동체 집단의 목적 추구에 개인이 기여할 수 있도록 개인의 발달을 추구해야 하므로 교육과정의 목표는 이 목적을 수용하여 설정하여야 한다. 교육이 개인의 소질과 능력을 신장시키는 데 큰 기여를 했다고 해도 가족집단에서 소정의 역할을 다하지 못했다면 교육의 목표는 타당성을 상실하게 된다.

즉, 개인은 직업적·문화적 및 여가활동적 소집단뿐만 아니라 국가 차원에서의 전문적인 정치조직과 범세계적 조직 내에서 개인의 역할을 다할 수 있도록 교육되어야 할 것이다. 따라서 학습목표는 개인이 조직속에서 성공적으로 생활하고 이에 적응하는 방법을 터득하도록 설정되어야 한다.

학습 목표는 각 개인이 합리적으로 판단할 수 있는 능력을 아울러 신장토록 강조되어야 할 것이다. 이는 당면하는 사회적 문제를 해결함에 있어 힘과 폭력보다는 이성적 판단이 존중되기 때문이다. 이상과 같은 준거에 따라 설정된 교육과정 목표는 행동용어(behavioristic terms)로 진술되어야 한다.

학습은 분명히 개인의 행동변화를 추구하고 있다. 그러나 설정된 학습목표가 달성하려는 구체적 행동목표로 제시되지 못한다면 기대되는 행동이 무엇인지 불분명하게 된다. '더하기와 빼기의 기초적 산술 기능을 정확하게 수행할 수 있다' 라는 학습목표는 기대되는 행동을 구체적으로 나타내고 있다. 그러나 정의적 영역의 목표 진술에서는 애매하게 표현될 가능성이 높다.

'협동정신을 기른다' 라는 학습목표는 구체적으로 명확하게 진술되지 못한 것이다. 그러나 그것은 '무용을 창작할 때 그룹의 대다수 친구들의 결정에 불만없이 따를 수 있다.', '실수를 변명하지 않고 솔직하게 인정할 수 있다' 등과 같이 보다 구체적으로 행동목표화하여 제시될 수 있다. 모든 학습내용은 설정된 교육과정 목표를 효과적으로 달성하는데 기여해야 한다. 만일 그렇지 못하다면 어떠한 학습내용이든 그 정당성은 상실하게 될 것이다. 다른 교과분야와 마찬가지로 무용교육도 교육목표 달성의 충분한 가능성을 인정받아 교과의 위치를 굳히도록 해야할 것이다.

2. 내용의 선정

교육과정 내용은 중요한 사회적 문제해결에 따른 공헌도를 고려하여 선정되고 조직되어야 한다. 현대사회는 축적된 지식이 너무도 방대하여 그 중에서 중요한 내용만을 선정한다는 것은 결코 쉬운 작업이 아니다.

학습내용 선정과 조직에 대한 지침이 없다면 이 작업은 사실상 불가능할지도 모른다. 학습내용은 사회집단의 요구와 개인의 욕구에 부응할 수 있어야 할 것이다. 따라서 개인이 중요한 사회적 문제를 해결할 수 있도록 내용의 유용성에 따라 선정되고 조직되어야 한다. 사회문제의 중요성에 따른 내용선정에서 개인의 욕구가 경시되어도 좋다는 명제도 성립될 수 없다. 사회문제는 개인에 의해 해결되기 때문이다. 따라서 학습내용은 개인의 요구에 충실하면서도 동시에 사회집단의 욕구에 부응할 수 있어야 한다. 학생들의 욕구는 학습내용의 밑바탕이 되어야 할 것이다. 학생들은 자신이 속한 사회에서 가치있다고 판단되는 지식, 기술과 태도에 대한 욕구를 가지고 있다. 즉, 그가 속해 있는 환경내에서 아무런 의미도 없는 것에는 어떠한 욕구도 발현될 수 없다.

지금까지 교육과정 조직에 대한 많은 의견들이 이러한 배경 아래 제시되어 왔다. 일각에서는 이러한 이론에 따른 학습내용 선정 방법에 대한 기존 지식교과가 경시될 가능성이 있다고 반박하고 있으나 그런 비판은 충분한 근거를 제시하지 못하고 있다.

기존 지식들이 중요한 사회적 문제의 지적 해결에 도움이 되기 때문에 여전히 필요한 것은 사실이지만 사회문제 해결에 도움을 주지 못하는 기존 지식들은 학습내용에서 제외될 수 있는 것이다. 이와 같이 준거에 따라 학습내용을 선정한다면, 기존의 학문이 경시될 것이란 염려는 중요치 않게 된다. 지금까지 학자들은 오랜 세월에 걸쳐 우리 생활에서 제기되어온 문제를 해결하는데 도움이 되어온 지식을 조직화하는데 상당한 노력을 기울여 왔기 때문이다.

학습내용의 사회문제 해결에 따른 공헌도는 긴 안목에서 고려되어야 한다. 눈앞에 보이는 가치만 중요시한다는 것은 매우 위험한 판단일 수 있다. 1930년대의 실용주의적 교육이론에 대한 잘못된 판단은 당시의 교육내용 선정 기준으로서 아동의 피상적 관심에만 지나치게 역점을 두었으며 이는 미래의 진정한 가치를 소홀히 했던 본보기로 시사하는 바가 컸다. 이와 같은 실책에 대한 비판은 비등했었으며 그러한 이유로 사회문제 해결력을 학습내용 선정 기준으로 하려는 움직임이 생기게 되었다. 진실로 사회문제 해결을 위해서라면, 또 합리적인 교육과정을 구성하려면 여러 주요 가치에 따라 학습내용을 선정해야 할 것이며, 피상적 지식에 대한 관심과 일시적 성과에 대한 관심을 배제해야 할 것이다.

학습내용의 중요도는 지역사회의 특성에 따라 상대적으로 다양한 차이가 있을 수 있다. 농촌지역과 어촌지역간에 서로 다를 수 있고 도시와 농촌지역간에도 같은 학습내용이 각기 다른 중요도를 갖게 마련이다. 또한 인구이동율의 증가, 여가시간의 증대, 운동부족의 문제, 도시인의 정서순화 등도 교육과정 계획에서 고려되어야 할 것이다. 그러나 학습내용 선정에서 지역적 관심사가 미래 세계의 중요한 가치보다 우선될 수는 없다.

학습내용 선정은 사회의 개선이라는 관점에서 출발되어야 한다. 사회의 현상 유지라는 측면에서 학습내용이 선정된다면 학교는 그 사회에서 아무런 역할도 담당할 수 없게 될 것이다. 우리는 우리 문화를 통하여 사회개선의 가능성을 확인하고 미래 사회에서 우리에게 가치있는 지식, 기술과 태도를 인식하도록 요구한다. 따라서 학습내용은 바람직한 문화변화를 촉진시킬 수 있는 의의도에 따라 선정되어야만 할 것이다.

3. 내용의 조직

테일러(Tayler)는 학습경험 조직의 원칙으로서 계열성(sequence), 계속성(continuity), 통합성(intergration)의 세 원칙을 내세우고 있다.

첫째, 학습내용은 학습자의 성숙, 경험, 지적연령, 흥미 등이 고려되어 계열화하여 조직되어야 하며 내용의 유용성과 난이도에 고려하여 편성되어야 한다. 모든 학습자는 일반적으로 유사한 학습 계열에 의거하여 발달과업(developmental task)의 단계를 거치게 된다.

그러나 개인은 각자 자신의 보조에 따라 성장하여 주어진 학습내용에 대한 준비도(readiness) 또한 성숙도, 소질, 과거의 경험 및 현재의 흥미 수준에 따라 서로 다르다. 이에 교사는 교육과정의 계열성을 설정함에 있어서 내용의 논리성보다는 개인 경험의 계속성에 초점을 맞추어야 한다.

어떤 특정 사실에 대한 광범위한 이해 학습보다는 핵심 개념에 대한 구체적인 탐구에 강조를 두고자 한다면 학습내용의 계열성 범위 안에서 개인의 요구 충족을 위해 신축성이 크게 허용될 수 있다.

학습내용의 계열성을 높이려면 개인의 생활과 관련깊은 내용을 선정함으로써 가능해질 수 있다. 학습내용은 학습자의 지식수준과 지식의 유용성 및 난이도에 따라 계열화되어야 할 것이다. 흔히 우리는 학습내용의 단순성과 복잡성에 따른 난이도만 주로 다루어 왔다. 그러니 특정 기능은 단기적인 유용성 때문에 가급적 빠른 시기에 교육되어야만 한다. 이를테면, 여타 학습목표 달성을 위해서라도 읽기와 쓰기 기능은 무엇보다도 우선적으로 학습되어야 할 것이다. 이와 같이 학습내용의 난이도 보다도 유용성이 교육내용을 계열화하는데 우선되어야 한다.

교육의 경제성은 학습내용의 계열화에서 중요한 의미를 가지고 있다. 학습내용에 따라 적절한 시기에 학습되지 않는다면 교수활동에서 많은 시간을 허비하게 될 것이다. 따라서 학습내용은 학습자가 가장 경제적으로 학습할 수 있는 시기에 제공되어야만 한다. 유아기 무용교육에서 탐색운동과 기초운동 기능발달 및 나타내기에 강조점을 두는 것은 바로 이러한 이유 때문이다. 이와 같이 유아 및 아동기에 적절한 학습내용이 선정·조직되어 제공될 경우 그 어린이는 성장한 후 신체를 통하여 자연스럽게 자신의 감정을 표현할 수 있게 될 것이다.

학습자의 학습력이 어떤 내용을 학습하는데 무리가 없다고 해서 학습목표를 이에 따라 선정한다는 것은 타당하지 않다. 예컨데 7살 여자 어린이가 스퀘어 댄스의 어려운 복합기능을 학습할 수 있는 능력을 지녔다고 해서 과연 7살의 어린 나이에 무용의 기본 기능 대신 어려운 응용기능을 조기교육 시켜야 하느냐 하는 문제는 논쟁의 여지가 있을 수 있다.

학습목표의 상대적인 중요성과 그 목표달성에 필요로 하는 시간량에 따라 교육시간의 배당과 분포는 달라진다. 실제로 어떤 내용의 학습에 필요한 최소한 시간이 주어지지 않는다면 학습목표달성은 불가능하게 된다.

따라서 교육내용에 따른 소요시간은 목표달성에 필요한 최소시간과 목표의 상대적 중요성을 고려하여 배당하여야만 하지만, 무용의 많은 시간배당은 현실적으로 부족한 것이 사실이다. 그러나 주어진 시간을 효율적으로 관리하여 학습자의 여러 상황과 서로 다른 교과수준에 따라 알맞는 연습시간이 제공될 수 있도록 학습내용이 계열화되어야 할 것이다.

둘째, 계속성은 선정된 내용과 학습경험을 종적으로 조직하는데에 관련되는 문제이다. 이 원칙은 내용의 조직에 있어서 내용의 여러 요소가 어느정도 계속해서 반복되어야 한다는 것이다.

타바(Taba)는 계속성을 누적학습(cumulative learning)과 동의어로 쓰고 있다. 즉 동일요소의 단순학습이 아니라 점진적인 심화 확대를 더 강조하고 있는 특정개념의 학습에 있어서 더욱더 깊은 이해, 더 넓은 사태로의 적용, 더 정밀한 분석, 더 의미있는 종합에로 이끌어 주도록 하는 내용조직을 뜻하는 것으로 계속성을 설명하고 있다.

이러한 설명은 브루너(Bruner)의 나선형 교육과정(spiral curriculum) 개념과 일치한다. 이와 같은 동일요소의 계속적이고 발전적인 심화 확대의 과정에서 그 요소의 계속성은 더욱더 의미있게 유지된다는 것이다.

셋째, 계열성, 계속성은 내용의 종적 조직에 관한 것인데 비하여 통합성(integration)은 횡적 조직을 위한 원칙이다. 이 원칙은 여러 학습장에서 얻어진 학습 경험들이 서로 상관없이 절단되어 있는 것이 아니라 개개의 경험들이 상화 연결되고 통합됨으로써 보다 효과적인 학습과 성장을 촉진할 수 있어야 한다는 것이다.

학습경험의 통합을 보다 용이하게 해주기 위한 시도로서 여러가지 내용조직의 방법이 제안되고 실천되어 왔다. 소위 상관형, 광역형, 융합형, 통합형 등의 명칭으로 불리어지는 내용조직의 방법들이 바로 학습의 통합을 하기 위해 고안된 것이다. 단편적인 사실적 지식으로 채워진 교과들로 구성된 교과과정의 조직으로는 교과간의 연결이 안된다. 이에 반해서 지식의 구조를 이루는 기본적인 개념이나 원리 혹은 탐구방법을 중심으로 한 교과조직에서는 전자에 비하여 교과간의 공통성이나 연결성은 더 많이 기대할 수 있을 것이다.

4. 교수방법의 설정

교수방법은 학습자의 본질과 학습과정에 대한 최근의 연구결과와 관련이론을 토대로 하여 구상되어야 할 것이다.

1) 교수되는 모든 경험들은 조화롭게 통합되어야만 한다.

새로운 활동의 초기 학습 단계에서는 전반적인 개념이 형성되어야 한다. 학습의 진행 과정에 따라 학생들은 특정 사실과 기능 및 태도에 몰두하게 될 것이다. 그러나 특정 사실과의 상호관계와 학습내용간의 중요한 관계는 통합이라는 차원에서 계속적으로 명백히 해야하며 강조되어야 한다.

그러한 과정을 통해 학습자는 그의 목표와 특정 과제간의 관계를 이해할 수 있게 될 것이다. 이러한 통합은 학습자가 그날그날의 목표를 달성하고 상호관계를 이해함으로써 더욱 확대되고 세련되어질 것이다.

2) 교육경험은 개인차를 고려하여 다양화되어야 한다.

다양한 학습경험은 각기 다른 학습자의 능력과 적성, 성숙도, 선행경험에 부응하여 개인의 욕구를 충족시켜 줄 수 있을 것이다.

3) 학생들은 교육경험의 계획과 실행 및 평가의 전 과정에 능동적으로 참여해야 한다.

듀이(J. Dewey)의 '어린이는 실행함으로써 배운다(learning by do-ing)'는 철학은 지금까지도 많은 지지를 받아오고 있다. 수업에서 흔히 이 철학이 무시되고는 있지만, 학습에서 학생의 적극적인 참여가 필수적 요건임을 부인할 수는 없다.

학생들이 집단의 거시적인 목표를 설정하고 주요 목적에 부합하는 그날그날의 목표를 수립하며 수업에서의 자기 목표를 정하는데에도 능동적으로 참여토록 해야 한다. 그래야만 지도자로서의 역할과 학습문제 해결을 위한 위원회 참여 경험을 쌓게함으로써 개인적 과제 수행 능력이 향상되게 된다. 또한 학습에 대한 책임감의 수용 등을 통하여 학생들은 수업에서 적극적인 역할을 수행할 수 있을 것이다. 학생들이 교육경험의 평가에 적극적인 역할을 수행할 수 있을 것이다. 학생들이 교육경험의 평가에 적극적인 역할을 수행할 수 있을 것이다. 학생들이 교육경험의 평가에 적극적으로 참여해보지 못한다면 교육기회의 중요한 부분을 잃게 될 가능성도 있기 때문에 무용 프로그램 평가에 학생들이 참여할 수 있도록 유도해야 한다. 학생들은 평가과정을 통해 새로운 것을 학습하고 보다 정확하고 효과적인 평가방법을 제시하기도 한다.

4) 논리적 판단력과 문제해결력 신장에도 역점을 두어야 한다.

어느 누구도 자신에게 필요한 모든 것을 완전하게 학습할 수도 없다. 학습의 전이에 관한 연구에서는 아무리 잘 선정된 교육내용도 현대 생활의 다양한 욕구를 충족시켜 줄만한 것은 없다고 주장한다. 따라서 학생들에게 부과되는 교육 경험은 전이의 효과가 높은 내용이기를 요구하고 있다.

현대 생활에서 성공적인 삶에 필요한 전문 지식과 기능이 무엇인지 우리는 정확하게 추정하기가 어렵다. 결국 우리에게 필요한 최선의 것은 판단력과 문제 해결력의 신장인 것이다. 학생들은 기본적인 도구를 이용하여 지식과 의사전달 방법을 발견하게 될 것이며, 사회문제 해결에 도움이 되는 학습내용이 무엇인지 알게 될 것이다.

5) 교수방법에서 다양한 교수기술과 학습자료가 적극 활용되어야 한다.

다양한 교수기술과 자료가 동원됨으로써 개인의 욕구에 부응하는 수업이 이루어질 가능성은 높아질 것이다. 반복과 연습을 통하여 기술을 익히고, 그 기술을 토대로 자신의 것을 표현하는 학습은 학생들의 보다 큰 흥미를 자극하고 동기를 유발시킬 수 있다. 상황에 따라서 각기 다른 교수기술과 자료를 이용한다면 주요 개념 습득과 일반화를 꾀하는 데 보다 좋은 조건을 제공하게 될 것이다.

6) 집단구조와 집단 역동성에 관한 지식이론을 활용하여야 한다.

학교의 교육은 대부분 집단내에서 이루어지고 있는데 그 집단은 독특한 개성을 갖고 있는 개인으로 구성됨을 유의해야 한다. 교사가 집단의 구조와 역동성에 적용되는 일반적 원리를 알고 있을 때, 집단 속에서 개인의 학습을 효과적으로 도와줄 수 있다. 즉, 필요하다면 개인의 사회적 환경을 조정할 수도 있고 집단이 개인의 학습을 돕게 하며, 학습절차를 강화한다든지 학습결과를 개선할 수 있다.

7) 평가는 학습과정의 한 중요한 부분이므로 이를 지속적으로 실천토록 하여야 한다.

학습의 결과를 확인하고 어떤 변화가 예상되는지, 또 어떤 활동이 더 요구되는지를 확인하기 위해서 학습의 결과와 절차는 계속적으로 평가되어져야 한다. 교수결과에 관련되는 여러 분야에 걸쳐 철저하고 계속적인 평가가 이루어질 때 보다 질 높은 교육을 기대할 수 있다.

5. 교육과정 개발의 참여 확대

교육과정은 교육전문가, 교사, 학생, 행정가, 학부모 및 일반인 등이 참여하게 개발되어야 한다. 학교는 교육사업을 하는 공공기관이기 때문에 학교 기능에 대한 일반 국민들의 관심은 매우 크다. 교육정책의 중앙 집권화와 관련기관의 간섭이 증대됨에 따라 국민들은 공교육의 통제에 반발을 하고 있다. 학교는 미래의 인재를 키우는 기회를 제공할 뿐만 아니라 미래 세대에 의미있는 가치를 전달하는 매개체 역할을 한다. 국민들은 공교육을 위해 경비를 부담하기 때문에 학교의 교육 효과를 주시하고 있다. 따라서 교육과정 개발에는 여러 계층의 전문인이 참가하여 다수 의견이 광범위하게 수렴될 수 있어야 한다.

교육과정 개발은 현장연구를 거쳐 새로운 아이디어에 대한 교사의 효과검증을 통하여 개발되는 것이 합리적이다. 교육과정 개발에 관한 현장연구는 가능한 한 만족스런 해결책이 발견될 때까지 계속되는 것이 좋다. 이러한 현장연구는 다른 연구에 비해서 많은 비판을 받을 소지가 있다. 그러나 현장연구의 목적은 직접적인 교수활동 개선에 그 목적이 있음을 잊지 말아야 할 것이다.

현장연구를 통해 교사의 적극적인 참여와 전문성의 재고가 가능하며, 이는 결국 일반 교육 이론의 체계화에도 도움을 줄 뿐만 아니라 교사 교육과정의 개선과 현장교사의 재교육을 위한 방향제공에도 크게 기여하게 된다.

교육과정 개선에서 고려되어야 할 것은 학습자 개개인의 바람직한 변화에 주목해야 한다는 점이다. 교육과정 개선에 관한 연구들은 개인에게 있어서 어떤 변화추구를 기본전제로 하고 있다. 교육과정이 개인의 발달에 바람직한 효과를 주지 못한다면 교육의 개선을 위한 여하한 노력도 가치 없는 것이 된다. 그러므로 교육과정 개발과정에서 학생들의 참여를 통하여 여러 역할을 담당토록 유도할 필요가 있다.

학생들은 교사와 함께 교육과정을 계획하고 학습 경험을 실행함으로써 그들의 중요한 역할을 수행하게 된다. 학생들이 거시적인 교육과정 계획에 공헌할 수 있도록 유도해야 하고 질문지, 인터뷰, 의견서 및 졸업생의 추수연구(follow-up study)를 통하여 체계적인 평가가 이루어질 수 있도록 하며, 교육과정개발위원회에 그들의 대표가 참석할 수 있도록 해야 할 것이다. 교사는 학습경험 활동을 직접적으로 관장하고 교육과정을 결정함으로써 교육과정 개선과정에서 중심 역할을 담당하게 된다. 따라서 교육과정 개선이 성공을 거두기 위해서는 교사 자신이 스스로 수업의 태도를 바꾸어야 하며 수업지도도 그에 따라 새롭게 실천에 옮겨야만 한다.

특히 교사는 교육과정 개발 위원회에 참여하여 중요한 역할을 수행해야 하며, 교육목표 설정, 개발절차의 계획, 적용을 위한 사전 검증 및 평가업무에 능동적으로 참여해야 한다.

교수활동에 직접 참여하지 않는 행정가나 여러 전문가들도 교육과정 개발과정에 참여시켜 그 교육과정 전반에 대해 이해토록 할 필요가 있다. 행정가들은 교육과정 평가활동을 독려하고 교사의 재교육을 실시하며 현장연구의 수행에 도움을 주도록 해야 한다. 뿐만 아니라 정상적인 교사가 교육과정을 이행할 수 있도록 수업계획을 합리화하고, 특히 수업 환경 개선을 위한 제반 노력을 기울이도록 고무되어야 한다.

장학사는 교사들에게 적절한 연구기법을 연수시키고, 교사간의 효율적인 인간관계 수립을 유도하며, 교과교육 전문가로서의 학문적, 기술적 능력을 함양시킬 의무가 있다. 한편 관계 전문가와 정부의 체육, 문화, 예술 담당관은 국가적 또는 지역적 차원에서의 교육과정 개정을 위한 연구를 수행하고 연감 및 기타 출판물의 간행과 자문활동, 워크샵, 상담, 강습 및 장학회의 등을 관장함으로써 교육과정 개발에 적극 참여하게 된다.

교육과정 개발에서 체육, 문화예술 교육 전문가의 기능은 체육, 무용에 대한 전문적 지식과 교수기술, 교과의 전문성에 대한 지식, 사회적 및 교육적 가치에 대한 지식, 그리고 교수공학에 대한 지식과 기술을 제공하는 것이다. 교육과정 개발에서 체육, 무용 교육전문가뿐만 아니라 일반 참여자들에게도 중요한 선도적 역할을 기대할 수 있다.

일반 참여자들은 실제로 교육과정의 정책과 교육과정에 따라 영향을 받고 있으며, 또한 교육과정 개발과정에 대한 이해와 지지를 받을 수 있게 된다. 따라서 일반 참여자들은 체육, 무용 교육전문가와 훌륭한 동반자가 되어 무용 교육과정 개발에 전문적인 도움을 주게 될 것이다.

교육과정 개발을 위한 일반 참여자들은 특수분야에 종사하는 자원인사로 제한되어서는 안된다. 교육기회 확대를 위해 학생과 만나는 자리에, 또 교사와 교육행정가의 전문적 토론장에 학부모나 기업가가 초빙된다면, 그들은 분명히 전문적 상담자(consultant) 역할을 하게 될 것이다. 즉, 그 사람들은 특정 분야에 대한 전문가로서 교육과정 개발에 협조해 줄 것을 요청할 수 있기 때문에 이런 자원인사의 활용은 적극 권장되어야 한다. 아울러 일반 참여자들을 학교의 교육목표를 결정하고 학습자의 요구 충족에 적절한 목표수준을 평가하는 작업과정에 참여시킬 수도 있다.

교육과정은 교사에 의해 일정기간 동안 주요 연구과제나 현재의 요구 파악을 위한 연례적인 측정검사에 의해 개선되는 것만은 아니다. 교육과 정의 개방과정과 교수의 질적 변화에 대한 평가는 교육과정 개선을 위한 종합적인 정보자료가 될 수 있다. 따라서 교사는 물론 교육과정 개선을 위한 종합적인 정보자료가 될 수 있다. 따라서 교사는 물론 여러 분야의 전문인과 일반인과의 협동적 관계수립을 통해 교육과정의 개발과 평가과정에서 그들이 적극 참여토록 유도할 필요가 있다. 또한 일반 참가자들을 교육위원회, 의회, 부녀회, 관련재단과 전문단체의 자문, 그리고 기타 출판활동 등을 통하여 공헌을 할 수도 있을 것이다.

III. 무용교육과정의 특성

1. 무용과 체육의 비교

무용이 체육교과에서 독립하지 못한 점은 일반 무용교사들 사이에서 불만이 되고 있다. 그러면 무용과 체육의 어떤 유사성과 상이점이 있는가?

체육이란 신체활동을 통해 신체발달 및 신체 기능을 향상시키는 과정에서 인격 완성에로의 전진에 그 목적이 있는 것이다. 체육운동 및 경기를 군사적, 단련적, 남성적이라고 표현한다면 무용은 율동적, 조화적, 여성적 표현미라고 말할 수 있다.

닉슨(Nixon)과 코젠스(Cozens)는 '체육이란 교육의 전과정 속에서 활발한 근육운동과 그에 관련되는 모든 반응에 관한 것이며 또한 이러한 반응의 결과로서 개인에게 일어나는 여러 가지 수정 작용'이라고 하였고, 윌리암스(Williams)는 '체육은 종류에 있어 선택되고 결과에 있어 지도되는 인간의 신체활동의 총화다'라고 하였다.

즉 체육이란 신체적 활동의 자아재적 가치를 최대한으로 발휘할 기회를 줌으로써 인격

완성을 이루려는 노력이다. 또한 체육은 근육을 통하여 신체활동을 행함으로써 뚜렷한 목표에의 가치를 인식하고, 행하여진 결과를 분석 평가하여 신체활동은 수정되며 조정되는 것이다.

무용은 예술의 한 장르이다. 소리로 표현하는 것이 음악이며, 문자로 나타내는 것이 문학이고, 자신의 내면 세계를 모든 언어적인 표현과 표정으로 나타냄이 연극이라면 무용은 신체운동을 통해서 표현되는 예술이다. 무용은 신체와 자연의 미를 소재로 하고 음악, 무대장치, 조명, 의상 등을 구사하여 자신의 사상과 감정을 신체운동을 통하여 보다 아름답게 표현하는 예술적 특성을 가지고 있다. 음악이나 기타 관련 예술의 도움없이도 몸의 움직임의 강·약, 자세의 고·저, 율동의 흐름의 급·완에 의한 리듬의 표현으로 된 추상적인 무용도 없지 않다.

흐름 속에서의 순간을 영원히 부각시키려는 인간의 의지는 자기 감정을 좀더 이상적으로 나타내기 위해서 음악 등을 함께 사용해온 것이다. 이러한 의미에서 무용은 두 가지 예술이 혼합된 비 순수예술이며 종합예술이라 하겠다. 이와 같이 무용은 정신적인 내면 세계를 신체적인 외면세계로 사상과 감정의 표현을 의도하는 예술이며, 체육은 활발한 근육 활동으로 여러 가지 신체 활동을 이루고 그 결과를 분석 검토하여 좀 더 완벽한 신체 활동으로 운동기술을 갈고 다듬어가는 과정으로 정서, 아름다움, 리듬감각을 키워하는 무용과는 차이가 있다.

물론 무용과 체육의 교육적 의의는 모두 건전하고 활달한 생활을 영위할 수 있는 것이다. 정해진 규칙을 지키며 한정된 상황하에서 정정당당하게 대결하는 체육활동, 특히 스포츠는 그 자체가 사회생활의 축소라 할 수 있으므로 이를 통해 형성되는 습관, 행동, 태도 등 거의 전부가 그대로 사회생활로 전이되는 것이다.

무용은 미적으로 다듬어진 아름다운 신체를 기르며, 정서를 순화시키는 데 반해 체육은 건전하고 튼튼한 신체를 육성하여 생에 대한 자신감과 의지를 키운다 하겠다. 민속무용을 통해서 조상들의 얼을 되찾으며 그들의 생활풍습 등을 배우게 되어 정의적 영역의 교육 목적을 달성할 수 있는 반면, 체육은 건강 생활의 지도를 통하여 건강과 신체에 대한 지식과 활동의 원리 등을 스스로 계통적으로 습득하게 한다. 비단 무용과 체육뿐만 아니라 모든 설정된 교과목은 인격형성이라는 마지막 교육목표에 있어서는 일치한다. 그러나 그 목표에 도달하기 전까지의 과정은 서로 다르다.

2. 무용교육과정의 특성

양질의 우수한 교육과정이 우연히 생겨나는 것은 아니다. 무용 프로그램을 효과적으로 하기 위해서는 다음과 같은 점이 유의되어야 한다.

① 프로그램 구조는 폭넓은 기초를 확보하여야 하며 개인적, 사회적, 문화적 양상들을 총망라하여 설계되어야 한다. 폭넓은 기초란 신체인지의 발달과 무용기술, 창의적인 체험, 민속·민족적 자료들, 미학적 인식, 체력단력 등을 통하여 무용에 대한 기반이 확고하여야 하며 학문적인 접근들, 여러 가지 무용 양식에 대한 소개가 있어야 하며, 학생들은 지역사회와 교육적 현장에서 적절한 경험을 수행할 수 있어야 한다.

② 자격교사 선발, 즉 공인된 무용교사란 대개 무용전공자, 무용에 각별한 관심을 가진 체육교사, 또는 유능한 무용가로서 교육에 뜻이 있는 사람이어야 한다.

③ 적당한 시설로 실내 마루가 있어야 하고, 그 실내 마루는 환기가 잘 되는 곳에 나무로 되어 있어야 하며, 가까운 곳에 탈의실이 있어야 한다. 무용실 밖은 흙과 나무, 잔디가 있는지 고려되어야 하고 가능한 한 맨발로 걸어다닐 수 있는 정원이 있다면 더욱 바람직하다. 그 밖의 학생수에 상응하는 공간과 크기는 리허설에 필요한 공간이 요구된다. 그리고 적당한 보조시설 즉 샤워시설과 물건 보관함이 필요하다.

④ 스케줄 역시 주의깊은 계획을 요구한다. 정규적인 수업이 지속되어야 한다. 모든 학생들은 유치원 수준에서 출발한 프로그램에서 초등학교, 중학교 그리고 고등학교와 대학을 거쳐 가는 과정에서 지속적으로 전진할 수 있어야 한다. 수업기간 내에 소기의 프로그램 목적이 달성될 수 있도록 적절한 시간 배분이 필요하다. 수업은 연속적이며 진보적이어야 하고, 어느 수준에서도 초급, 중급, 고급 단계의 학생들이 그들의 기술을 개선하고 만족감과 성취감을 얻을 수 있는 기회가 되어야 한다.

Ⅳ. 무용교육과정 설계

1. 무용교육과정 설계

교육적 환경 속에서 예술 형식으로서의 무용은 선제적으로 교육적 과정으로 기술되어진다. 학생들이 조사하고, 지각하고, 반응하며, 창작하고, 완성하고 그리고 평가한다. 이러한 과정들은 학생들이 보다 깊은 이해를 하도록 예술의 관계 속에서 그들 스스로 탐구하도록 내버려 둔다. 학생들이 그 학습과정을 유발시킬 동작들을 선택할 경우에 교사는 동작의 연속성과 순서 배치에 대한 조언을 준비해야 한다. 동작 경험에 대한 가장 효과적인 순서를 함축하는 연속성은 바로 가까운 환경과 특수한 학생 그룹들의 흥미와 재능 혹은 기발한 아이디어 등의 변수에 달려 있다. 일반적으로 무용교육을 초기에 탐구적인 경험들로 시작하여 예술 형태로서 무용에 이르기까지 계속적으로 발전되어야만 한다.

개인적인 중요성은 신체적 조정력과 제어력뿐만 아니라 인지, 창의, 자기표현력을 개발한다. 그 개인은 한 곳(place)에서 일어나는 움직임에서부터 공간(space)을 가로질러 크게 이동하는 움직임들의 레파토리를 획득하기 위한 기회를 부여받아야만 한다.

학생은 신체의 여러 부분들이 어떻게 자유롭게 움직이며 신체의 두 부분이 혹은 신체의 여러 부분들이 모두 함께 움직이는가를 탐구하고, 이러한 여러 가지 움직임들은 어떻게 그들의 표현적인 잠재력이 관계되는가를 연구해야만 한다. 모양, 선, 그리고 형태는 무용형식들이 고안되거나 조작되어지기 이전에 이해되어야만 한다.

리듬과 에너지는 동적(dynamic)이며 표현적인 차원들은 계획적인 연구를 요구한다. 자신이 느끼고 표현하고자 하는 움직임의 조화와 음악, 그리고 각각의 표현적인 강조가 다른 사람을 통하여 느껴지고 이해되어야만 한다. 이런 과정들을 통하여 학생들은 선택하는 것을 배우고 그 움직임의 선택과 고안들은 판정과 평가를 기다린다. 그들은 점차로 예술가들처럼 기능하는 능력을 획득한다. 무용교육의 경우에는 결과적인 것보다 성취해 나가는 그 과정들이 훨씬 더 중요하다.

사회성의 핵심은 타인과 함께 작업하고, 종합적인 효과를 함께 생각하며, 무용 경험들을 서로 나누어 갖는데 있다. 학생들은 함께 움직이는 방법과 활동적으로 참여하는 방법을 배우고 그룹별 무용 과정에서는 관객의 태도도 배우게 된다. 그들은 협력적으로 참여하는 능력을 획득하고, 전체 중의 일보로서의 존재에 대한 만족감을 갖게 된다. 다른 사람들과의 결합된 움직임은 학생들에게 조정력(coodination)과 일치성(synchronization)에 대한 집중력을 요구한다. 많은 무용 기술들은 학교수업과 특별활동 혹은 그룹활동에서 학습되어질 수 있다.

문화는 특정한 시대와 문화를 반영하는 무용의 여러 가지 형태와 스타일에서 배워지고 있다. 무용의 기원을 통하여 그 민족의 기원들이 조사되어지고, 그들의 미적 원리들이 분명하게 된다. 가치와 아름다움에 대한 여러 가지 개념들, 그 세계를 경험하고 지각하는 방법들은 무용을 통하여 이해되어지고 진가가 인정되어져 왔다.

개인적·사회적 무용 표현의 양식들은 그 문화적·역사적 배경을 토대로 구체화된다. 현대무용, 발레, 그리고 민족적 무용의 형식들은 그들의 테크닉과 배경, 결합으로 그들 자신의 용어로서 접근되어 진다. 공연 예술로서 무용의 전통성을 이해하고 감상하기 위해서는 긴 역사적 시간의 흐름을 초월한 연구와 연습이 필요하다.

무용의 교과과정 설계는 별개로 떨어져 이루어질 수 없고 개인적, 사회적, 문화적 그리고 교육적 가치에 준거하여 수립되어져야만 한다. 타 교과와 마찬가지로 학생들의 그 사회의 민족적·사회적 요구와 필요에 연관되어야 한다. 이 목적을 달성하기 위한 유일한 방법은 무용이 예술 프로그램중 한 분야로서 고찰되어지는 동시에, 교육의 최고의 목적인 인격 완성을 향하여 다가가는 교육의 중요한 수단으로서 그 역할을 다하여야 한다.

무용교육과정이 너무 협소하게 고안되어서는 안된다. 무용교사가 현대 무용, 발레, 혹은 한국무용만을 하는 사람으로서 단순히 생각되어져서는 안된다. 무용의 전문적인 세계에서는 행정, 평론, 교수, 역사, 치료요법, 안무, 심리, 사회학에 이르기까지 전문적인 많은 다른 국면들이 있다.

한 사람이 많은 교과목을 공부하는 것처럼 모든 사람들이 전문적인 무용가가 되기 위하여 학습하는 것은 아니다. 무용은 그들이 인간으로서 보다 나은 생활을 할 수 있도록 도움을 줄 수 있기 때문이다.

2. 무용교육과정상 학생공연

공연은 무용에서 교수(teaching)와 학습 과정의 일면이다. 음악과 연극처럼 무용은 공연예술이다. 그러한 공연예술을 알기 위해서는 직접 참여하고, 공연을 관람하는 것은 매우 좋은 경험이다. 무용공연만을 무용수업의 목표로 삼아서는 물론 안 된다. 교사들이 무용공연을 위하여 주로 가르칠 때도 그것은 표현적으로 움직이기 위한 학생들의 역량을 최대한 개발하는 과정에서의 부산물이다. 즉 공연은 학생들의 표현적 능력을 개발하기 위한 과정으로서의 한 결과로 남을 뿐이다.

공연 경험에서의 교육적 역점은 보이기 위한 것이라기보다는 역할을 분담하는데 있다. 어린이들에게 무용교육 프로그램이 왜곡되지 않게 접근하도록 해야 된다는 것을 항상 염려해야 한다.

어린이들은 특별한 경험을 평가받기 위하여, 새로이 획득된 기술을 서로 나누고 한 문제에 대한 그들의 해결책을 시범 보이기 위하여 교실, 무용실 혹은 강당에서 연출한다. 그룹별 혹은 반별로 관찰도 하고 의견도 교환한다.

　부모님들이 공개수업을 보기 위해 혹은 학기말에 학급 발표를 관람하기 위하여 초대되는 것은 순수한 목적이 변질되지 않는 범위 내에서는 매우 바람직한 일이다.

　무용에서, 학습과정의 다른 요소들 처럼 공연의 경험은 참가자와 관객의 양쪽 입장에 대한 이해, 기술, 지식, 세련 정도를 확인할 수 있고, 관객과 참가자들 사이에 감정이입이 생겨날 수 있는 즐거운 경험이다. 그러나 오로지 재능있는 어린이들만을 선발하는 경향이나 진부한 동작을 익히는데 시간을 많이 할애하거나 고도의 효과적인 공연을 내놓기 위하여 지나친 몸치장이나 무대효과에 에너지와 물자를 투입하는 것은 피해야만 한다. 무용교육에서 공연은 학습경험을 고조시키는데 의의가 있다.

학생공연

제8장 무용교육과정의 유형

무용이 교육적으로 얼마나 유익하고 개인적·사회적·문화적 그리고 교육적 가치가 있는지를 논하여 왔다. 그러나 현실적으로 학교교육에서 무용의 확고한 위치를 지키기 위해서는 먼저 무용교육과정 모형이 개발되어야 할 것이다. 그러나 아직까지 확실한 개념틀을 가진 무용교육과정 모형은 개발되지 못하고 있는 실정이고, 현행 우리나라의 학교교육에서는 무용이 체육교육과정 안에 내포되어 있다. 그러므로 이 장에서는 체육교육과정 모형에 무용교육과정을 접목시켜 보도록 한다.

체육교육과정 모형은 교육경험 즉 내용의 선택, 구조, 계열성을 결정하는 근거를 제공해 주는 체계이다. 체육교육과정에 관련된 이론적 모형은 교육과정의 문제를 어떤 측면에서 바라보며 어떤 측면을 더 집중적으로 다루고 있느냐에 따라 여러 가지 유형의 모형으로 나눌 수 있다. 쥬윗과 베인(Jewett & Bain, 1985)에 의하면 현재 7가지 체육 교육과정의 모형이 개발되어 활용되고 있다고 한다. 각 모형의 개요, 개념틀과 교육과정의 설계, 평가 등을 보면 다음과 같다.

I. 발달단계적 교육과정 모형

1. 개요

발달단계적 교육과정 모형(development education curriculum model)은 20세기 대부분의 체육문헌을 지배해 온 '신체를 통한 교육(education through the physical)'에 근거를 둔 것으로서 발달단계의 촉진을 교육 및 체육의 목표로 간주한다.

이 모형에서 인간은 발달단계에 영향을 주는 나름대로의 독특한 특성들을 지녔을 뿐만 아니라 공통적인 발달 유형을 가진 존재로 가정된다. 이러한 인간존재가 최대한의 잠재력을 발휘하기 위해서는 적절한 환경이 필요한데 그러한 환경을 조성하고 발달과정을 지도하는 것이 바로 교사의 임무이다.

전통적으로, 발달단계적 체육 교육과정 모형은 폭넓은 발달 목표를 달성하기 위해 게임, 스포츠, 무용, 운동 등의 다양한 활동프로그램으로 구성된다. 최근에는 발달 정도의 개인차를 강조하고 활동보다 발달 단계별 주제를 중시하는 체육 프로그램이 개발되기도 했다(Gallahue, Werer and Luedke, 1975;Hoffman, Young and Klesius, 1981 ; Thompson and Mann, 1981).

대표적인 발달단계적 교육과정 모형으로, 1981년에 미국에서 톰슨과 만(Thompson & Mann)에 의해 개발된 'SEE 교육과정 설계안' 을 들 수 있다. 이 모형의 기본과정은 다음과 같은 프로그램의 철학이 잘 요약되어 있다. 즉, 모든 아동은 성, 인종, 종족 혹은 신체적·정신적 결함에 관계없이 최적의 발달을 이룩할 수 있는 기회를 가질 권리가 있다. 최적의 발달을 위한 기회를 제공한다는 것은 체육교육에 있어서의 전인적 접근을 의미하는 것으로써 인지적(cognitive), 정의적(affective), 심동적(psycho- motor)인 모든 발달 측면들이 상호 보완적으로 고려된다. 아동에게 학습방법을 숙지할 기회를 제공하고 아동의 필요에 따라 신축성 있게 설정된 학습 환경을 제공하는 것은 발달단계 체육교육과정의 본질이다.

각 학급의 모든 아동들에게 개별화 프로그램을 제공할 수는 없지만 개인차를 고려한 학습환경, 수업 운영방법, 교수전략 및 다양한 학습경험을 제공하도록 노력한다. 각 아동의 학습 태도와 학습 속도뿐만 아니라 다양한 발달 단계에서의 개인차 및 개인내의 차를 인식하는 것은 교육과정 발달의 관건적 요소이다(Thompson & Mann, 1981).

발달단계적 교육과정 설계안은 교육 및 체육, 무용의 목표를 다음과 같이 구체화한다.

① **능력의 발달** : 학생이 자신의 기술, 지식, 소질을 활용하여 과제, 사람, 환경문제에 적극적으로 대처하도록 한다. 학생이 자신의 능력을 명확히 인식하여, 자신에게 다가올 장애를 극복하고 혼란을 해결하며 문제를 처리할 수 있는 능력이 있음을 깨닫도록 도와준다.

② **개성의 발달** : 학생에게 자율성을 체득시켜 학습자가 독자적으로 선택을 하고, 소질

을 개발하며, 적극적으로 행동하고, 실패를 두려워 하지 않으며, 독자적인 문제해결 방법을 강구하고, 독립성을 잃지 않는 한도 내에서 타인의 도움을 수용할 줄 알도록 도와준다.

③ **사회성의 발달** : 학생이 작업, 놀이, 대화 및 논쟁을 할 때나 동정심을 나눌 때 다른 사람과 적절한 상호 관계를 유지하여 고립된 개인으로 떨어지지 않도록 사회성 함양을 촉진한다.

④ **통합력의 발달** : 학생이 사고, 감정, 지각적 운동의 통합과 감정이입의 상호 작용이 일어나는 반응체계를 개발시킴으로써 개별적인 경험요소들을 종합할 수 있도록 도와준다.

대표적인 발달단계적 교육과정 모형이라 할 수 있는 'SEE 교육과정설계안'은 다음과 같은 구조로 이루어진다.

1 단계

1. 학습환경에의 적응
   ① 신체 인지
   ② 공간 인지

2. 자신과 타인에 대한 인지와 이해
   ① 자기평가
   ② 개인 목표의 인식
   ③ 움직임을 통한 의사소통
   ④ 타인의 능력 인지

3. 행동 및 활동에 대한 자신과 타인의 책임성 함양
   ① 집단전략 이해
   ② 사회문제의 조정과 해결

4. 운동수행에 대한 자신감 함양 : 평가
   ① 실현가능한 움직임 종목의 개발
   ② 위험 감수와 도전의 수용
   ③ 독립적, 개별적인 운동 수행

2 단계

1. 복습 학습 환경에의 적응
   ① 자신의 행동에 대한 책임 인식과 수용
   ② 과제 수행을 위한 책임감의 표현

2. 타인의 인지 및 성적, 사회적 편견의 감소
   ① 타인의 성취도 인지
   ② 타인의 성취도와 그 요인의 평가
   ③ 타인의 성취도 촉진

3. 실현가능한 목표의 설정
   ① 강약의 조절
   ② 목표설정과 위험 회피
   ③ 유머와 감정이입 대 자신에 대한 조소의 구별

4. 발달적 자아의 촉진과 성취
   ① 기본적 기능 유형의 발달
   ② 운동 수행 전략 수립
   ③ 사회적 의미(도움주고 받기)의 이해

5. 운동 수행시의 적응
   ① 자아평가
   ② 새로운 경험에 대한 적응

3 단계	
1. 복습 학습 환경에의 적응 　① 실행 규칙 제한 　② 환경구조에 대한 학생 참여 　③ 자신과 교사에 대한 평가 2. 체육의 생리적 측면의 가치이해 　① 자아 개념 타인에 대한 동정과 인지 　② 스포츠 기술과 관련된 요인이해 3. 기능의 세련화 　① 기계적 원리의 이해 　② 기계적 원리의 적용 　③ 기계적 원리에 따른 움직임의 일반화	4. 동료와의 의사소통 　① 집단구조의 이해 　② 동료와의 신뢰성 확립 　③ 협동적 태도의 함양 5. 평가 　① 스포츠 활동참여에 대한 자신감의 유무 　② 자율적 혹은 타율적으로 움직임을 시작할 수 있는 자신감의 유

　위의 연간 프로그램은 세가지 발달 단계별로 학생들이 배워야 할 수업주제와 단원을 서술하고 있다. 예를 들어 1단계 프로그램을 '학습 환경에 대한 적응' 단원에서 시작하여 '자신과 타인에 대한 인지와 이해' 단원으로 발전해 나간다. 연간 교육과정 계획의 각 단원은 4가지 주제 항목으로부터 도출되며 특별한 운동 능력 발달보다 학생의 전체적 발달을 더 중요시한다.

II. 체력 중심 교육과정 모형

1. 개 요

　체력 중심 모형(Fitness curriculum model)을 체육교육과정 모형에 포함할 것인가에 관해서는 논란의 여지가 많다. 왜냐하면 현재 체력 중심 모형이라고 체계적으로 설명할 만한 모델은 존재하지 않기 때문이다. 그러나 활동적인 생활양식과 복지가 중시되는 추세에 따라 체력 증진을 목적으로 하는 하나의 체육교육과정 모형이 설정될 수 있다. 체력 중심 모형은 발달단계적 교육모형이나 인간 중심 체육모형과 마찬가지로 체육을 개인 복지 증진의 수단으로 간주한다. 그러나 그 주된 목적은 건강 증진이라는 범위에 한정시킨다. 웨버(Weber, 1968)는 체육을 "신체를 발달시키고 보호하는데 활용하는 교육"으로 정의하고 체육교육을 받은 사람이란 "신체에 대한 운동의 영향을 알고 그 지식을 실제 운동에 활용하는 사람"이라고 설명했다.

역사적으로 체력 중심 모형은 '신체의 교육'이라고 불리어져 왔으며, 이러한 맥락에서 그것은 교육이 아닌 훈련이라는 비판을 피할 수 없었다. 이 모형은 종종 '신체를 통한 교육'인 전통적인 발달단계적 교육모형과 대비되어 신체 훈련 그 자체만을 목적으로 삼는 일종의 체력 증진 프로그램으로 인식되었다. 전통 모형 주창자들에 의하면 발달모형은 '전인(全人)'을 교육하는데 반해 체력중심 모형은 '신체' 훈련만을 고려함으로써 학생을 부분적 존재로 나누어 버렸다고 한다(Slusher & Lockhart, 1975).

그러나 현재의 체력중심 모형은 신체 활동에만 국한되지 않고 운동수행과 그에 대한 이해력 증진을 강조하는 교육적 전망을 갖추게 되었다. 체력중심 모형은 신체활동이 건강한 생활양식을 향유하는데 필수적이며, 건강한 생활양식의 발달을 위해서는 운동의 중요성에 대한 인식 등이 필요하다는 점을 상정하고 있다.

III. 움직임 교육과정 모형

1. 개 요

전통적인 신체의 교육방식에 가장 적극적으로 반기를 든 것이 움직임 교육과정 모형(Movement education curriculum model)이다. 움직임 교육이론은 세계의 체육, 무용교육에 큰 영향을 끼쳐왔다. 움직임 교육이란 학습자에게 그들의 신체와 움직임에 관한 것을 가르치며 보다 훌륭한 움직임 능력을 발달시키도록 도움을 주는 신체 활동과 그 프로그램에 적용되는 용어이다(정성대 외, 1988).

움직임 교육은 학습자가 숙달된 동작으로 움직일 수 있도록 해 줄 뿐만 아니라 움직임의 의미가 무엇인가를 깨닫게 해준다. 또, 움직임에 대한 개념과 움직임에 관한 지식도 다루는데, 이러한 지식을 통해 학습자는 움직임을 보다 잘 이해하며 자신의 신체 경험에 보다 잘 적응할 수 있게 된다. 이러한 움직임 교육의 개념은 루돌프 라반(R. Laban)이 최초로 정립하여 체계화한 것이다. 독일의 유명한 무용교사였던 라반은 자기 표현의 기회가 없는 고전발레 등과 같은 일련의 움직임에 반대하고 인간은 효율적이고 다양하게 움직일 수 있을 뿐 아니라 움직임을 통해서 강한 운동지각 능력을 개발시킬 수 있다고 믿었다.

그는 움직임의 양적 측면보다도 질적 측면에 더 관심을 기울였으며, 영국으로 건너가 움직임 교육 개념에 입각한 무용교육을 발전시켰다. 영국과 미국을 중심으로 전개된 움직임 교육 프로그램은 현재 교육과정의 중요한 부분으로 광범위하게 받아들여지고 있으며, 특히 초등학교 체육 프로그램에 큰 영향을 미쳤다. 움직임 모형에서는 체육의 내용을 인간의 움직임으로 규정한다. 따라서 움직임 교육의 목표는 움직임을 효과적으로 제어하는 법칙의 학습과 그러한 제어 기술의 획득 및 움직임 학습에 따른 자기 이해에 기반을 둔다.

움직임 교육에 대해서는 많은 체육, 무용 서적들이 다투어 언급하고 있으나, 여기서는 로그스던과 바레트(Logsdon & Barrett)가 1977년에 펴낸 《아동용 체육》이라는 저서를 중심으로 살펴보고자 한다. 그들은 움직임 교육이라는 용어를 둘러싼 혼돈과 오해 때문에 그들이 개발한 체육 모형에 움직임 교육이라는 명칭을 붙이기를 꺼려했다.

그러나 그 체육 모형은 움직임 교육의 범주를 아주 명확하게 제시하고 있다. 로그스던은 움직임 교육을 '평생에 걸친 운동 발달 및 학습과정'으로 규정하고, 체육은 학교의 교육과정 내에서 교육적이고 신뢰할 만한 프로그램으로 선정된 교육의 일부라고 주장한다.

로그스던 등은 움직임 교육과정 모형의 토대를 이루는 다음과 같은 6가지 기본 가정을 설정하고 있다.

첫째, 학습자는 하나의 개인이다. 그리고 그 개체성을 시간과 과제에 따라 달라진다.

둘째, 교사는 학습자의 인격을 존중해야 하므로 그러한 전인적 인격체에 대한 교육에 책임을 져야 한다.

셋째, 교사는 학생들이 점차 독립된 학습자로 성숙해 나갈 수 있도록 도와줌으로써 그들의 잠재능력을 완전히 실현할 수 있도록 적극 노력해야 한다.

넷째, 학습자는 스스로 결정할 수 있는 능력이 있다. 따라서 교사는 학습자가 사회적, 신체적, 환경의 변화에 부응하여 자신이 역할을 적절히 적응시킬 수 있도록 하기 위해 분별력 있고 현명한 선택을 하는 능력을 개발하도록 도와줄 책임을 진다.

다섯째, 진보에 필요한 이해력과 기술은 각 개인마다 서로 다른 시간 및 경험을 통해 개발될 수 있다.

여섯째, 체육이 학습자의 교육 속에 의미있게 자리잡기 위해서는 움직임 능력을 향상시킬 수 있는 경험과 사고 과정(throught process)에 참여하는 경험, 가치체계를 개발하고 자신을 비롯한 모든 사람을 존중하도록 하는데 기여하는 경험 등을 제공해야 한다.

체육의 내용으로서의 움직임에 대한 이러한 정의를 토대로 로그스던 등은 다음과 같은 체육 학습 프로그램 목표를 도출했다.

① 계획적이거나 비계획적인 반응을 요구하는 모든 상황에서 다양하고 효과적인 움직임을 수행할 수 있다.
② 운동수행자이자 관찰자로서 움직임의 의미와 중요성, 느낌, 즐거움을 인식할 수 있다.
③ 인간 움직임을 지배하는 지식을 습득하고 응용할 수 있다.
④ 학습자는 스스로 결정할 수 있는 능력이 있다. 따라서 교육은 학습자가 사회적, 신체적, 환경의 변화에 부응하여 자신의 역할을 적절히 적응시킬 수 있도록 하기 위해 분별력 있고 현명한 선택을 하는 능력을 개발하도록 도와줄 책임을 진다.
⑤ 진보에 필요한 이해력과 기술은 각 개인마다 서로 다른 시간 및 경험을 통해 개발될 수 있다.
⑥ 체육이 학습자의 교육속에 의미있게 자리잡기 위해서는 움직임 능력을 향상시킬 수 있는 경험과 사고 과정(thought process)에 참여하는 경험, 가치체계를 계발하고 자신을 비롯한 모든 사람을 존중하도록 하는데 기여하는 경험 등을 제공해야 한다.

2. 개념들과 교육과정의 설계

움직임의 내용을 결정하는데 근거가 되는 개념들은 움직임을 분석하고 설명하기 위해 라반이 개발한 분류체계로부터 유인된다. 라반(Laban, 1963)은 무용교사들이 움직임 기능을 기르기 위해 사용했던 훈련과정을 16가지 움직임 주제로 설정했다.

로그스던과 바레트가 응용한 라반의 움직임 교육 구조는 〈표 8-1〉과 같다. 움직임 교육 프로그램은 움직임 교육에 관한 기본개념을 모두 포함해야 한다. 그 기본 개념은 첫째 신체개념인지, 둘째 시간, 공간, 무게, 흐름 등의 요소를 포함하는 공간인지, 넷째, 자기 신체의 각 부분과 타인 물체 도구와의 상호작용에 관한 관련성 인지의 네 가지다. 이러한 개념들을 익히기 위한 학습 프로그램은 걷기, 달리기, 뛰기, 미끄러지기, 오르기, 떨어지기, 피하기, 리핑, 호핑, 피벗 등의 이동운동과 굽히기, 뻗히기, 당기기, 밀기, 흔들기, 돌리기, 비틀기 등의 비이동운동, 그리고 받기, 던지기, 치기, 차기 등의 조작운동으로 구성된다〈표 8-2〉.

〈표 8-1〉 Logsdon 등에 의한 Laban의 움직임 분류의 응용

움직임		
목표영역(Aspect)		실제내용(Dimension)
신체인지(Body)	신체는 무엇을 하는가?	행동도구로서의 신체(Actions of the body) 신체부분의 지지자로서의 신체(Actions of body parts) 활동체로서의 신체(Activities of body) 형태로서의 신체(Shapes of body)
기능인지(Effort)	신체를 어떻게 움직이는가?	시간(Time) 무게(Weight) 공간(Space) 흐름(Flow)
공간인지(Space)	신체는 어디로 움직이는가?	일반공간(Areas) 방향(Directions) 높이(Levels) 진로(Pathways) 평면공간(Planes) 확장공간(Extentions)
관련성 인지(Relation ship)	어떤 관련성이 있는가?	신체부분과의 관련성(Body parts) 개인 및 집단과의 관련성(Individual & Groups) 도구와의 관련성(Apparatus & Equipment) 기타 물체와의 관련성(Other types)

〈표 8-2〉 움직임 교육 운동 요소와 기본 움직임 내용

운동요소	신체인지	신체의 전부 또는 일부를 조절하고, 움직이고, 균형도 유지할 수 있는 방법 깨닫기
	움직임의 질	신체로 빠르거나, 강하거나, 약하게 움직일 수 있는 능력 및 한 운동으로부터 다른 운동으로 연결하는 데 조정력과 효율성을 발휘해서 할 수 있는 능력
	공간의 인지	공간 내의 물체와 개인의 관계로 방향이나 거리의 관계를 인지하는 것으로 신체의 일부를 바닥이나 기구에 고정시킨 상태에서 개인이 움직일 수 있는 개인 공간, 운동이 일어나는 범위 내의 모든 물리적 영역을 일컫는 일반 공간을 구분
	관계영역	기구나 장비 및 시설과 개인과의 공간적 또는 움직임의 질적 관계, 개인과 개인과의 관계, 개인과 집단 간의 관계, 집단과 집단과의 관계 등을 말함
기본움직임	이동운동	걷기, 달리기, 뛰기, 구르기, 기어가기, 스키핑, 갤러핑, 미끄러지기 등과 같이 한 곳에서 다른 곳으로 이동하는 운동
	비이동운동	밀기, 당기기, 굽히기, 흔들기, 비틀기, 돌리기 등과 같이 이동하지 않는 운동
	조작운동	던지기, 잡기, 차기, 굴리기 등과 같이 기구나 장비로 손이나 발로 다루는 운동

또한 움직임 교육의 일반적 지도방법으로는 문제 해결법이나 탐구 학습법과 같은 학생 중심적, 개별적, 간접적, 분석적 방법이 사용된다.

3. 평 가

움직임 교육은 초등학교 체육에 커다란 영향을 미쳤다. 현재 각 나라의 많은 초등학교들이 이 모형에 토대를 둔 체육 프로그램을 사용하고 있다.

그러나 학교에 따라서는 움직임 교육을 '움직임 탐색' 혹은 '기본적 움직임'이라 불리우는 하나의 학습 단원으로 체육·무용 프로그램에 포함시키기도 하는데, 이는 본질적으로 움직임 교육모형에 근거한 프로그램이 아니다.

움직임 교육은 40년 넘게 전개·발전되어 오면서 몇 가지 비판을 받아왔다. 혹자는 움직임 개념을 체육의 내용으로 규정하는 것을 비판하면서, 놀이의 범주를 벗어난 움직임이란 체육 본래의 가치를 상실한 것이며, 따라서 학생들에게 동기유발을 시켜주지 못한다고 주장한다. 또한, 움직임의 개념을 지나치게 강조하다 보면 신체활동 자체를 무시하고 내용만을 관념화하기 쉽다는 우려도 표명된다. 또한 어떤 이들은 움직임 교육이 문제 해결법이나 탐구 학습법에 지나치게 의존함으로써 수준높은 운동 기술을 도외시한 평범한 운동능력만을 양산케 될 것이라고 지적한다.

논자에 따라서는 학생들에게 일반적인 움직임 능력을 배양시켜 새로운 움직임 상황에 대처할 수 있도록 한다는 노력은 학습 전이를 실증할 수 없다는 비판도 제기한다(Locke, 1969 ; Siedentop, 1980 ; Lawther, 1970).

그러나 이러한 비판들은 움직임 교육의 일반적 주제에 대해서만 제기된 것일 뿐 구체적인 움직임 교육과정 모형에 대해서는 별다른 의의가 없는 실정이다. 내용의 관념화, 탐구 학습의 지나친 강조, 학습 전이의 문제 등과 같은 문제들은 움직임 교육모형 자체의 결함때문이라기보다 움직임 교육모형을 올바르게 실행하지 못한데서 제기되는 문제일 수 있다(Jewett & Bain, 1985).

아울러, 많은 체육·무용 교사들이 움직임 교육 프로그램을 효과적으로 실행하는데 필요한 라반의 움직임 구조와 주제별 개념과 같은 필수적인 전문지식을 갖추고 있지 못하다는 문제점도 제기된다.

그러나 움직임 교육 모형에 대한 여러 가지 비판에도 불구하고, 체육·무용 프로그램이 '모든 아동의 최대 참여'와 개인차의 인정을 중시하게 된 것은 바로 움직임 교육의 영향 덕분이다. 그 밖에도 움직임 교육 모형은 운동 경기와 무용 및 체조의 내용을 상호 통합하여 노력했고 이들 분야의 프로그램화를 위한 논리적 기초를 제공했다는 점에서 긍정적인 평가를 받고 있다.

Ⅳ. 학문 중심 교육과정 모형

1. 개 요

움직임 교육의 영향으로 몇몇 중·고등학교에서도 인간 움직임의 이해와 숙달에 체육, 무용 프로그램의 초점을 맞추기는 했으나 대부분의 중등학교 체육 프로그램들은 체육의 학문적 토대로부터 도출된 개념들을 사용한다.

로손과 모포드(Lawson & Morford, 1979)는 체육이란 '움직임 현상의 규명을 위해 여러 학문의 개별적 부분들이 서로 유기적으로 연관되는 학문간 영역(cross disciplinary field)'이라 규정한다. 이처럼 학교 체육의 토대를 운동과 관련된 여러 학문의 탐구와 그것을 통한 지식의 습득에 입각하여 설계되는 체육프로그램 체계를 '학문중심 교육과정 모형(Kinesiological studies curriculum model)'이라 부른다. 이 모형은 1960년대 이후 헨리(Henry)를 중심으로 하여 전개된 체육의 학문성에 대하여 논의한 결과, 체육 교과가 운동 기능만이 아닌 지식 요소도 중요시해야 한다는 인식이 확산된 데 크게 영향을 받았다고 볼 수 있다. 학문 중심 교육과정 모형은 로손과 프라크(Lawson & Placek, 1981)에 의해 저술된 《중등학교 체육 : 교육과정 대안(Physical Education in the Secondary Schools : Curriculum Alternative)》에 잘 예시되어 있다.

그들은 체육의 주제를 체육의 학문적 토대로부터 도출된 운동 수행 지식과 결부시켜 스포츠, 운동, 무용, 경기에 있어서의 경험과 수행 기술을 독특하게 융합하는 것이라고 정의한다. 이러한 맥락에서 학문 중심 교육 과정 모형의 기본 가정과 프로그램 목표는 다음과 같이 요약된다.

첫째, 중등학교 체육 프로그램의 주요 목표는
- 학생들이 보다 효과적으로 움직이는 방법을 배우게 된다.
- 학생들이 신체활동 및 놀이활동의 참여에 영향을 미치는 변수들을 이해할 수 있게 한다.
- 학생들이 체육을 통해 배운 지식과 기술을 실생활에 합리적으로 적용할 수 있도록 각자의 능력을 다듬어 준다.

둘째, 체육 교육을 받는 학생은 정규 수업 후에 자발적으로 학습할 수 있어야 한다.
- 문제해결 방법은 체육에서 배우는 중요한 내용이다.
- 학생들은 학교 밖에서 추가적인 문제해결 수단을 구할 줄 알아야 한다.

셋째, 체육 교육과정은 각 학생의 욕구와 흥미에 적절히 부합되어야 한다.

- 학생들의 학습은 개인별 보조에 맞추어 개별화되어야 한다.
- 학생들은 자신이 다룰 문제와 활동을 스스로 선택할 기회를 가져야 한다.
- 체육·무용교사들은 학생들의 선택 과정과 선택 결과에 관심을 기울여야 한다.

넷째, 학생들이 학교에서 처음 배우는 지식들은 대부분 경험학습을 통해 획득되며, 게임과 스포츠 경험학습의 기회를 제공한다. 따라서 게임과 무용·스포츠는 수학, 경제학 등의 타 교과와 마찬가지로 중요한 교육매체로 간주되어야 한다.

다섯째, 체육에 지적·정의적 개념을 적절히 도입함으로써 교과내용간의 응용과 통합을 용이하게 할 수 있다.

로손과 프라크(Lawson & Placek)는 체육교육을 받은 사람이란 운동 수행의 방법과 운동수행의 의미를 아는 사람이자 자율적인 운동학습능력을 체득한 사람이라고 설명한다.

재미있는 민속 무용

이처럼 자율학습 혹은 문제해결 방법을 강조한다는 측면에서 그들은 자신들의 모형을 일종의 과정중심 교육과정모형(Process Curricular model)이라 부르기도 한다.

그들에 의하면, 이러한 과정중심 교육과정 모형에서 학습은 즐겁고도 본질적인 가치를 지닌 것일 뿐 아니라 학생들이 과거의 경험을 토대로 새로운 인식과 개념을 형성할 수 있도록 해준다. 따라서 학문중심 교육과정 모형은 기본교과 내용을 선정함에 있어서 학생중심 학습법을 채택하도록 권장된다.

V. 놀이 중심 교육과정 모형

1. 개 요

교육과정 설계는 가치있는 지식 및 경험 유형에 접근하는 하나의 과정으로 설명될 수 있다. 그리고 지식과 경험 유형은 건강, 취업 등을 가능하게 하는 도구적인 가치를 지닌 것과, 즉각적인 풍요롭고 소중한 인간활동을 가능하게 하는 본질적인 가치를 지닌 것으로 구분할 수 있다.

놀이중심 교육과정 모형(Play education curruculum model)은 놀이를 본질적으로 가치있는 활동, 즉 '인생의 중심에 위치하는 인간존재의 주요 측면'으로 간주한다(Siedentop, 1980). 놀이는 그 자체를 목적으로 자발적으로 발현되는 활동이지만 그렇다고 천박하거나 부질없는 활동은 아니다.

인간은 놀이하는 것을 배운다. 스포츠, 무용, 음악 등의 복잡한 성인놀이 유형들은 참여의 전제조건으로 교육을 필요로 한다. 따라서 체육, 무용은 여러 가지 놀이교육 유형들 중의 하나로서, "경쟁적이고 표현적인 신체활동을 할 수 있는 개인의 성향과 능력을 발달시키는 과정"으로 정의할 수 있다(Siedentop, 1980).

놀이중심 교육과정 모형은 주요 대변자라 할 수 있는 시덴텁(Sieden-top)은 이 모형의 이론적 가정을 다음과 같이 요약했다.

첫째, 체육프로그램 이론은 체육의 잠재적 의미를 최대한 구현할 수 있는 것이어야 한다.

둘째, 체육활동에는 본질적인 의미가 있다.

셋째, 그러한 의미의 원천은 신체활동이나 체력 또는 인간 움직임보다 놀이의 개념을 이해함으로써 보다 명확하게 드러난다.

넷째, 체육은 놀이 교육의 한 유형이므로 체육, 무용 경험이 어느 정도 교육적으로 가치를 지니는가 하는 것에 의해 평가되어야 한다.

다섯째, 체육의 정의는 개념의 논리성과 심리적인 의미가 드러나야 할 뿐 아니라, 교육적인 맥락에서 타당성을 가져야 한다. 따라서 체육, 무용은 경쟁적이고 표현적인 신체활동을 할 수 있는 개인의 성향과 능력을 발달시키는 과정으로 정의될 수 있다.

여섯째, 규칙성과 복잡성을 띤 놀이는 경험을 풍부하게 해준다. 그러나 복잡한 놀이를 숙달하는데는 학습, 기능, 훈련, 사회화가 필요한데 이를 통해 놀이는 생생한 교육적 가치를 확립하게 된다.

일곱째, 체육의 주체인 신체 활동을 하는데서 비롯되는 의미는 체육·무용의 정의와 일치하는 체육의 일반 목적 및 세부 목표의 설정을 통해 보호되고 고양될 수 있다.

이상에서 살펴본 바와 같이 이 모형은 놀이를 본질적으로 가치있는 활동으로 규정하고 체육을 놀이 교육의 한 유형으로 본다. 따라서 체육을 경쟁적이고 표현적인 놀이활동 능력을 향상시키는 과정으로써 놀이 교육 프로그램을 채택하게 된다.

VI. 인간 중심 체육(무용)교육과정 모형

1. 개 요

인간중심 체육교육과정 모형(Humanistic physical education cur-riculum model)은 인

간 개개인의 개별특성을 강조하여 체육이 학생 자신의 정체성을 찾고 자아를 실현하는데 도움을 주어야 한다는 입장을 취한다.

이 모형은 체육이 개인의 전체적 행복에 기여해야 한다는 발달단계적 교육과정론자들의 주장을 수용하면서도 각 개인의 개별적 특성을 강조한다.

따라서 표준화된 학교교육 프로그램과 교수방법은 적합하지 못한 것으로 간주되며, 심리운동적 영역이나 인지적 영역 못지않게 정의적 영역에 대한 고려도 중시된다.

헤리슨(Hellison, 1973, 1978, 1982)의 연구는 이 모형을 가장 잘 설명해 주고 있다. 인간중심 체육은 신체활동을 통해 학생이 개인의 정체성을 발견하도록 도와주며 학생의 자아존중, 자아실현, 자기이해, 대인관계 발달을 교수 활동의 중심 과제로 삼는다. 이 모형의 기본 가정은 다음과 같다.

첫째, 인생의 주요목적은 개인의 잠재력을 실현하고 스스로의 꿈을 달성하며 유능한 인간 존재가 되는 것이다. 건강이란 소극적인 의미에서 질병이 없다는 것이 아니라 적극적인 의미에서 고도의 복지수준을 향유하는 것이다.

둘째, 각 개인은 독특한 잠재능력을 가지고 있다. 욕구, 능력, 흥미가 똑같은 두 사람이란 존재하지 않는다. 따라서 어떤 정해진 규칙 속에 맞추어 학생을 교육해서는 안된다.

셋째, 각 개인은 사회적 가치의 영향으로 개인의 발달이 저해되지 않도록, 필요하다면 자신의 문화로부터 선택적인 이탈을 할 수 있어야 한다.

넷째, 인간이 어떻게 느끼고 있는가 하는 것은 그가 무엇을 알고 있는가 하는 것보다 중요하다. 사실상, 개인이 자기 자신을 어떻게 느끼고 인정하느냐 하는 것과 그가 배워야 할 대상에 대해 어떻게 생각하느냐 하는 것에 의해 학습성과가 결정된다. 더욱이 자기 자신을 인정하지 않는 사람이 자아 실현을 위해 노력한다는 것은 불가능하다.

다섯째, 학습의 방법과 학습의 의미를 가장 잘 아는 사람은 학습자 그 자신이다. 헤리슨(Hellison)은 《Beyond Balls and Bats》에서 이 모형에 의거한 구체적인 체육 프로그램을 다음과 같이 제시한다.

프로그램은 일주일 중 이틀은 체력운동, 또 이틀은 놀이를 곁들인 기능훈련, 나머지 하루는 새로운 경기를 하도록 구성된다. 운동 참여는 학생 각자가 선택해서 할 수 있으나 그 선택결과에 대해서는 스스로 책임을 져야 한다. 학생들은 인식 단계에 대한 토론을 통해 자기 이해력을 높일 수 있고, 어느 정도 자기 통제력을 기르면 개별 프로그램 활동에 참여할 수 있게 된다.

이상의 논의를 다시 살펴보면, 인간 중심 체육 교육과정 모형은 다음과 같은 특징을 갖는다고 할 수 있다. 첫째, 학습내용은 학습자 스스로 선택한다. 둘째, 학습자는 자신의 학습과제를 스스로 수립한다. 셋째, 가장 새롭고 독특한 수업이 전개된다. 넷째, 표준화된 검사 방법을 사용하지 않는다. 다섯째, 학과 점수는 학습자의 자기 평가(self-evaluation)에 의해 결정되며 학습과정에서 크게 중요시되지 않는다.

이처럼, 인간중심 체육교육 프로그램에서는 학생 중심의 수업 전개가 강조되며 교사는 지시를 내리거나 학습활동을 감독하는 것이 아니라 학생들이 자기 통제하에 학습에 임할 수 있도록 조언하고 돕는 학습이 촉매자 혹은 안내자 역할을 담당하게 된다.

이 모형에 의거한 체육 수업 전개 방법은 첫째, 자아존중을 개발·발전시키는데 학습의 중점을 두고 그를 위해서 비위협적인 환경조성하기, 학습자 개개인을 하나의 고유한 존재로 다루기, 가능한 많은 성공감을 맛보도록 하기 등을 강조하여야 한다. 둘째, 학습자의 자아 실현을 돕는 방법에 중점을 두고 그를 위해서 심동적 영역의 개발, 자아표현, 총체적인 참여를 고려하여 지도한다. 셋째, 학습자의 자이 이해를 돕기 위해 집단별로 강의하고 토론하며, 개별지도 및 특별 프로그램 등을 고려하여 지도한다. 넷째, 바람직한 인간관계를 향상시킬 수 있도록 지도하되, 운동 중의 협동심을 강조하고 경기 중에 나타나는 협동심에 대해 가르치고 토론하며 다들 사람에게서 나타나는 것을 관찰해보도록 하는 등의 방법을 이용하여 지도할 것을 주장하고 있다(황현자, 1983).

Ⅶ. 개인 의미 교육과정 모형

1. 목표과정 중심 교육과정

지금까지 우리는 현재 활용되고 있는 대표적인 체육, 무용교육과정 모형들에 대해 간략히 알아보았다. 이들 각 모형들은 각각 독자적인 준거와 개념 및 교육과정 설계 절차를 가지고 있으며 나름대로의 장·단점을 내포하고 있다. 그러나 앞에서 개관해 본 6가지 모형 외에도 인간 움직임 의미의 탐색을 중요시하는 또 하나의 체육, 무용교육과정 모형이 존재하는데 그것이 바로 개인 의미 교육과정 모형(Personal meaning curricu-lum model) 이다.

이 모형은 움직임 경험이 교육적인 가치를 갖기 위해서는 반드시 개인적 의미와 중요성을 지녀야만 한다고 주장한다. 따라서 의미의 발견과 창조를 교육의 주된 과제로 간주한다. 그러나 놀이중심 교육모형과 달리 개인적 의미로는 본질적인 것과 실용적인 것 모두를 포괄하며, 움직임의 의미의 원천을 놀이에만 한정시키지 않는다.

또, 움직임 경험 자체에 내재해 있는 즐거움, 기쁨, 만족감 등과 참여자의 실용적 목적 달성을 위한 움직임 활동을 위한 움직임 활동의 활용에 초점을 맞춘다. 그러므로 이 모형에서 교사의 역할은 학생 개인별 의미의 잠재적 원천을 분석하고 광범위한 활동 기회를 제공하며 의미탐색을 격려하는데 있다. 이와 같이 개인의 의미를 중시하는 체육 교육과정 모형은 그간 여러 학자들에 의해 그 이론적 토대가 제시되었으나 쥬윗과 뮬란(Jewett & Mullan, 1977)이 체계화한 목표 과정 중심 교육과정 개념틀(purpose process curriculum framework : PPCF)에 의해 가장 잘 설명되고 있다. 따라서 '목표-과정 중심 교육과정 모형'이라고 한다. 그 내용을 제 9장에서 상세히 탐구해 보기로 한다.

제9장 무용의 목표·과정 중심 모형의 개념과 내용

I. 목표·과정 중심 교육과정 모형의 개요

개인의 움직임 의미에 대한 탐색은 그간 체육 교육과정 문헌들을 통해 꾸준히 이루어져 왔다(Johnson et al, 1975 ; Aller, 1982). 일찍이 캔온(Kenyon, 1968)은 체육활동 참여를 통해 얻을 수 있는 실용적인 가치를 사회적 경험, 건강과 체력발달, 모험의 추구, 미의 추구, 감정의 정화, 고해의 극복 등 6가지 유형으로 분류한 바 있는데, 베인(Bain, 1978)은 그러한 가치들이 개인의미 교육과정 모형을 위한 개념틀로 기여할 수 있다고 주장한다. 그러나 현재 개인의미 교육과정 모형의 준거로서 쥬윗(Jewett, 1977) 등의 체계화한 목표·과정 중심 교육과정 개념틀(PPCF)의 중요성이 널리 인정받고 있다.

이 장에서는 '목표·과정 중심 교육과정 개념틀(PPCF, purpose pro- cess curriculum framework)에 토대를 둔 교육과정 모형'을 간단히 줄여서 '목표·과정 중심 교육과정모형' 이라 정의하기로 한다.

PPCF는 체육교육과정 개발을 위한 하나의 '개념틀' 로서 학생 각 개인에게 의미와 중요성을 지닌 교육경험을 제공하려는데 그 목적을 두고 있다(Jewett & Mullan, 1977, Jewett, 1980). 이것은 1960년 중반부터 미국 체육협회의 지원을 받아 연구가 시작되어 1969년경에 이르러 거의 이론적 구조가 완성되었다. 그 동안의 많은 연구들은 PPCF를 어떤 교육 과정 모형을 설명하기 위한 체계라기 보다 교육과정 모형의 토대가 되는 일종의 개념틀로 간주하는 입장에서 행해져 왔다. 따라서 이론의 형성, 특별한 이론적 구조의 타당성, 검증, 요소의 정의, 주요 개념의 설명 등에 연구의 초점이 맞추어지게 되었다.

PPCF에서 체육, 무용은 '인간 개개인의 목적을 성취하기 위해, 선택된 움직임이 학습매체를 사용하는 개별화되고 자기 지향적인 학습' 으로 정의된다(Jewett & Mullan, 1977). PPCF는 모든 연령층의 사람들이 움직임에 대해 똑같은 근본 목적, 즉 움직임 활동을 통해 개인적 의미를 발견하고 확대하는 독자적인 방법을 확립하고자 하는 목적을 가지고 있다는 가정을 전제로 한다. 그러므로 체육, 무용 교육과정은 각 개인이 이러한 가능성을 깨닫고 자아실현에 적절한 개인적 능력을 발달시킬 수 있는 기회를 제공해야만 하는 것이다. 이러한 맥락에서 쥬윗은 목표·과정 중심 교육과정 개념틀의 기본 가정을 다음과 같이 요약한다.

첫째, 사람은 끊임없는 형성 과정 속에 있는 전인적인 존재로서 자신의 할 일과 그 목적을 상정할 수 있다.

둘째, 의미의 창조와 교양은 교육의 근본적인 관심사이다.

셋째, 교육의 일차적인 관심사는 환경과 상호작용하는 인간 움직임을 통해 개인적 의미를 탐색하는데 있다.

넷째, 교육의 근본목표는 개인적 발달, 환경의 극복과 사회적 상호작용이다.

다섯째, 과정기능(process skills)은 필수적인 과제이다.

여섯째, 오늘날의 교육과정은 미래지향적이어야 한다.

일곱째, 목표의 우선순위, 내용선정, 계열성의 결정 등은 지역 특성과 수준에 따라 결정된다.

II. 목표·과정 중심 교육과정 모형의 내용

목표·과정 중심 교육과정 프로그램의 설계를 위한 개념 틀은 일종의 개인의미 교육과정 모형의 준거로서 목표(purpose) 영역과 과정(process) 영역이라는 2가지 측면으로 구성된다(Jewett & Mullan, 1977). 그 개요는 〈그림 9-1〉과 같다.

1. 목표영역

목표영역은 개인의 목적을 달성하는데 있어서 인간 움직임이 어떻게 기능하는가를 논리적으로 분석하여 도출한 것으로서 개인적 발달, 환경의 극복, 사회적 상호작용이라는 3

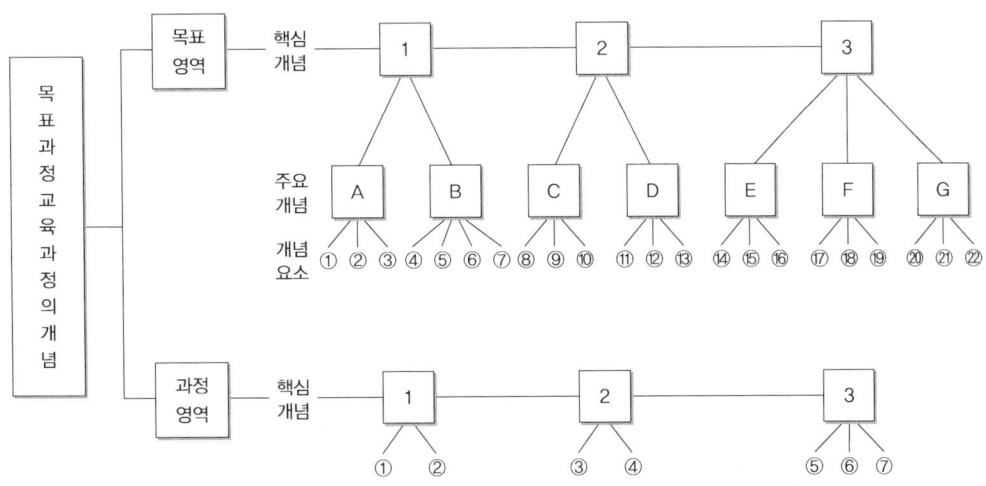

〈그림 9-1〉 목표·과정중심 교육과정 개념틀의 도식적인 표현

가지 핵심 개념(key concepts)으로 이루어진다. PPCF는 학습자 개개인의 다양한 특성과 욕구에 부응하고 다변적인 학습상황에 대처하기 위해 설정 목표의 다양화를 기본 전제로 하고 있다.

따라서 이러한 3가지 핵심 개념은 다시 움직임 기능과 관련하여 생리적 효율성, 심리적 안전, 공간적 정향, 물체조작, 의사소통, 집단상호작용, 문화적 참여 등의 7가지 주요 개념(major concepts)과 22가지 개념 요소(elements)로 세분된다.

1) 개인적 발달(Individual development)

사람은 움직임을 통해 발달 잠재력을 성취할 수 있다.

(1) 생리적 효율성(Physiological efficiency) 사람은 움직임을 통해 신체 기능을 유지하고 향상시킬 수 있다.

① 심폐효율성(Circulo-respiratory dfficiency) : 사람은 움직임을 통해 신체 기능을 유지하고 향상시킬 수 있다.

② 기계적 효율성(Mechanical dfficiency) : 사람은 움직임을 통해 동작의 범위와 효율성을 유지하고 증가시킬 수 있다.

③ 신경근육 효율성(Neuro-muscular dfficiency) : 사람은 움직임을 통해 운동기능을 유지하고 발달시킬 수 있다.

(2) 심리적 안정(Psychic equilibrium) 사람은 움직임을 통해 개인적 통합을 이룩할 수 있다.

④ 움직임의 즐거움(Joy of movement) : 사람은 움직임 경험을 통해 즐거움을 얻을 수 있다.

⑤ 자기 이해(Self-knowledge) : 사람은 움직임을 통해 자신을 이해할 수 있다.

⑥ 감정의 정화(Catharsis) : 사람은 움직임을 통해 긴장과 좌절을 해소할 수 있다.

⑦ 도전(Challenge) : 사람은 움직임을 통해 자신의 용기와 대담성을 점검할 수 있다.

2) 환경의 극복(Environmental Coping)

사람은 움직임을 통해 신체 적 환경을 통제하고 적응할 수 있다.

(3) 공간적 정향(Spatial orientation) 사람은 움직임을 통해 자신을 3차원 공간과 관련시킬 수 있다.

⑧ 인지(Awareness) : 사람은 움직임을 통해 공간내에서 자신의 신체위치 개념을 명확히 할 수 있다.

⑨ 이동(Relocation) : 사람은 움직임을 통해 전후, 좌우, 상하로 다양하게 이동할 수 있다.

⑩ 관련성(Relationships) : 사람은 움직임을 통해 환경내의 물체 및 타인과 관련하여 자신의 신체 위치를 조절할 수 있다.

(4) 물체조작(Object manipulation) 사람은 움직임을 통해 물체에 충격을 주거나 물체의 힘을 받아들일 수 있다.

⑪ 중량처리(Maneuvering Weight) : 사람은 움직임을 통해 무거운 중량을 떠받치거나 지탱하고 옮길 수 있다.

⑫ 물체 투사(Object Projection) : 사람은 움직임을 통해 다양한 물체에 힘과 방향을 주

어 던질 수 있다.

⑬ 물체 수용(Object reception) : 사람은 움직임을 통해 날아오는 다양한 물체의 힘을 줄여 받을 수 있다.

3) 사회적 상호작용(Social interaction)

사람은 움직임을 통해 다른 사람과 관련을 맺을 수 있다.

(5) 의사소통(Communication) 사람은 움직임을 통해 자신의 생각과 느낌을 다른 사람과 나눌 수 있다.

⑭ 표현(Expression) : 사람은 움직임을 통해 자신의 생각과 감정을 전달할 수 있다.

⑮ 명료화(Clarification) : 사람은 움직임을 통해 다른 의사소통 방식의 의미를 보다 잘 파악할 수 있다.

⑯ 의태(Simualtion) : 사람은 움직임을 통해 자신에게 유리한 인상이나 상황을 조성할 수 있다.

(6) 집단 상호작용(Group interaction) 사람은 움직임을 통해 다른 사람과 조화를 이루며 활동할 수 있다.

⑰ 팀웍(Teamwork) : 사람은 움직임을 통해 공동목표를 추구하는데 협력할 수 있다.

⑱ 경쟁(Competition) : 사람은 움직임을 통해 개인 혹은 집단 목표를 달성하기 위해 경쟁할 수 있다.

⑲ 지도성(Leadership) : 사람은 움직임을 통해 공동목표를 달성하기 위해 집단 구성원들에게 동기를 부여하거나 영향력을 행사할 수 있다.

(7) 문화적 참여 (Cultural involvement) 사람은 움직임을 통해 사회의 중요한 움직임 활동에 참여할 수 있다.

⑳ 참여(Participation) : 사람은 움직임을 통해 사회의 다양한 움직임 활동에 참여하는 능력을 기를 수 있다.

㉑ 움직임 평가(Movement appreciation) : 사람은 움직임을 통해 스포츠 및 표현적인

움직임 유형을 평가할 수 있다.

㉒ 문화 이해(Cultural understanding) : 사람은 움직임을 통해 문화적 전통을 이해하고 존중하며 강화할 수 있다.

이상의 목표영역은 교육과정 설계자가 교육과정 내용의 범위와 성격을 결정하는데 지침으로 활용할 수 있다. 특히, 이들 영역의 7가지 주요 개념과 22가지 개념 요소들은 학습자의 특성과 학습 여건을 감안하여 탄력있게 적용해야 한다.

이를테면, 학습자의 체력이나 운동기능 수준, 성, 학급의 규모, 학급의 편성형태(남녀 공학의 유무), 학년수준, 학교의 특성과 여건, 지역적 조건 등과 같은 여러 여건들을 감안하여 융통성 있는 목표 설정이 이루어져야 한다(강신복, 1989). 한편 쥬윗은 이들 목표 요소들을 크게 〈그림 9-2〉와 같이 체력, 운동, 수행, 초월의 3개 가치군으로 분류할 수 있다고 주장했다. 대개 움직임이나 신체 활동시의 개인적 의미는 이들 3개 가치군의 상호 결합을 통해 추구될 수 있다.

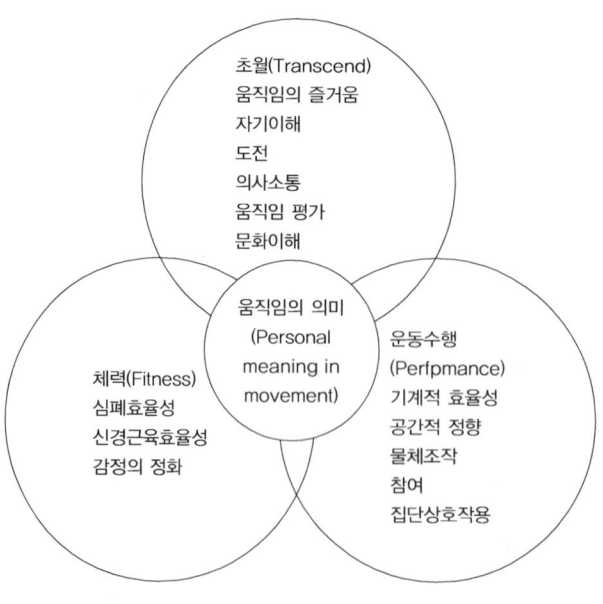

〈그림 9-2〉 개인적 의미의 가치군

2. 과정영역

1950~60년대에 거세게 일었던 교육과정 개혁 운동은 학습에 있어서 과정의 중요성을 날카롭게 부각시켰다. PPCF는 목표영역과 과정영역의 두 측면을 균등하게 강조하는 개념 틀로써, 개인적 의미는 목표차원만이 아닌 학습과정 자체에서도 추구할 수 있다.

PPCF의 과정영역은 기본 움직임, 응용 움직임, 창조 움직임 등의 3가지 핵심개념(key concepts)과 이들 핵심개념을 세분화한 인지화, 유형화, 적용화, 숙련화, 변용화, 창안화, 구성화 등의 7가지 과정범주(process categories)로 구성되어 있다.

PPCF의 움직임 과정 범주는 다음과 같이 요약할 수 있다.

1) 기본 움직임(Generic movement)

특징적이고 효과적인 운동유형의 발달을 촉진하는 움직임 작용 혹은 움직임 과정으로, 이것은 학습자가 자신이 움직인다는 것을 자각하는 전형적인 탐구적 작용이다.

(1) **인지화(Perceiving)** : 전체 신체의 관련성과 자신의 움직임을 자각하는 것. 이러한 자각은 신체 위치나 운동 행동에 의해 확증될 수 있고, 움직이는 사람이 체중의 균형과 사지의 움직임을 감지한다는 의미에서 감각적인 것이라 할 수 있으며 확인, 인식, 구별을 통해 인지적으로 확증될 수 있다.

(2) **유형화(Patterning)** : 움직임 유형과 기술을 성취하기 위해 연속적이고 조화로운 방식으로 신체 부위를 사용하고 배열하는 것으로 이 과정은 이전에 보았거나 경험했던 운동수행 혹은 기억에 의존하지 않는다.

2) 응용 움직임(Ordinative movement)

기교적인 움직임을 조직화, 세련화, 실행화하는 과정이다. 이러한 과정들은 특정 움직임 과제를 해결하기 위해 지각적 운동 능력들을 조직하는 것을 지향한다.

(1) **적용화(Adapting)** : 부과된 과제의 요구에 부응하기 위해 유형화된 움직임을 수정하는 것으로 이 과정은 특정한 움직임을 다른 상황에서 수행할 수 있도록 수정하는 것을 포함한다.

(2) **숙련화(Refinig)** : 공간적, 시간적 관련성을 숙달함으로써 어떤 움직임 유형이나 기술을 유연하고 효과적으로 수행할 수 있는 조절 능력을 획득하는 것이다. 이 과정은 운동 수행시 정확성을 달성하고 복합적인 조건 아래에서의 반사적인 운동 수행 능력을 배양하는 것과 관련된다.

3) 창조움직임(Creative movement)

학습자의 개인적 목적에 기여하는 움직임을 창조하고 개발하는 과정을 포함은 운동 수행이다. 이 과정들은 발견, 통합, 추상, 이상화, 감정적 구상화, 구성 등을 지향한다.

(1) **변용화(Varying)** : 운동 수행시 개인적으로 독특한 운동 방식들을 고안하고 구성하는 것, 그러나 이러한 개인적 운동 방식들은 특정 움직임을 다양한 방식으로 수행하는데 한정된다. 또 이러한 운동 방식들은 운동자에게 외부적으로 부과된 미리 정해진 어떤 운동 행동이 아니라 상황에 따라 즉흥적으로 만들어지는 것들이다.

(2) **즉흥화(Improvising)** : 개인적으로 새로운 운동으로 즉석에서 창안하거나 고안하는 것, 이 과정들은 운동 수행자 측의 의도적인 사전 계획을 필요로 하지 않으나 극히 구조화된 상황에 의해 촉발될 수 있다.

(3) **구성화(Composing)** : 학습한 움직임을 독특한 개인적인 운동 계획과 결합시키거나 전혀 새로운 운동 유형을 고안하는 것. 운동 수행자는 운동 상황에 대한 개인적 해석에 근거하여 운동 반응을 나타내게 된다.

PPCF의 과정 범주들은 인간이 움직임을 배우는 방식, 즉 인지화, 유형화, 적용화, 숙련화, 변용화, 창안화, 구성화 등의 과정을 설명하고 있다.

이러한 과정 기능들(process skills)은 움직임 참여에서 얻을 수 있는 모든 요소를 포함하고 있기 때문에 그 자체로서 학생들이 배워야 할 프로그램 내용이 된다. 학생들은 그들의 목적을 달성하기 위해서 이들 각 과정을 경험해 보아야 할 뿐만 아니라 이들 과정들을 이해하고 활용할 수 있어야만 한다. 또 학생들은 과정 기능을 터득하기 위해 과정 기능 자체를 익히고, 나아가 그 현상을 파악하고 이를 논리적으로 분석할 수 있어야 한다.

과정 기능을 획득하고 그 현상을 이해할 수 있을 때 학생들은 비로서 다른 유사 움직임 상황에도 계속적으로 참여할 수 있게 된다. 이러한 움직임 과정들은 교수 활동을 계획하고 그 계열성을 결정하는 근거를 제공한다. 또 교사는 수업 목표를 정하고 학생의 운동 수행 능력을 평가하는 근거로서 이러한 과정들을 활용할 수 있다.

III. 목표·과정 중심 교육과정의 설계

교육과정을 설계할 때 고려해야 할 요소로는 크게 학습목표의 설정, 학습내용의 선정과 조직, 학습 결과의 평가를 들 수 있다. 개인이 자기 환경과 상호작용하면서 어떤 의미를 가지고 어떻게 움직이느냐 하는 총체적 상황에 초점을 두는 PPCF에 근거하여 체육, 무용교육과정을 개발할 때에는 다음과 같은 기본 방침과 지침을 토대로 교육과정 구성 요소를 결정해야 한다(강신복, 1989).

1. 학습 목표의 설정

첫째, 학습 목표는 해당 학교의 교육목표 및 체육(무용)목표, 학습자의 특성과 학습 여건 등을 PPCF의 목표개념과 상호 관련지어 설정한다.

둘째, 설정된 프로그램의 성격과 비중에 따라 PPCF의 22가지 목표 요소 중에서 학습목표 선정의 우선 순위를 정한다.

셋째, 합리적인 의사결정 체계에 의거하여 종합적인 목표 모형을 정립하고 그 운영 계획을 수립한다.

넷째, 학습목표는 학습자와 학습과정 즉 학습내용의 특성을 감안하여 탄력있게 설정한다. 특히 학습목표는 과정변인과의 유기적인 상관성에 의해 수립되어야 한다.

2. 학습내용의 선정과 조직

첫째, 학습 내용의 구조는 개념틀의 목표 영역과 과정 영역을 토대로 하여 구성한다.

둘째, 학습내용은 설정된 학습목표와 유기적인 관련하에 구성되어야 하며, 아울러 논리적인 모형체계의 개념 틀에 근거하여 선정·조직되어야 한다.

셋째, 학교의 지역적 특성 및 학습자와 교재의 성격에 따라 단일목표 요소 중심과 종합목표 요소 중심에 의한 내용 구성의 비율을 적정화하여야 한다.

넷째, 목표개념(purpose concept) 중심에 의한 일련의 학습내용과 프로그램은 각급 학교별로 장단기 계획에 의거하여 구성·운영되어야 한다.

다섯째, 선정된 학습내용은 계열성, 계속성 및 통합성 원리에 부합되도록 조직·운영되어야 한다.

여섯째, 각 학교 단위로 운동 유형별 목표·과정 중심의 내용 조직 체계를 개발하여 활용토록 하여야 한다.

목표·과정중심 교육과정 모형에서 수업은 대개 특정 목표개념을 중심으로 주제단원 등(예: 호흡 순환 능률성, 움직임 이해, 표현 등)을 강조하는 스포츠 혹은 무용 활동을 가르치는 방식으로 이루어진다.

오늘날 목표·과정 중심 교육과정 개념(PPCF)은 말 그대로 교육과정 모형을 위한 하나의 개념틀이자 하나의 교육과정 이론, 하나의 교육과정 모형, 혹은 하나의 연구 체계라고 간주할 수 있다. 또한 PPCF의 목표개념과 과정개념은 그 동안의 연구 결과 체육교육과정에 비교적 타당성이 있는 것으로 인정되고 있다.

무용교과만을 위한 교육과정 모형 개발은 시급한 상황에 놓여 있는 것 같다. 오늘날 체육교육에서 무용교과만의 분리를 주장하는 학자들도 있다. 무용교과가 독자성을 가지기 위해서는 교육과정 모형 개발은 무용교육 지도자들이 해야 할 주요한 일로 사료된다.

제10장 창작무용의 지도방법

Ⅰ. 지도의 원리

 지도의 원리란 학습해야 할 사태를 매개로 한 교사와 피교육자의 상호관계에 있어서 보다 합리적이고 효율적인 지도방법의 기준이며, 하나의 필요 불가결한 규범이다. 이 규범은 피교육자의 학습활동을 조성하고 지도함에 필요한 여러 가지 문제에 대하여 분석하고 종합한 요소로서 학습활동이 목표에의 이탈을 통제하는 요인이 되면서 동시에 학습활동의 건전한 방향을 제시하는 기본적인 방법원리이다. 이 방법원리로서의 규범은 사회의 복잡성과 그 요청이나 또는 개인의 학습관의 변천 및 교사와 학생의 지위의 이전에 따라 교사중심활동에서 단순한 지식이나 기능의 전달로 생각한 것에서 학습자 자신이 스스로 자기자신의 실현을 위하여 관찰, 실험, 조사, 탐구를 하는 등 더욱 복잡하고 다양한 방법원리가 강조되었다. 따라서 일반적인 학습지도 방법의 원리를 열거해 보면 다음과 같다.

1. 개별화의 원리

 교육은 인간의 성장 발달을 조성하는 작용이다. 개인 능력을 최대한 발휘시켜 의의있는 생활을 영위하며 행복한 생활을 증진시킴으로써 사회의 존속과 발전을 의도하고 있는 것이다.
 사회의 복지는 개인의 행복을 기초로 하여 성립되는 것이므로, 개개인의 바람직한 성장발달은 여러 방법 중에서도 가장 기초적인 원리가 되는 것이다. 인간이 사회학적으로 공헌해야 하는 책임을 분담하는데 있어서의 교육작용은 인간 개개인에게 교육이 작용하여 그에 필요한 능력특성이 조성되어야 하는 것이다.
 각 개인은 지능, 특성, 흥미, 가정적 배경 등 모든 면에서 차이가 있으므로 교육은 먼저 학습자의 이와같은 개인차를 이해하고 이것을 교육목표달성에 유기적으로 통합하여 가능한데 까지 그 능력을 충분히 발전시켜 가야하는 것이다.

이와같은 활동에 따라 비로소 개인은 가장 적합한 사회적 지위와 역할을 발견하게 되며 또 사회의 적극적인 참여가 기대되는 것이다. 이에 반하여 그 능력이나 특성을 이해하지 않는데서 오는 부당한 자아수준에의 고집 또는 지나치게 높은 수준만을 요구하는 결과는 개인의 불만과 불행을 초래하는 결과가 되기 쉽다. 이와같이 개별화의 원리는 교육방법의 중핵적인 모든 지도의 출발점이라고 할 수 있다. 따라서 지도의 개별화는 학습자의 개인차와 교재특성의 인식, 교사의 기능과 그 한계의 자각 그리고 당면한 교육목적 또는 목표의 명확한 파악 등이 유기적으로 통합되어서 행하여지는 것이다. 실제 학습에 있어서 개인의 자유로운 사고활동이 허용될 때 비로소 그 개성은 자유롭게 발달된다. 따라서 개인의 능력, 흐임, 요구에 알맞는 지도가 요망된다.

2. 사회화의 원리

교육이 목적하고 있는 개인을 완성시키며 또 유능한 사회인을 형성하기 위해서는 신뢰, 협력 등의 사회성(socialization)을 체득해야 한다. 따라서 공동생활 그리고 '우리라는 의식'을 경험시킴으로써 그 집단에서 같이 학습하도록 지도하는 것이 요청된다.

과거의 학교는 현실적인 사회생활에서 고립되어 있었으며, 학교를 졸업한 후의 실제 사회생활에 있어서 크게 도움을 주지 못하는 것이 통례였다. 그러나 오늘날의 학교는 많은 집단생활을 통하여 사회적 성격을 충분히 배양하고 있으며 개개인은 바람직한 사회성을 갖도록 훈련되고 있는 것이다.

무용지도에 있어서도 그 내용과 방법을 사회화하는데 노력해야 할 것이다. 학교는 현실사회의 사상(事象)을 교육계획 안에 도입하여 학교와 지역사회와의 관련성을 긴밀히 하고 있으며 무용, 체육학습에 있어서는 사회화의 원리가 특히 강조되고 있다.

3. 흥미의 원리

학습의 결과를 높이기 위하여 학습자가 학습목적 활동내용 등에 관하여 흥미(interest)

를 가지도록 지도해야 한다. 흥미는 활동의 근원이므로 흥미가 없는 활동이나 작업은 학습자에게 크게 의미가 없기 마련이다. 그러므로 흥미가 없는 일에 학생들을 따르게 하는 것은 자연히 강압 또는 압력에 의한 외형적인 것이기 쉽다. 이와 같이 학습자가 학습의 목적활동에 깊은 흥미를 느끼고 있을 때 비로소 학습은 가장 용이하며 효과가 있는 것이므로 교사는 이와 같은 점을 충분히 감안하여 지도해야 한다. 흥미에는 다양한 내용이 있고 연령, 성별, 소질 등에 따라 차이가 있으며 또 학습시의 분위기, 성적관계 또는 담임교사에 따라서 좌우되는 바가 크다. 따라서 흥미도 내용에 있어서와 마찬가지로 개인차가 있으며 또 변화와 지속성에서도 차이가 있다는 것을 고려해야 한다.

　이와 같이 일반적으로 흥미는 경험에 기초하고 있으며 또 흥미의 발전은 경험에 발전시키는 기초가 되는 것이므로 무용학습에 있어서 흥미는 중요하게 취급되어야 한다.

　학자들의 연구에 의하면 흥미와 성적간에는 높은 상관관계가 있는 것으로 나타났으며 흥미가 교과성적의 중요한 요인이 되고 있음을 나타내고 있다. 이와 같은 흥미를 유발시키는 방법으로는 학습자가 이미 생활 경험에서 가지고 있는 흥미를 이용하는 것과 새로운 흥미를 창조하는 것이 고려되어야 한다.

　학습자는 항상 활동하는 기회를 구하고 있으며, 경험을 확대하여 새로운 흥미를 획득하고 있는 것으로 생각해야 한다. 일반적으로 활발한 사람, 특히 젊고 희망에 불타고 있는 사람은 쉽고 안전한 활동보다는 자기의 최선을 다할 수 있는 경험에 대하여 더욱 강한 호기심을 느끼는 것이므로 노력과 흥미는 위배되는 것이 아니다. 즉, 흥미에서 노력이 출발하게 되고, 노력은 또 새로운 흥미를 일으키게 되며 이와 같은 순환작용은 학습활동을 더욱 강하게 하고 보다 낳은 발전을 낳게 하는 계기가 되는 것이므로 청소년의 흥미와 그 변화에 대하여 특히 유의하여 지도해야만 한다.

4. 직접경험의 원리

　단순히 문자나 서적 혹은 그림, 사진 등을 통하여 개념적으로만 학습하는 것은 효과가 적으므로 '백문이불여일견(百聞而不如一見)'이라는 말과 같이 직접경험을 통한 교육을 주장하는 것이다. 직접 사물을 관찰·실험·실습하고 자료를 수집하며 검증·정리하는 경험을 통하여 타당한 인식작용을 할 수 있는 능력을 길러주는 것이 목적이다.

이 원리는 학습자의 직접경험을 통한 내용을 기초로 하여 발전시키려는 것을 주장한다. 즉, 기성개념이나 전통적인 교조(敎條), 신앙에 따라 생활하는 것이 아니라 자기 자신의 시각, 청각, 미각, 후각과 촉각 등에 의하여 학습이 기초 지워지고 또 자유로운 인식주의가 형성되는 것이다.

직접경험의 원리는 전통적인 봉건사회의 벽을 타파하여 새롭고 자유로운 창의성이 충만한 인간육성이 요구되던 근대시민사회 이후 부터 크게 주장되어 온 것이다.

초기의 제창자인 베이컨(Bacon)이나 코메니우수(Comenius)는 주로 직관의 원리를 감각기관에 의한 직접 경험이라 하고 이것을 지식의 유일한 기초로 생각했던 것이다. 그리고 이것이 오늘날의 시청각교육의 출발점이 된 것이며, '행하면서 배운다(learning by doing)'는 현대교육의 기본원리이다. 진정한 학습은 실제의 경험을 통하여 이를 재구성하는 일이며 이와같이 경험을 기초로 하여 성취된 행동이야말로 가장 확실하고 또 실제로 발전의 밑바탕이 될 수 있는 것이다.

이와같은 원리에 기초하여 무용학습은 학습자에 의해서 관찰하고, 사고(thinking)하며, 표현될 수 있는 창작무용의 과정들을 직접 경험할 수 있도록 지도하여야 할 것이다.

5. 자발 창조의 원리

모든 인간의 능력은 활동을 통하여, 또 활동하는 사이에 발전하는 것이다. 교육은 학습자의 내부적 발달을 통하여 자발적으로 활동하도록 하는 것이다. 즉 학습이나 생활이 그들의 자발성에 의해서 행해짐으로써 개인의 능력이 최대로 발달되며 또 외부의 강제성에 따르는 것이 아니라 자기의지에 의한 행동이 되도록 지도되어야만 한다. 그리스의 자유교육은 인간이 자유로이 활동할 수 있는 것을 요구하였으며, 루소(Rousseau)는 자연의 성장을 신뢰하여 간섭이나 강제성을 배척하였고, 페스탈로치(Pestalozzi)는 주입방식을 중지하고 문답에 의하여 심의의 계발을 논의하였으며, 현대의 듀이(Dewey)는 생명의 발전은 자기의 생활이나 경험의 재구성이 되어야 함을 주장하였다. 또 로저(Rogers)는 인간의 성장력은 불안과 위협을 피해야함을 주장하고 있다.

교육사상에서 학습자의 자주성이나 자발성을 강조한 것은 20C의 전환기에 나타난 개혁교육학(Reform P dagogik)의 운동에서였다. 이 개혁 교육학의 사조(思潮)는 "아동으로 부터"라는 표어에 상징되고 있는 바와 같이 외부에서의 주입이나 전달을 배척하고 오로지 학습자의 자발성의 존중과 그 절대성을 주장한 것이다.

자주적으로 사고하여 창조적으로 행동하는 인간을 육성한다는 것은 오늘날의 인류가 가진 공통적 과제이다. 학습자가 교사로부터 지식을 수동적으로 전달받기만 하는 것이 아니라 자주적으로 자신이 문제와 직면하여 학습과제를 의식적으로 해결해 나갈 때 비로소 지식, 기능 등은 발전하게 되는 것이다.

창조는 본질적으로 재구성의 심리적 과정이며 기존의 사실들을 새로운 것으로 재구성하는 것을 뜻하고 있다. 아동들에게 창조활동의 과정을 훈련시킴으로써 경험을 재구성하게 하며 창조의 기쁨을 경험시키고, 또 스스로 창조하는 태도를 길러주는 것이 필요하다. 이와같이 학습자가 주체적, 의식적으로 학습활동을 하며 자주적으로 그 방법을 모색, 해결해야 하는 것은 급변하는 현대사회에서 더욱 요청되는 일이라고 하겠다.

따라서 학습지도에서 중요한 것은 학습자 자신의 자발적 활동없이는 그 성과를 기대할 수 없으며, 자발적 활동만이 진정한 자기발전을 약속할 수 있다는 사실을 이해하고, 교사는 학생들의 탐구적 활동을 환기하여 자발적으로 가치를 추구하고 창조해 가는 과정을 밟아나갈 수 있도록 지도해야 한다. 무용학습에서 창작과정은 이러한 원리들을 교사가 미리 염두에 두고 교수해야 할 것이다.

6. 과학성의 원리

현대의 과학기술은 급속도로 발전하여 변화를 계속하고 있다. 지구상의 어느 곳이든 또 어떤 사람이든 간에 발달되고 있는 과학을 외면하고서는 생존은 물론 활동도 할 수가 없다. 과학은 우리들의 생활양상을 변화시키고 사고내용과 방식을 바꾸어가고 있다. 따라서 현대사회의 동향은 생활이나 직업에 관한 내용을 과학적으로 처리할 수 있는 지식 능력과 비판적 행동을 청소년들에게 준비시킬 것을 요청하고 있다.

학습지도에 있어서 과학성이란 교재내용의 과학화와 교재과정의 과학화와 교재과정의 과학적 구조의 문제로 대별할 수 있다. 물론 무용교과에서도 교재내용의 과학화와 교과과정의 과학화가 절실히 요구되고 있다.

7. 통합의 원리

교육지도의 대상이 되는 개개인의 학습자는 하나의 전체적인 인격체이다.

따라서 그 지적 훈련이나 의지, 정서면에서도 전체적인 인격에 관계되고 또 그 발달을 위하여 통합되어져야 한다.

정신적인 활동과 신체적 활동도 전체적 인격발달에 통합되어져야만 진실한 교육작용이 이루어지게 된다. 이와 같이 모든 지도는 학습자를 전체로서 환경에 적응시키며 그들에게 내재하는 모든 능력을 조화적으로 발달시켜야만 한다. 전체적 통합성에 의한 교수법의 선구자는 헤르바르트(Herbart) 학파의 질러(Ziller)이며 그는 중심통합법(Konzentration)을 주장하였다. 질러는 교육의 목적을 도덕적 품성 도야에 두고 그 실현방법으로는 인간의 정서를 중심에 두고 교과를 통일하려고 했다.

현대인의 생활은 사회, 문화, 경제, 과학, 자연, 예술, 종교와 같이 인생의 복잡한 여러 영역에서 통합적으로 활동되어지기 때문에 학습도 여러 영역의 분과적인 활동에서부터 결국은 통합적 생활로 그리고 통일적인 인간형성으로 지도되어져야 하며 학습활동에 있어서는 다음과 같은 점이 유의되어야 한다.

원래 교과목이란 인간의 생활경험을 일정한 기준에 따라 분류하여 논리적으로 계통지어서 정리한 지식이나 기술의 체계이다. 학습지도의 실제는 교과목 중의 한 내용을 지도하고 있으나 여러 교과의 내용간에는 조화가 잘 취해지도록 해야하며 이와 같은 교육작용은 결국 적당히 통합되어짐으로써 학습자의 성장·발달과 생활경험을 풍부하게 해주는 것이다. 인간은 성장발달에 따라 그 학습영역이 확대되어 가고 있다. 예컨대 유아의 경우, 놀이지도와 좋은 습관 형성이 중시된다. 그러나 아동기에 있어서는 놀이는 작업으로 바뀌어지고 성격은 개성화의 경향이 뚜렷해짐에 따라 지도형태도 달라지게 된다. 이와같이 변화되는 여러 지도의 형태간에는 역시 일관된 통일성이 없으면 연속적인 발전과 통일된 존재, 즉 통일적인 행동을 하며 전인적 발전을 하는 것이다. 따라서 학습활동에 있어서 통합의 원리는 학습내용에서 뿐만 아니라 그 활동의 형태에 있어서도 적용되어야 한다.

II. 지도의 방법

창조성 교육의 궁극적 목표는 창조적인 인간을 형성하는 것이다. 창조성이란 어떤 특수한 능력을 뜻하고 있는 것은 아니다. 우리들 인간 자체가 창조적이며 발전적인 것이므로 인간이 지니고 있는 창조적인 생명체의 발달을 촉진하고 육성하는 것이 곧 창조적 교육의 목표인 것이다. 창조성에 관해서는 5장에서 이미 논의되었지만 이 장에서는 창조성을 육성하는 일반적 학습지도 방법과 조건에 관하여 설명하고자 한다.

1. 창조성을 육성하는 일반적 학습지도

발견학습이 창조성 육성에 관한 예로서 자주 제시되고 있으나, 창조성을 기르는 제도가 발견학습만을 말하고 있는 것은 아니다. 또 어떤 한가지 방법만이 창조성을 기르는 것은 더욱 아니다. 교사의 연구와 노력여하에 따라 여러 가지 방법이 교재내용과 학습자에게 알맞게 꾸며질 수 있다. 다음은 창조성을 육성하는 일반적 학습과정의 모형을 들어보기로 한다. 물론 이것이 발견학습과 전혀 다른 것은 아니며, 또 이것만이 창조성을 기르는 것은 물론 아니다. 하나의 모형에 지나지 않으며 무용을 지도할 때는 적절하게 변용해서 활용되어야 할 것이다.

① 창조적인 학습과정은 반드시 어떤 학습대상에 당면하는데서부터 출발한다. 문제에

마주치든지 어떤 목적을 의식하든지 하여 그 대상이 파악되고 문제를 의식함으로써 학습자 자신이 활동을 자극하게 된다. 학습의 대상에 따라서는 예컨대 자연현상이나 사회현상에 관계되는 것, 문장이나 작품에 관한 문제, 표현을 하려는 대상 또는 새로운 기능이나 기술에 관한 것 등의 문제를 들 수 있다.

② 그 대상과의 관계에서부터 어떤 모순이나 차이를 느끼는 일이다. 이것은 문제해결에 대하여 강한 의욕을 일으키는 심리적인 작용이 될 수 있다.

③ 이와 같은 모순이나 차이를 해소시키기 위하여 가설을 세우거나 구상을 하거나 또는 예상하는 일이다.

④ 학습은 위와 같은 예측활동을 하는 가운데 더욱 확실하게 되며, 문제나 목표에 대한 해결책이 나온다.

⑤ 이와 같이 얻어진 새로운 의미나 원리 또는 법칙은 그것을 일반화하거나 적용하는 활동을 함으로써 학습활동이 끝나는 것이다.

위에서 학습활동의 전체 흐름을 살펴보았으나 그 각각의 부분에서 특색있는 사고활동을 충분히 함으로써 비로소 뜻있는 성과를 얻게 된다. 이와 같은 학습활동은 지식만을 줄곧 전달받고 있는 학습에 비한다면 자발적이며, 자주적인 사고활동을 자유롭게 함으로 개인의 성취감을 만족시키며 창의적인 활동을 고무하게 되는 것이다.

발견·발명의 체험을 자료로 해서 구상한 웰라스(G. Wallas)의 4단계 창조적 과정은 다음과 같다.

① 준비(preparation) 단계 : 문제를 의식하고 필요한 자료를 모아서 원인을 찾으며 문제해결 활동을 시작하는 준비적 활동단계를 말한다.

② 부화(incubation) 단계 : 마음 속에 항시 문제해결에 대한 생각을 하고 있으며 골몰히 전심하고 있는 시기를 말한다. 목적을 향하여 심사숙고하고 있는 상태이며, 여러 가지 사고 활동이 계속되고 있고 언제나 목적달성을 위한 탐색활동이 계속되고 있는 시기이다.

③ 조명(illumination) 단계 : 노력과 인내가 계속되는 사이에 갑자기 어떤 상념이 떠오

르는 시기를 말한다. 계시 또는 영감(inspiration)의 시기라고도 하며 가능성의 범위를 발견하는 시기이다.

④ 검증(verfication) 단계 : 돌연히 떠오르는 상념에 대한 검증의 결화가 객관적으로 타당하면 새로운 아이디어로 판명된다. 또 그 결과가 타당하지 않으면 다시 시작하거나 부분적인 수정을 하게 되며, 창조활동 가운데서 평가를 하는 완료시기이다.

2. 창조성 육성을 위한 조건

모든 학습자는 창조성을 지니고 있으며, 그것은 인간으로서 그들이 물려받은 것이다. 그리고 창조성은 개인이 가지고 있는 다른 잠재력과 같이 개발·육성되어야 한다.

창조성을 육성시키기 위한 교육에는 내용과 방법 외에 다음과 같은 조건이 중시되고 있다.

① 따뜻하고 인간애가 넘치는 분위기는 창조성을 조성한다. 심리적으로 안전감을 느끼고 대인관계에 있어서 완전한 관계가 성립된 분위기에서 학생은 자기를 남김없이 표현하고 발표할 수 있기 때문이다. 따라서 차갑고 강압적인 분위기는 창의력이 솟아나는 것을 억제한다. 특히 창작무용지도에서는 이러한 분위기 연출이 매우 중요하며 교사는 학습자의 입장을 생각하고 이해해야 한다. 교사의 냉소적이며 비웃는 표정을 학습자가 보게 된다면 그들은 창의적인 표현을 결코 할 수 없게 될 것이다.

② 창의적인 분위기의 요건은 정직과 솔직이다. 무엇이든 과장하고 허세를 부리는 분위기는 순수한 창의성의 발전에 방해가 된다. 있는 그대로를 살리고 표현하는 순수성이 필요하다.

③ 학생들의 자발성이 강조되고 자유로이 발표할 수 있는 기회를 마련함과 동시에 이것이 상호 찬양되는 분위기가 필요하다.

④ 개인이 가지는 순수한 동기를 권장하고 강화시켜서 개인에게 자신감과 성취감을 갖도록 하는 것이 중요하다.

⑤ 창의적 사고는 그 평가에 있어서 자기 주관을 잃지 않도록 적당한 암시나 평가를 할

것이며, 언제나 자기 표현과 창의적 탐구 그 자체를 즐길 수 있는 분위기를 마련해 주어야 한다.

데세코(J.P.DeCecco)는 창의성을 고차원적인 문제해결로 보고 여러 가지 문제에 대한 해결을 하는데 있어서 학생들의 유연성, 유창성, 면밀성과 독창성을 증대시킬 수 있는 어떤 조건을 마련해 줄 수 있다고 하였다.
그래서 창조성의 지도에는 어떤 교수절차가 있다고 제안하였다.

첫째 단계는 학생에게 제시할 문제의 종류를 분류한다.
여기서 문제의 종류라 함은 겟젤(Getzels)이 분류한 유형을 말한다. 그는 문제를 제시된 문제(presented problem)와 발견된 문제(discovered problem)로 구분하였다. 제시된 문제란 외부에서 학습자에게 주어진 것이고, 발견된 문제란 학생 내부에 존재하고 학생에 의해 발견되는 것이다. 또한 그는 문제해결의 방법에도 기지의 방법과 미지의 방법이 있다고 하였다. 창조적인 사고는 처음에는 문제가 제시되었으나 방법은 모르는 상황에서 시작한다. 여기서 출발하여 나중에는 문제와 방법이 학생에게는 모두 미지인 상황으로 옮겨간다. 문제는 알고 있으나 방법은 모두 모를 때에는 교사의 도움이 필요할 것이다. 그래서 우선 첫단계에서는 그 문제가 어떤 것인지를 분류해야 한다.
두번째 단계에서는 문제해결을 위한 기능을 개발하고 활용시킨다. 창조적 문제해결을 위해서는 어떤 기술과 기능이 필요하다는 연구 보고들이 많다. 그중 상당히 널리 알려진 것 중 하나가 브레인스토밍(brain-storming) 기법이다. 이 기법은 산업사회에서 시작하여 교실장면에 까지 보급된 것으로서 문제를 제시한 후 학생들이 생각나는대로 많은 해결책을 열거하는 것이다. 흔히 인간의 사고를 방해하는 요인으로 지각적 장애(perceptual blocking), 문화적 장애(cultural blocking), 정서적 장애(emotion blocking)를 들고 있다. 브레인스토밍(brainstorming)은 고정된 틀에서 벗어난 다양한 사고활동으로 이러한 장벽을 제거하여 다양한 아이디어를 생산하고자 하는 것이다.
무용교육에서 브레인스토밍 기법은 창작을 위하여 매우 유용한 사고활동이며, 이러한 기법은 아동뿐만 아니라 대학생, 무용전공 학생들에게도 널리 활용되어야 할 기법이다. 여기에서는 지켜야 할 4대 원칙이 있다. ① 비판엄금, ② 자유분방, ③ 질보다 양, ④ 결합개선의 4대 원칙이 잘 준수되어야만 소기의 성과를 올릴 수 있다.

세번째 단계에서는 학생의 창조적 성취에 대하여 강화(reinforce)를 해준다. 토란스(Torrance)는 교사가 학생의 창조적 성취를 격려하고 보상하는 방법을 다음 다섯 가지로 열거하고 있다. 즉, ① 교사는 학생이 묻는 비상한 질문을 존중해서 다루어야 한다. ② 학생의 비상한 아이디어와 해결방법을 존중해서 다루어야 한다. ③ 학생의 아이디어는 가치 있는 것이라는 점을 보여주어야 한다. ④ 학생에게 자기 주도적 학습의 기회와 명예를 제공해야 한다. ⑤ 직접적인 평가를 받는다는 위협없이 학습하고 생각하고 발견하며 표현하는 기회를 마련해 주어야 한다.

III. 창작무용 지도과정

무용을 창작하는데는 두 가지 큰 작업이 있다. 하나는 동작을 만들어 내는 표현 운동을 결정하는 일이고, 또 하나는 공간구성, 시간구성에 의하여 정리하여 가는 형상화의 작업에 이르기까지의 마음의 움직임, 즉 형태로 나타나지 않는 형상화 이전의 작업이다. 이것을 작품의 창작기반이라 한다.

창작하는데 창작할 수 있는 기반이 있어야 하지만 기반이란 결코 준비된 기성의 것도 아니며, 형태로 나타난 것도 아니다. 그것은 새로운 형상을 찾아낼 수 있는 바탕, 즉 '마음의 움직임'이다.

'마음의 움직임', '작품의 창작 기반'은 일정한 과정을 거친다.

먼저 창작자의 심리적 욕구가 있어야 한다. 이것은 무용가로서, 혹은 학생의 입장에서 '무엇인가 표현하고 싶다'는 마음의 문이 열려야 하고, 교사는 이 마음의 문을 열어주기 위해 의도적인 노력을 해야만 한다. 이러한 과정을 쉽게, 혹은 오랜 방황 끝에 작품의 주제를 결정하는 것이다. 작품의 주제를 결정하고, 어떤 대상을 향한 표현적인 관찰 또는 창조성을 동원해서 작품의 스타일, 표현의 추상화 등을 검토하여 작품의 이미지를 만들고, 그 다음에 형상화 단계에 들어가는 것이다. 즉 형상화의 기반이 되는 일관된 사고가 확립되기까지의 단계를 작품의 창작기반이라 한다.

이와 같이 마음의 움직임 과정은 두 단계로 나눌 수 있다. 1단계는 심리적인 욕구가 동기에 의하여 발동됨으로써 정돈된 정신 내용이 되어 작품의 주제가 결정되는 단계까지를 뜻한다. 2단계는 대상을 선정하여 관찰 또는 창조적인 상상을 키워나가는 단계까지를 말한다. 이러한 창작기반은 좋은 작품이 생겨나느냐 그렇지 않느냐의 중요한 단계가 된다.

일반적으로 무용은 신체만을 움직이는 것으로 생각하기 쉬우나, 무용이 신체를 통해 무엇인가 표현하는 예술임을 잊어서는 안 된다. 그리고 반드시 기술적 성장과 함께 창작을 위한 정신적 성숙이 병행되어야 하며, 또 작품 구성을 위한 충분한 사고 과정을 거쳐야 한다. 학교에서 그룹별로 창작자들의 심리적 욕구에서부터 무용 구성이 이루어질 때까지는 깊은 사고 과정은 물론이며, 기발한 아이디어 창출과 그룹 내에 동료들과의 많은 갈등을 이겨내고 화합을 이루어 완성시켜 가는 과정이야말로 교육적인 측면에서 가장 소중한 경험이 될 것이다.

다음은 서울 B고등학교 2학년 창작무용 지도과정의 실제계획표이다〈표 10-1〉.

〈표 10-1〉 창작무용 지도과정

차시	과정	학습내용
1	무용의 의의 및 수업 진행 과정 설명	1) 전학년도의 창작무용 보고서를 본다. 2) 녹화필름을 본다.
2	이동운동(스텝 익히기)	1) 기본적인 스텝(워킹, 투우, 왈츠, 리프, 호핑, 턴) 익히기
3	워킹 스텝의 변형	1) 속도, 방향, 무게, 길이 등을 변형시켜 본다(32박자). 　예) 속도 : 아주 빠르게 걸어보세요 　　　　　아주 느리게 걸어보세요 　　　방향 : 뒤로, 옆으로, 앞으로 비껴 　　　무게 : 무거운 쇠덩이가 발목에 달려 있어요. 어떻게 걸을까요? 　　　길이 : 거인의 보폭으로 걸어보세요. 가장 작은 보폭으로 걸어보세요. 2) 속도와 무게, 방향과 길이 등을 복합적으로 이용하여 걸어본다. 어떤 걸음걸이들이 있을까요?
4	투 스텝의 변형	1) 워킹 스텝의 변형과 같이 한다. 2) 고·저도 함께 변형한다. 　예) 몸의 자세를 높낮이로 조절시킨다. 　　　고+고+고+저, 저+고+저+고

차시	과정	학습내용
5	축 운동(팔동작 익히기)	1) 팔로 취할 수 있는 동작을 만들어 보고 연결시킨다(3·4차시와 연결)
6	동작 구성 요소 설명	1) 면, 방향, 고저, 시간, 인원수의 변화 2) 시간, 공간의 요소 설명
7	즉흥연습 I	1) 음악을 듣고 64박자로 표현하기(군무) 2) 시간적 요인인 음악의 형식 설명
8	즉흥연습 II	1) 소도구(끈,천)를 이용하여 64박자로 표현하기(독무, 군무)
9	즉흥연습 III	1) '대립과 화합'의 주제로 표현한다. '주제'에 대한 의미를 설명한다. 주제없는 즉흥은 내용없이 신체적인 순간적 표현에 불과하다.
10	1) 조편성 2) 제재의 선택	1) 조를 편성한다(음악을 미리 선택) 2) 적합한 제재를 선택(이야기, 상황) 　조 편성에서도 교사의 지혜를 발휘한다. 10개 정도의 음악을 준비하여 들려주고 좋아하는 음악을 조편성, 혹은 생일이 같은 달(날), 좋아하는 색깔 등 조별 특성을 살리고, 이때부터 조별로 창작무용보고서를 기록한다.
11	창작기	1) 주가 되는 움직임을 찾는다(주제 또는 줄거리를 표현 하기 위한 움직임 발견).
12	창작기	1) 주가 되는 움직임에서 동작구성요소(6차시)를 이용하여 변형시킨다.
13	창작기	1) 동작을 구성한다. 움직임을 변형시키고 연결시킨다.
14	창작기	1) 동작이 숙달되도록 연습한다. 전체적인 구성과 floor pattern을 고려하며, 관객의 시야를 의식한다.
15	창작기	1) 음악에 맞춘다.
15	창작기	1) 의상을 준비한다(최대한 있는 것을 그대로 이용한다. 체육복, 교복, 머플러, 셔츠, 소도구 등).
16	발표회 감상	1) 감정을 살려 발표한다(그룹별).
17	평가회	1) 주제의 표현은? 2) 동작의 연결은? 3) 동작의 기능과 숙련도는? 4) 클라이맥스의 표현은? 5) 작품의 효과는?

이러한 지도과정은 초·중·고 모든 연령에 적용될 수 있다. 서울 모 B고교에서는 2학년을 대상으로 〈표 10-1〉의 과정대로 무용 한 학기 교과 과정을 마치고, 학기말 시험(한 학기 동안의 과정이 평가에 많은 비중을 차지하였음)겸 학급별 발표회를 교내 강당에서 실시한 후, 전체 발표회에서는 한 학급에 우수한 작품 1~2편을 모아 교내 선생님과 학부형들을 모신 가운데 발표회를 가졌다.

학기가 끝난 후 학생들의 무용 기록노트들의 줄거리와 학생들의 감상 및 느낌들을 사실 그대로 옮겨본다.

1. 학생노트 기록

제 목	사랑의 종말
주 제	끝없는 사랑
출연자 (9명)	(23) 이미연 (24) 조강혜 (25) 윤진이 (26) 임은진 (31) 이경원 (35) 민애경 (39) 안선희 (56) 윤지희 (57) 임경아
배경음악	관현악(페르시아 시장에서)
소도구	없음
의 상	남—흰색상의, 파란 바지, 파란색 머리띠 여—흰색상의, 흰색치마, 빨간색 머리띠
내용 및 줄거리	두 청춘 남녀의 애틋한 사랑과 부모의 반대 사이에서 빚어지는 갈등과 고뇌를 주요 내용으로 하고 있다. 그리고 그들의 사랑은 죽음으로까지 연결된다. 현대사회의 메마르고 자기중심적인 사랑과는 태초적인 순수하고 아름다운 사랑을 그리고 있다.

	동작 그림	동작 설명
①	(남)	허리에 손을 대고 발을 모은 상태에서 가볍게 상하로 흔든다.(준비동작)
②	(여)	그 다음 음악이 흐를 때 시작(♩ ♩ ♪♪ ♩♩ …) └ 오른발을 뒤꿈치 옆으로 치고 앞꿈치로 왼발 앞을 친다. 두 번 반복 후 오른쪽 옆으로 가볍게 뛴다(왼·오른발 반복).
③	(남) (여)	• 남자는 두 팔을 앞으로 포개고 오른발부터 왼쪽의 대각으로 지그재그로 가볍게 뛴다. • 여자는 남자와 같이 오른쪽의 대각으로 지그재그로 가볍게 뛴다(팔은 허리에).

	동작 그림	동작 설명
④	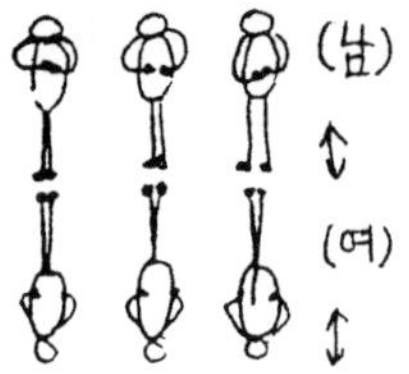 (남) ↕ (여) ↕	③의 동작으로 모인 남녀는 마주본 상태에서 가볍게 뛴다 (오른쪽 왼쪽으로).
⑤		②의 발동작과 같다 (오른쪽·왼쪽을 번갈아가며).
⑥	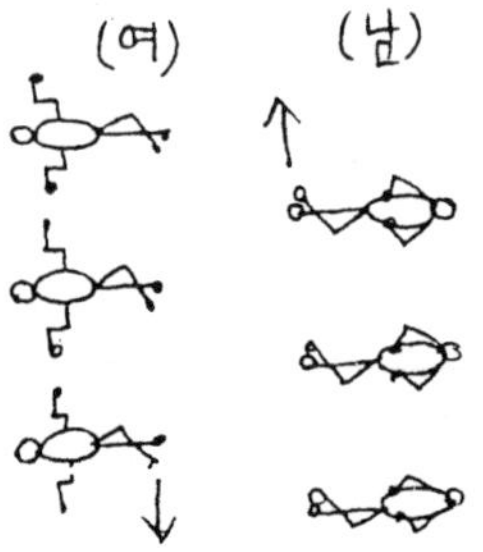 (여) (남) ↑ ↓	• ⑤의 동작으로 대형을 바꾼다(마주본 상태). • 여자는 오른쪽 남자는 왼쪽으로 두보씩 간 후 방향바꾼다 (반복). ※ ⑥의 동작전에 ⑤의 동작으로 대형을 바꿔 마주본 상태에서 남·녀 자리바꾸기(반복 제자리) 
⑦	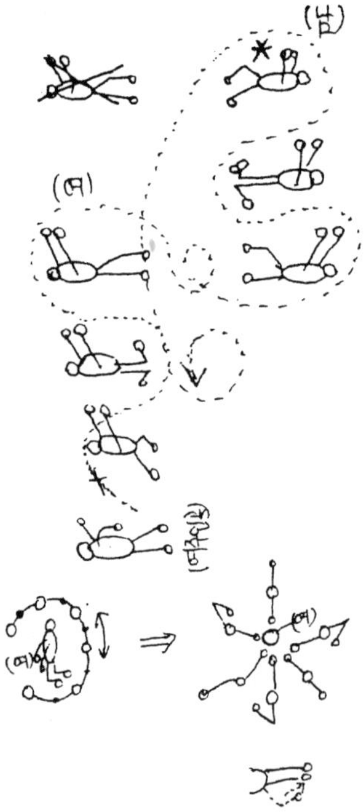 (남) (여) ⇒ (여)	• 그림과 같은 동작에서 여·주 등장. 점선을 따라 팔을 가볍게 좌우로 흔들며 등장. • 표시된 곳에서는 남·녀를 원으로 연결시키기 위해 돌면서 남녀 앞을 지나간다. 이때 남녀는 여·주가 지나갈 때마다 손을 잡아 원을 만든다(단, 관객쪽으로는 약간의 공간을 마련 주인공을 보이기 위함). • 주인공을 중심에 두고 남·녀 원을 만든 후 좌·우로 몸을 움직인다. 주인공은 팔을 왼쪽에 느슨히 놓고 고개도 같이 돌려준다. → 남·녀 그림과 같은 모양으로 손동작을 한다. 발은 한발 앞에 다른발은 앞쪽으로 갈 듯이 놓는다.

	동작 그림	동작 설명
⑧	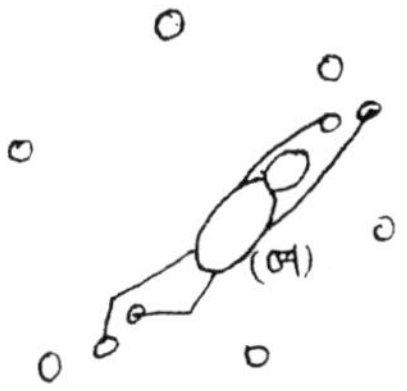	• 주인공을 중심에 두고 남·녀 흩어진다. • 반무릎 꿇은 상태에서 두손을 엇갈아 돌리며 위로 올린다. 여·주 쓰러지고 이때 남·주 등장
⑨	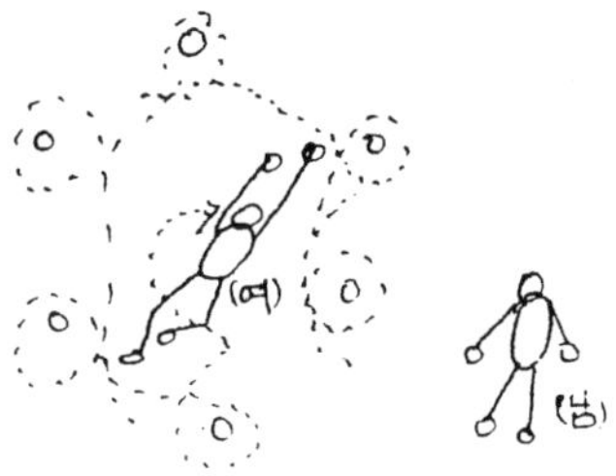	• 남·주 등장하면서 남·녀, 남·주가 지나갈때마다 옆으로 한 사람씩 퍼진다. • 남·주, 여·주를 돌며 살며시 깨운다.
⑩	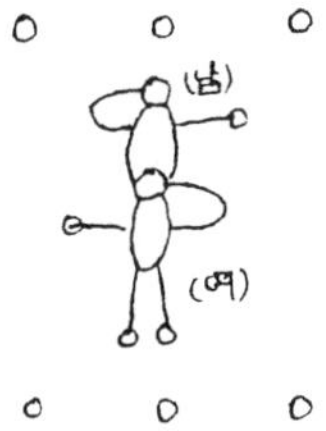	• 남·주, 여·주 등을 맞대고 그림과 같이 양팔을 번갈아 바꾼다. 남·녀 고개를 일제히 한쪽으로 돌린다. • 위의 내용을 반복한 후 그림과 같은 동작으로 등을 맞대고 돈다. 그뒤 제자리에서 여·주, 남·주의 주위를 돈다.
⑪		• 여·주가 남·주의 주위를 돈 후 반대쪽으로 한바퀴 돈다 음 남·주 반대쪽으로 간다. 남·주, 여·주와 같이 한바퀴 돌며 여·주 무릎을 꿇으며 여·주를 쳐다 본다. • 남·녀 각기 동작을 취한다(이 장면은 여·주와 남·주와의 사랑 의 실랑이 장면이므로 남·녀 눈을 돌려 피해주는 동작임).
⑫	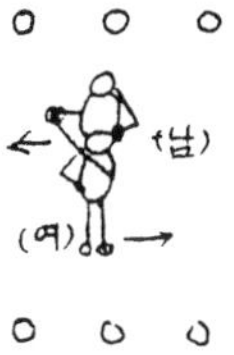	• 남·주, 여·주 마주본다. 한손을 허리에 한손을 대각으로 잡고 발을 한발씩 앞을 친다. • 다음 남·주는 왼쪽, 여·주는 오른쪽으로 돌면서 마지막에 박수를 친다(교태로). 팔을 앞으로 포개며 어깨를 흔든다.

	동작 그림	동작 설명
⑬		• 남·녀 무대를 향해 반원을 만든다. • 여·주, 남·주 마주보며 한쪽팔은 허리에 한쪽 팔은 손바닥을 서로 스치며 좌우로 반원을 그린다(헤어짐이 가까와 오자 안타까워하는 장면).
⑭		• 남·주, 여·주 헤어짐(서로 놓치기 싫어함). 아버지(여·주)의 등장하여 여·주의 팔을 끈다. 서로 손을 놓치지 않으려한다. 그러나 놓친다. • 남·주는 놓친 손을 땅에 대고 무릎으로 기며 뒤로 감. 여·주도 몸을 약간 숙여가며 무대 구석으로 간다.
⑮		• 남·주, 여·주 구석으로 가서로 괴로워 한다. 무릎을 반쯤 구부린 상태에서 팔동작을 자유롭게. • 표정을 아주 괴롭게 짓다.
⑯		• 남·주 무릎을 꿇고 무대중앙으로 돈다. • 여·주 빠른 속도로 돌며 남·주 앞에앉는다. • 팔은 양쪽으로 뻗고 고개를 좌우로 괴롭게 돌린다. • 남·녀 고개를 들어 천천히 좌우로 돌린다.
⑰		• 남·주, 여·주 고개를 돌리다가 여·주는 오른쪽, 남·주는 왼쪽으로 고정시킨다(머리를 늘어뜨림). • "꽝"하는 음악소리와 함께 여·주는 오른쪽, 남·주는 왼쪽으로 힘차게 쓰러진다. • 남·녀도 힘없게 한쪽으로 고개를 떨어뜨림.

2. 학생 소감

김애경 : 선생님께서 가르쳐 주시는 무용만을 쉽게 따라하다가 막상 동작을 만들려고 하니 정말이지 잘되지 않았다. 짧은 시간 동안 고민을 많이 해서인지 각자 짜증도 많았다. 그러나 마지막으로 무용이 완성되었을 때 그 기분이란 해보지 못한 사람은 알지 못할 것이다. 무지개 위로 걸어가는 느낌이었으니까 말이다. 한 페이지의 추억이 생기게 되어 더없이 기쁘다.

이진이 : 힘들기도 했으나 단체에서의 "나"라는 의미를 강조하기 보다 전체 속에 내가 잘 조화시켜 나가야 한다는 것을 배워 보람있었다.

박선희 : 한마디로 힘들었다. 예술적인 감각 표현이 평상시의 생각과는 달리 무척 까다

창작무용 : 모여서 상의

로웠다. 연습하는 동안 애들과 마찰도 생겼지만 그러는 동안 더욱 친해질 수 있었다. 창작무용 준비기간 많은 것을 배울 수 있었던 것같다. 첫째는 단체 행동이니 만큼 협동을 요구하므로 '우리'라는 개념을 먼저 생각해야 한다는 것이고, 둘째는 다른 사람을 이끌어 간다는 것이 얼마나 힘든지 새삼 느끼게 되었다. 한가지 후회스러웠던 것은 준비기간 동안 너무 성의없이 시간을 보내 제대로 준비하지 못한 점이다. 다음에 기회가 오면 그때는 정말 열심히 잘 할 수 있을 것 같다. 무용준비에 참여한 친구들에게 '고맙다'는 말을 전하고 싶다. 참으로 좋은 기회였다.

학생들의 무용노트에는 작품의 도해와 설명이 몇 장씩 기록되어 있다〈그림 10-1〉. 각 조에 따라 약간의 차이는 있지만 객관적인 시각에 동작을 이해하고 순서를 익힐 수 있을 정도로 상세히 기록되어 있었다.

발표후 학생들의 느낌을 보면, 창작과정 중에 무용교육의 교육적 가치가 잘 나타나고 있음을 알 수 있다.

〈표 10-1〉의 창작무용 지도과정은 초·중·고등 무용 교과과정에 공히 적용될 수 있다. 단, 학생들의 수준에 따라 적절한 방법을 동원해야 할 것이고 그들의 신체적·정신적인 발달의 정도를 고려하여 동기화(mo-tivation)를 잘 시켜야 할 것이다. 즉, 학생들이 호응할 수 있는 음악과 그들의 수준에서 쉽게 설득할 수 있는 주제를 제공하는 것이 바람직하다.

IV. 창작무용을 위한 수업모델

5장에서 창조성의 개념과 창조성과 무용교육에 관하여 논의하였다.

예술무용에서 요구되는 것이 창조된 것이라면, 무용교육에서는 무용창작에 이르는 과정(process)을 통하여 인간의 창조성을 흔들어 깨우고, 훌륭한 인격을 형성해 가도록 하는 것이 목표이다.

학교에서의 무용은 전인적 성정을 가능하게 하는 중요한 기능을 분담하고 있다. 그러므로 무용 수업시간은 창의적으로 자신을 표현해 보는 활동의 장이어야 하며, 창작과정을 중시하는 창의적 학습형태로 이루어져야 한다.

창작무용의 단계적 수업을 위해서는,
① 자신의 신체를 파악하고, 자신의 신체는 무용을 표현하기 위한 어떤 도구이며 어떻게 표현할 수 있는지를 이해해야 한다.
② 자신의 신체와 상대(사람, 사물)와의 관계를 이해해야 한다.
③ 외부적 혹은 내부적 자극에 의한 즉흥(improvisation)이 이루어져야 한다.
④ 즉흥적으로 표현된 동작이 이미지(imagination)화 되어야 한다.
⑤ 이미지화 된 동작 표현들은 그 이미지가 흐려지지 않도록 주의를 기울이면서 순서 있게 엮어져(이때 무용구성법들이 참조되어) 창작무용에 이르게 된다.
⑥ 완성된 창작무용은 수업시간 중에 분단별, 혹은 개인별 발표 기회를 마련하여 사기를 북돋워 주고 표현의 기쁨을 만끽하게 한다. 물론 무용교육 지도의 원리는 무용의 창작과정(process)이지만, 학교 환경이 주어진다면 교내행사, 혹은 특별활동 행사 중에 발표할 기회가 주어진다면 더욱 좋은 경험을 부여해 줄 수 있을 것이다.

다음은 초·중·고 학생들 뿐만 아니라 모든 연령층에 적용할 수 있는 창작무용의 단계적 수업 모델이다(김화숙, 1989).

〈표 10-2〉 창작무용의 단계적 수업모델

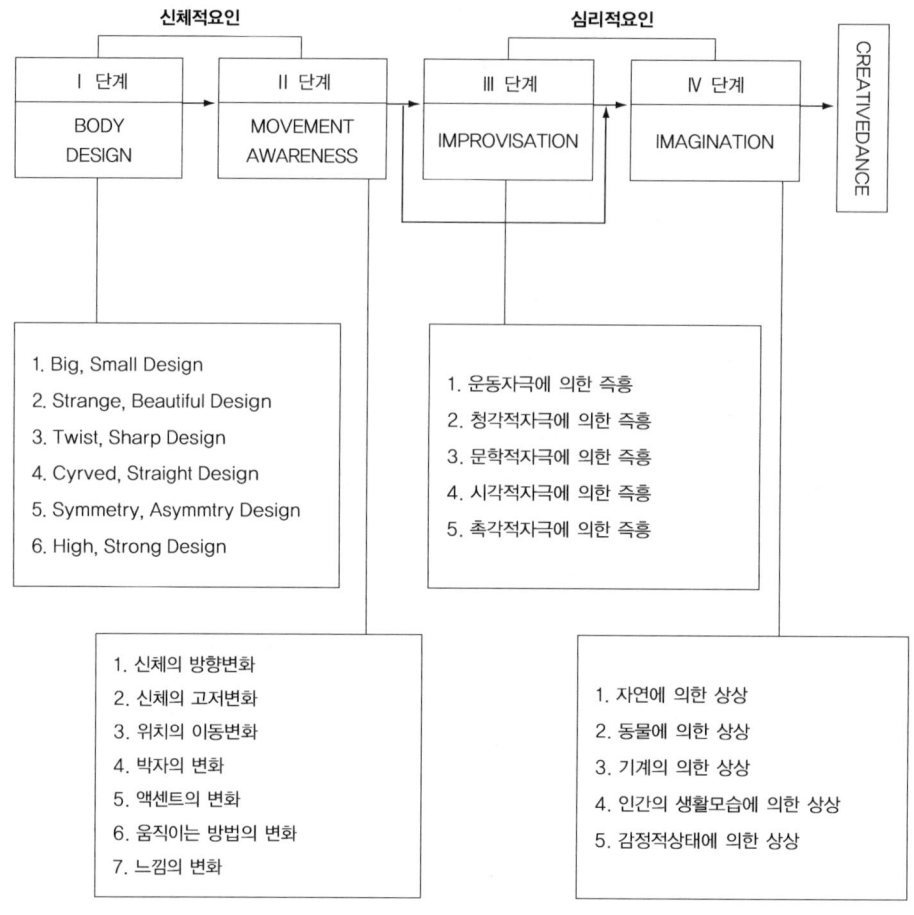

V. 창작무용의 평가차원

　창작무용의 지도과정 〈표 10-1〉을 보면 동작의 구성요소를 이해하고 난 후 실제적인 창작의 기점이 될 수 있는 것이 즉흥이다.
　무용은 인간의 신체가 도구이며 그 표현은 신체의 움직임으로 이루어지는 것이다. 이러한 신체동작의 기본요소는 우리의 일상생활에서 항시 사용되고 있다. 예를들어 높은 곳에 있는 물건을 내릴 때 몸을 높게 뻗치게 되고, 무거운 가방을 들 때 몸이 기울어지며

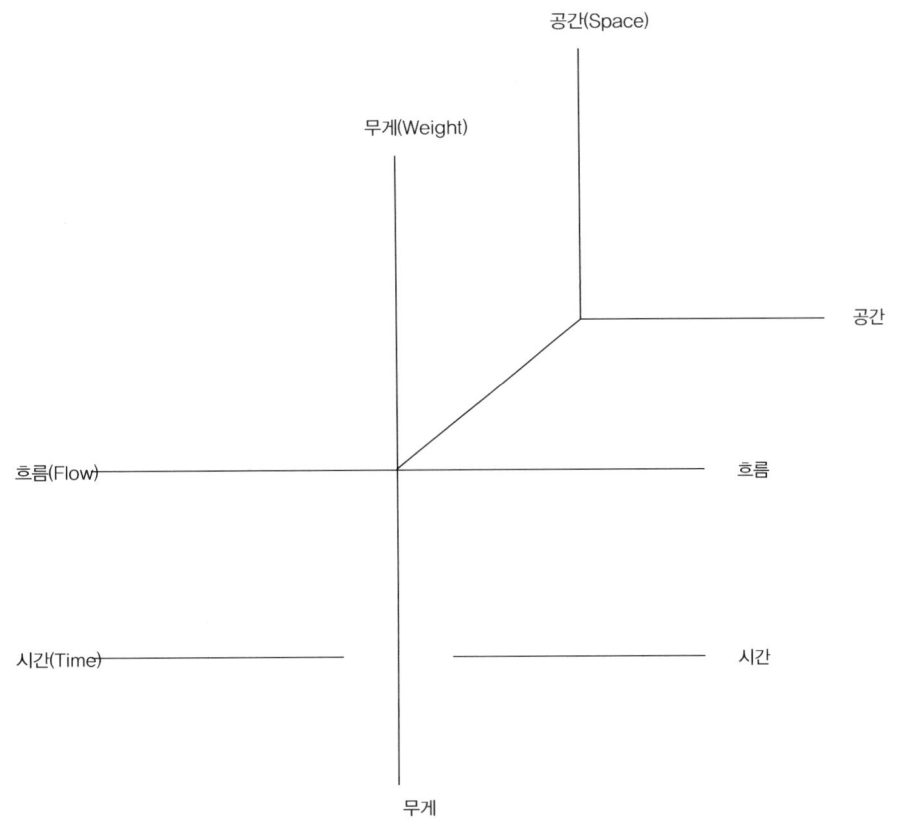

〈그림 10-2〉 The effort graph

힘을 쏟게 되고, 물이 가득 담긴 그릇을 옮길 때 신체의 균형을 잡게 된다.

라반(Rudolf von Laban)은 이러한 움직임에 필요한 요소를 무게, 시간, 공간 그리고 흐름으로 보고 이 4가지 요소를 수평과 수직의 필법으로 The effort graph를 그렸다〈그림 10-2〉.

그러나 무용즉흥은 동작의 요소만으로 이루어지는 것은 아니며 동작의 요소에다 창의적인 표현이 더욱 요구된다. 동작의 표현은 신체적 요인과 시간적 요인에 의해 복합적으로 구성된다. 즉 신체적 요인이란 신체의 부위와 면, 운동의 종류, 안면의 표정 등이 있고, 공간적 요인에는 이동의 방향, 경로, 고저, 부피 등이 있으며, 시간적 요인에는 템포, 리듬, 박자 등이 있고, 전체적인 흐름이란 동작의 연결과 구성의 조화이다.

그 중에서도 감성을 표현하는 주체는 어디까지나 신체이며, 이러한 신체의 부위와 면과 높이의 표현성 등 신체를 소재로 움직이는 운동에는 걷고, 달리고, 높이 뛰어가는 간단한 기본적 이동운동과 굴신, 파동에 의한 비이동 운동이 있다. 박수를 치거나 신체의 일부분을 사용하는 운동, 눕고 일어나는 등의 전신 운동 등은 특히 어린이들 특유의 표현성을 가지고 있다.

그 밖에도 좀 더 심도있는 차원에서는 동작의 성질과 종류에 따른 스윙(swing) 지속, 진동, 부유(浮游) 등이 있으며 공간의 구도에는 평면, 깊이, 수직, 수평, 대립, 단순, 정적, 곡선, 각, 나선, 고도, 중위, 저, 연장, 암시, 지연 등의 고도의 표현성이 무용창작의 과정에서 표현되고 있다. 그러나 연령과 수준에 따라 그 차원의 정도가 달라진다. 어린이의 경우 즉흥적 동작 표현은 단순하며 기초적이지만 어른들이 상상할 수 없는 창의적인 움직임을 표현할 수도 있다.

미네소타 센타에서 예술교육을 연구하는 여러 학자들은 무용교육을 위한 국가적 기준틀에 기초하여 무용학습의 목적과 교수목표 간의 관계를 도식화하였다(그림 10-3).

미네소타 센타에서 예술교육을 연구하는 여러학자들은 〈그림 10-3〉에 나타난 목적, 결

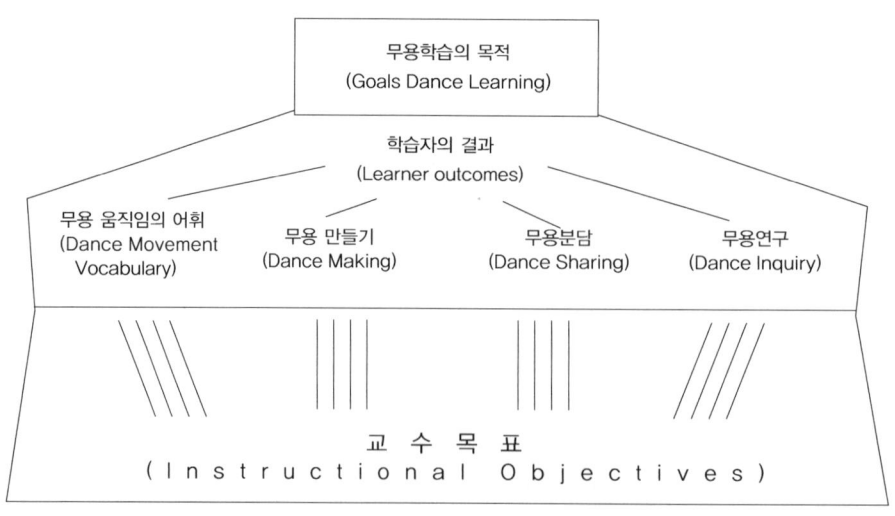

〈그림 10-3〉 학습자의 목적, 결과와 교수목표
(Minnesota Center for Arts Education, 1993:137)

〈표 10-3〉 무용학습결과에 대한 평가 시스템(Minnesota Center for Arts Education, 1993)

평가기준 \ 평가내용	무용움직임 어휘 Dance movement Vocabulary	무용만들기 Dance Making	무용분담 Dance Sharing	무용연구 Dance Inquiry
알다 (Know)				
행하다 (Do)				
감상하다 (Value)				
창작하다 (Create)				

과 그리고 교수목표는 폭넓게 그리고 다양한 무용 경험을 한 K-12등급의 학생들의 학습을 기술하는데 적용할 작정이다.

〈표 10-3〉에 나타난 "Know, Do, Value, Creat" 시스템을 사용하는 교사들은 무용교과 영역뿐만 아니라 각각의 학습결과 범주에 따라 질문하고 평가할 수 있어야 한다.

이러한 점 등을 감안하여 이희선(1985)은 초등학교 저학년을 대상으로 한 즉흥적 표현의 평가차원〈표 10-4〉와 평가표〈표 10-5〉를 개발하였다.

단 이 평가표는 청각적 자극에 의한 즉흥적 표현을 측정하기 위한 기준표이다.

무용 창작은 즉흥의 과정을 거쳐 이루어진다. 학생들이 창작한 창작능력 평가는 즉흥의 평가 기준만으로는 부족하다. 창작무용에서의 평가관점 및 척도는 구성의 미학적 원칙과 무용평가를 위한 이론적 기초를 토대로 작성되어야 한다.

무용에서 구성의 미학적 원칙은 대비(contrast), 반복(repetition), 이행(transition), 조화(harmony)로 미의 일반적 원리에 시간과 공간예술이라는 무용의 특성을 포함하고 있다(Hayes, 1955). 터너(M, Turner, 1971)는 무용 평가의 원리를 연속성, 다양성, 독창성, 동작의 구성요소, 리듬조직 관계로 구분하였으며, 스미스(J, Smith, 1986)는 무용의 전체성, 연속성, 다양성, 통일성, 의외성, 독창성, 움직임의 내용, 형식, 구성 요소로 구분하였다. 〈표 10-6〉은 여자 중학생들이 창작한 무용작품의 창작능력 평가를 위하여 구성한 평가기준표이다(김화숙, 1989).

〈표 10-4〉 즉흥적 표현의 평가차원(초등학교, 저학년용)(이희선, 1985)

요인	평가관점

신체동작의 창의성	1. 창의적인 동작
	   자기 나름대로의 느낌을 자신있는 동작으로 몇번 표현되는가?
	2. 동작의 다양성
	   표현되는 동작을 가지수로 세어본다.
	3. 안면표정도 고려한다.

공간의 활용성	1. 전후, 좌우의 이동이 있는가? 2. 회전 대각선의 이동이 있는가? 3. 뜀뛰기, 앉았다 일어나기 등 고저가 있는가?
시간의 표현정	1. 박자의 강약에 호흡이 맞는가? 2. 음악의 리듬과 동작의 일치성은 어느 정도인가?
구성(흐름)	1. 전체적으로 동작 연결이 자연스러우며 흐름이 있는가? 2. 동작이 연속적인가? 3. 음악이 있는 동안 동작이 몇번 끊어지는가 회수로 세어본다.

〈표 10-5〉 즉흥적 무용표현의 평가표(이희선, 1985)

평가자 (인)

요인	평가관점	5 아주 그렇다	4 그렇다	3 보통이다	2 아니다	1 아주 아니다	총점
신체동작의 창의성	1. 특이한 동작이 있다.						
	2. 동작의 변화가 다양하다.						30
	3. 안면에 표정이 있다.						
공간의 활용성	1. 전후좌우 방향의 이동이 있다.						
	2. 상하의 이동이 있다.						30
	3. 곡선의 이동이 있다.						
시간의 표현정	1. 동작이 4박자 음악에 적응된다.						
	2. 움직임에 강약이 있다.						30
	3. 동작이 음악의 빠르기와 어울린다.						
구성(흐름)	1. 동작연결이 자연스럽고 연속이다.						10
총점							100

〈표 10-6〉 무용에서 창의성에 대한 평가기준(김화숙, 1989)

		평가관점	평가	척도	점수
1	독창성 (I)	아이디어 (Idea)	평범하다	├─┼─┼─┼─┤ 보통 1　　3　　5 아이디어가 매우 기발하다	20
		참신성 (Freshness)	진부하다	├─┼─┼─┼─┤ 매우 새롭다	
		상상력 (Imagination)	빈약하다	├─┼─┼─┼─┤ 상상력이 풍부하다	
		동작개발 (Movement Creation)	없다	├─┼─┼─┼─┤ 특이한 동작이 개발되었다	
2	다양성 (V)	변화 (Variation)	없다	├─┼─┼─┼─┤ 보통 1　　3　　5 변화가 많다	20
		흥미 (Interest)	없다	├─┼─┼─┼─┤ 흥미롭다	
		종류 (Kind)	다양하지 않다	├─┼─┼─┼─┤ 종류가 다양하다	
		대비 (Conterest)	없다	├─┼─┼─┼─┤ 대비가 있다	
3	표현력 (E)	적합성 (Suitability)	적합하지 않다	├─┼─┼─┼─┤ 보통 1　　3　　5 표현이 주제에 적합하다	20
		전달 (Communication)	전달되지 않았다	├─┼─┼─┼─┤ 무용의도가 전달되었다	
		감정 (Emotion)	없다	├─┼─┼─┼─┤ 감정이 매우 풍부하다	
		적절 (Climax)	없다	├─┼─┼─┼─┤ 적절한 클라이막스가 있다	
4	구성력 (C)	리듬패턴 (Rhythem pattern)	없다	├─┼─┼─┼─┤ 보통 1　　3　　5 리듬감이 매우 풍부하다	20
		조화 (Harmony)	이루어지지 않았다.	├─┼─┼─┼─┤ 조화가 이루어졌다	
		공간감 (Sense of space)	빈약하다	├─┼─┼─┼─┤ 공간감이 매우 풍부하다	
		통일감 (Unity)	없다	├─┼─┼─┼─┤ 통일감이 있다	
5	연속성 (S)	동작연결 (Movement Sequency)	어색하다	├─┼─┼─┼─┤ 보통 1　　3　　5 동작이 매끄럽다	20
		이행 (Transition)	자연스럽지 않다	├─┼─┼─┼─┤ 부분과 부분의 연결이 자연스럽다	
		쉼 (Pause)	무리하다	├─┼─┼─┼─┤ 쉼이 필요한 곳에 행해졌다	
		흐름 (Flow)	끊어진다	├─┼─┼─┼─┤ 전체적인 흐름이 있다	
	총 점				100

제3부

학교별 무용교육과 교수법

제11장 유아무용교육과 지도 | **제12장** 초등무용교육과 지도 | **제13장** 중등무용교육과 지도 | **제14장** 대학무용교육과 지도

제11장 유아무용교육과 지도

Ⅰ. 유아무용교육의 특성

 선생님의 동작을 단순히 따라서 하는 모방행위는 어른의 마음에 비친 느낌을 표현하는 것 일 뿐, 어린이 스스로의 생각을 나타내는 것은 아니다. 유아 스스로 생각함이 없이는 상상력과 지능이 발달할 수 없고, 그 생각을 스스로 표현함이 없이는 표현력과 전달력이 향상할 수 없는 것이다. 아동은 상상력이 풍부하기 때문에 아동과 친근한 현실적 혹은 비현실적 문제를 체계적으로 지도해 준다면 창조적 행동에 많은 도움이 되리라 생각된다. 생각과 진행이 발달한 어른들은 글을 쓰거나 그림을 그리거나 작곡 일을 하는 등 여러 가지 방법으로 자기 자신의 생각을 드러내지만 생각이 미숙하고 말과 글이 서투른 유아기에는 머리를 써서 무엇인가를 만들어 내기보다는 먼저 몸의 움직임을 통해 자기를 나타내고자 한다. 무용을 통해 자기의 생각과 느낌을 자유로이 나타냄으로써 유아들은 감수성과 상상력이 풍부해지고 몸놀림으로 솔직하게 표현함으로써 신체가 발달하며 또한 다른 사람에게 전달할 수 있는 표현력이 향상되는 한편 각자가 나름대로 표현하며 개인적인 창의력이 길러지게 된다.

 즉, 모방이 아닌 창조적 학습이 되도록 지도해야 한다는 것이다. 어린이들에게 탐색하고 실험할 수 있도록 기회를 제공해야 하며 지도자는 융통성과 인내심을 가지고 어린이에게 충분한 기회와 시간적 여유를 주어 스스로 생각하고 느끼도록 해주어야 한다. 제시하고 질문하는 형식을 통해 문제해결의 상황을 만들어 줌으로 해서 탐색의 기회를 주어야 한다. 어느 한 가지 동작을 끝냈을 때, 그 움직임을 말로 표현해 주고 몸의 각 부분에 관해서 분명한 어휘로 언어화시켜 주어야 한다. 이렇게 함으로써 어린이의 실제 활동을 추상화시키는데 도움을 줄 수 있기 때문이다.

 유아의 전인적 성장을 위한 세분화된 목표를 보면,

 ① 자신의 몸을 다양하게 움직여보는 가운데 공간지각, 신체지각, 방향지각, 시간 지각

등의 지각 운동 능력이 향상된다.

② 무용을 통해서 어린이들의 언어능력 발달을 촉진시킬 수 있다. 무용 활동에 관계되는 다양한 어휘를 익힐 수 있게 된다.

③ 자유롭게 동물, 곤충 등의 움직임을 표현하면서 그들의 특징을 파악할 수 있으며 자연현상에 대한 개념에 싹을 틔우게 된다.

④ 수 세기, 크기, 형태, 분류, 비교 등의 기본적인 인지개념을 학습할 수 있다.

⑤ 친구들과 함께 율동을 하면서 가족이라는 제한된 울타리에서는 볼 수 없었던 사회적 협응력 같은 것을 배우게 된다.

⑥ 자유자재로 자신을 표현하는 어린이는 어느새 긍정적인 자아를 형성할 것이다.

⑦ 예술적 감각을 고취시킬 수 있다.

교육목표는 교사들에 의해 분명히 제시되어야 하며, 유아의 새로운 아이디어를 받아들이면서 적절한 때에 질문을 하고 개념을 언어화 해 봄으로써 초점을 맞추어야 한다고 생각된다. 그러므로 유아들마다 똑같은 수준에 이르도록 강요해서는 안되고 개인차에 따른 다양한 활동을 제공하고 결과보다는 과정을 중시해서 지도해야 할 것이다.

II. 유아무용교육과정 내용

유아 무용교육의 실제 내용을 보면 준비단계, 개인활동 단계, 그룹활동 단계, 정리 단계의 4단계로 구분된다.

준비단계는 유아의 신체적, 정신적, 사회적 정서를 토대로 자유로운 분위기를 조성하고 흥미유발을 도와줄 수 있는 동작으로 구성된다.

개인활동 단계에서는 창의적 신체표현 발달을 위한 활동단계로 유아들의 정서에 맞는 여러 가지 동물들에 관한 그림이나 사진을 보면서 생김새, 먹이, 울음소리 등 동물들의 모습을 상상해보게 하고, 동작에 규제를 두지 않고 자유롭게 표현하도록 한 다음 음악에 맞추어 각자 한가지 동물을 정하여 표현해 보도록 한다. 이 단계는 자아개념을 발달시키

〈표 11-1〉 신체표현발달의 지도방법 6단계(김경희, 2007)

단계	지도 방법
1단계	따라하기(모방하기)
2단계	흉내내기(가정, 의인화, 유창성, 융통성)
3단계	나타내기 중 묘사적 단계(정교성, 민감성)
4단계	나타내기 중 창의적 단계(독창성, 창의성)
5단계	함께 만들어 춤추기(그룹활동, 구성원간의 상호작용),-소도구 활용을 통하여 흥미를 유발할 수 있다.
6단계	감상하기(정리단계)

〈표 11-2〉 2007 개정 유치원 교육과정 목표와 내용

구분	과목명		평가관점	
유치원	생활영역	건강생활	(가) 다양한 신체활동과 감각경험을 통하여 자신의 신체와 주변세계를 인식하는데 필요한 기초 능력을 기른다 (나) 신체활동에 활발하게 참여함으로써 기본적인 운동능력을 기르고 기초체력을 증진한다 (다) 건강하고 안전한 생활습관을 가진다 (라) 신체활동에 즐겁게 참여함으로써 건강한 정신을 기른다	(가) 감각 및 신체인식 ① 감각기관 활용하기 ② 신체를 인식하고 움직이기 (나) 기본운동능력 ① 이동 ② 비이동 ③ 조작운동하기 ④ 신체활동에 참여하기 (다) 건강 ① 적절히 휴식하기 ② 즐겁게 생활하기
		표현생활	(가) 자연과 사물의 예술적 요소들을 탐색함으로써 호기심을 기른다 (나) 다양한 활동을 통해 생각과 느낌을 표현함으로써 창의적 표현능력을 기르고 정서적 안정감을 가진다 (다) 자연과 사물 및 다양한 작품들을 감상함으로써 풍부한 감성과 심미감을 기른다	(가) 탐색 ① 움직임 탐색하기 (나) 표현 ① 동작으로 표현하기 ② 통합적으로 표현하기 (다) 감상 ① 춤 감상하기 ② 예술적 표현 존중하기 ③ 전통예술에 친숙해지기

고 창의적 사고와 상징적 표현을 할 수 있는 능력을 기르는 것이다.

그룹활동 단계에서는 개인별 활동단계에서의 개인별 자유로운 동작 표현에서 좀 더 발전된 단계로서 구성원간의 상호작용에 초점을 맞추어 그룹 활동을 실시하는 동안에 사회성을 배우게 된다. 이 때 소도구 활용을 통하여 흥미를 유발시킬 수 있다.

정리단계는 마지막 단계이다. 음악에 맞추어 동적인 방법보다 가볍게 움직이고 움직

<표 11-3> 유아 무용교육 응용영역 활동의 예(2007 개정 교육과정 표현생활영역 중 '예술적 표현즐기기')

목표	내용	
	I	II
움직임과 춤으로 표현하기	신체를 이용하여 자기표현과 의사소통 하기-신체 각 부분의 이름과 위치 알기. 신체 각 부분을 다르게 움직이거나 몸 전체를 움직이는 표현하기	자신의 신체를 이용하여 주변의 여러 가지 모양과 움직임 따라하기-이동, 비이동, 도구를 이용하여 움직이기
통합적으로 표현하기	음악과 신체의 움직임을 연결하는 것-손뼉이나 리듬 막대 등의 소리에 맞추어 리듬을 인식하며 동작을 하는 활동하기	

임의 강도를 서서히 줄여가면서 처음의 효과적이며, 지속적인 호흡작용으로 신체를 와화시켜주는데 도움이 된다. 또한 정리단계를 통해 근육통이나 근경직 등의 상해를 예방해 준다.

<표 11-1>은 신체표현발달의 6단계 지도방법을 나타낸다. 1단계는 가장 기초적인 '따라하기'이며, 흉내내기, 묘사하기, 창조하기, 감상하기로 이어진다.

유치원 교육과정은 건강생활, 언어생활, 사회생활, 표현생활, 탐구생활 5개 생활역역으로 구성되어 있다. <표 11-2>는 무용과 밀접하게 관련된 건강, 표현, 생활영역의 목표와 내용이다.

신체 활동을 응용영역에서 다루어 볼 수 있는 활동의 예를 <표 11-3>과 같이 정리하였다.

제12장 초등무용교육과 지도

I. 초등무용교육의 특성

1. 초등교육에서의 무용

초등무용교육은 일반적으로 가장 왕성한 인격 형성기에 있는 아동들의 성장 발달에 크게 공헌하는 신체적, 사회적 그리고 창의적인 가치를 지니는 것으로 주목되고 있다. 아동들은 만약 그들이 생물학적 발달이 정상적으로 이루어지고 있다면 끝없이 움직이고 싶어 한다. 운동학습은 발달의 모든 면과 학교생활에 관련되는 인격 형성을 위한 중요한 수단이 되는 것으로 인식되고 있다.

돈 라들러(Don Radler)와 뉴웰 케파트(Newell Kephart)는 초등교육의 과정에서는 운동발달(motor development)을 중심과제로 보았다. 이것은 자신의 신체를 제어할 수 있

초등무용

는 능력의 기반일 뿐만 아니라, 움직임의 경험은 두뇌에 의해서 입력(in put)되고 또한 다른 움직임을 생성(out put)하게 한다는 것이다.

즉, 신체의 움직임을 제어하고 숙련하는 것은 신체적·정신적 발달뿐만 아니라 감정적인 발달에도 영향을 미치는 것으로 믿고 있었다. 루스 머레이(Ruth Murray)는 자기 신체의 제어는 일반적으로 자기 제어(self control)가 시작되는 것을 의미한다고 하였다.

어린이들은 자신의 신체를 제어함으로써 자기 자신을 보다 잘 이해하게 되고 자기 자신의 활동에 대한 신뢰도가 높아지고 그의 환경을 의미있게 통제할 수 있다.

초등학교에서 실제적으로 제공되어야 할 무용형식은 어떤 것인가? 이 질문에 대하여 아서 밀러(Arthur Miller)와 버지니아 휘트컴(Virginia Whitcomb)은 초등 무용교육에서 학습되어야 할 요인들은 세 가지가 있다고 시사하였다.

첫째, 움직임의 기본과 변화를 학습한다. 여기에는 기본적인 이동운동(locomotor)와 비이동운동(nonlocomotor)이 있으며 또한 이것을 결합한 것, 즉 여러가지 리듬, 템포, 플로아 패턴을 학습하고 분단연습 등을 한다.

둘째, 창의적인 리듬과 무용을 학습한다. 이것은 어린이들이 무용 움직임을 창작하거나 실제적인 무용을 통하여 창의적인 표현 속에서 기본적인 움직임을 확장한다. 이러한 무용은 음악, 타악기의 반주, 이야기 줄거리, 노래, 그림, 시와 같은 자극에 대하여 분위기, 색조, 느낌 등을 판토마임적으로 반응하며 표현한다. 가장 단순한 수준은 그러한 자극에 자유롭게 움직일 수 있는 것이고 보다 발전된 단계는 보다 깊게 사고(thinking)하여 무용의 문제들을 해결하는 개인적 혹은 집단적 구성을 수반할 수 있다.

셋째, 미국의 민속무용과 노래게임, 다른 나라의 민속무용들을 학습한다. 이것은 서클, 라인, 스퀘어, 3인조 등의 여러 가지 대형에서 수행한다.

루스 머레이(Ruth Murray)는 초등 무용교육에서 경험해야 할 주요한 4가지 범주를 제시하였다. 즉, 창의적인 동작과 동작기술, 리듬적 기술(기초적인 음악적 이해와 리듬적 적응력에 관계되는 것), 독창적인 개인 또는 그룹 무용의 개발, 노래게임, 포크 댄스와 스퀘어 댄스와 같은 무용학습으로 무용교육의 4가지 범주를 규명하였다. 그녀는 연령과 아동의 사고수준을 고려해야 할 것을 강조하였다.

머레이(Murray)는 첫째, 창작적인 움직임과 움직임 기술 학습을 따로 구별하지 않았다. 대신에 움직임의 기본적인 기술은 아마도 창의적인 방법을 학습할 수 있을 것이라는 것이 그녀의 분명한 견해였다. 둘째, 어린이들에게 이러한 범주에서 무용경험이 많이 주어질 것을 강조하였다.

많은 아동들 특히 소녀들은 교외활동으로 발레와 현대무용을 학습할 수 있는 시기이다. 학교에서 '창의적인 리드믹 활동'을 하고 있는 것은 그들에게 너무 단순하고 어린애 같은 것이다. 소년들과 함께, 만약 교사가 남성적이며 신체적으로 도전적인 주제를 소개할 수 있는 현명함이 없다면, 대안을 빨리 마련해야 한다.

이러한 이유들 때문에 초등학교 무용활동을 지도하려면 전문적인 지식이 있어야 한다. 상급학년의 교사는 시범을 보일 수 있어야 하고, warm-up, stretch, bend, swaying movement, 그리고 신체의 각 부분들을 위한 운동, 유연성, 근력 협응을 위한 운동들을 아동들에게 지도할 수 있어야 한다.

그러면 과연 초등학교의 무용은 누가 가르치고 있으며 그러한 프로그램들은 어떻게 보급되고 있는가? 저학년에서는 일반적으로 '리듬 활동'을 가르치고 있다.

소녀들을 위한 상급학년의 무용활동은 창의적인 무용형식을 재구성하는 경향이 있고, 경우에 따라 창작무용 혹은 현대무용이 교수되고 있다. 이것은 일반적으로 체육교사에 의해서 교수되고 창의적이고 표현적인 내용보다는 운동 또는 기술 훈련에 접근하는 경향이 있다. 대부분의 경우, 초등학교의 체육 교사는 일반적인 수준이며 얼마간의 한정된 현대무용의 배경을 가지고 있다.

많은 저서에서 무용은 하나의 단일 교육적 경험으로 나타나지 않았으며, 체육활동의 한 형식으로 포함되어져 있다. 빌터 다우어(Victor Dauer)와 로버트 판그라지(Robert Pangrazi)는 무용과 같은 활동으로 '움직임 교육', '창의적인 놀이', '리듬 활동' 등을 독립된 장에 포함하였다. 최근 몇 권의 교과서 중에는 엘시 카터 버튼(Elsie Carter Burton)이 쓴 《초등학생을 위한 새로운 체육교육(The New Physical Education for Elementary School Children)》에는 움직임 교육을 미국 체육교육에서 가장 중요한 것으로 역점을 두었다.

케이트 바레트(Kate Barrett)는 라반(Laban)의 연구에 기초하여 움직임 교육에서의 본질을

① 신체의 인지
② 무게와 시간의 인지
③ 공간의 인지
④ 움직임의 흐름의 인지
⑤ 파트너와 소규모 그룹에 대한 적응력의 인지
⑥ 집단 속에서 신체의 인지
⑦ 기본적인 에포트 활동에 대한 인지로서 주제의 점진적인 연속성을 확인하였다.

라반은 이것을 그의 책《현대무용교육》에서 '운동 테마(movement themes)'라고 하였다. 대부분의 경우, 초등학교 체육은 무용교육의 의미있는 정도를 제공하지 못하였다. 그러나 이것은 이 연령의 어린이들이 예술적 표현의 형식으로서 무용을 경험할 수 없었다는 것을 의미하는 것은 아니다. 이 분야에 특히 관심있는 사람들은 개인 무용학원이나 스튜디오에서 무용 훈련을 받았다. 사회가 성장함에 따라 학교는 제도적으로 특별활동에 관심을 갖게 되었고 다른 후원단체와 협력하게 되었다.

초등학교 무용교육이 필요한 이유를 요약하여 설명하면 다음과 같다.

첫째, 무용교육을 통하여 감성적 지성과 이성적 지성이 분리되지 않고 균형잡힌 인간으로 성장하게 된다. 신체, 음, 색, 이미지를 통한 다각적 인지 능력을 기른다.

둘째, 무용교육을 통하여 감성을 연결하고 교합할 줄 아는 창조적 인간으로 성장하게 된. 개성 존중을 기반으로 한 상상력과 창의성 개발에 기여한다.

셋째, 무용교육을 통하여 자신과 다른 사고와 행동을 이해하는 문화시민으로 성장하게 된다. 문화적 능력을 향상한다(한국무용교육학회, 2004).

초등학교 무용교육에서 부정적인 면은 어떤 것이 있는가?

사람들은 학교 조직 안에 적절한 체육교사와 시설의 부족, 그리고 프로그램의 미비, 담임 교사의 연수교육 부족 등을 들고 있다. 그러나 더욱 큰 문제점은 성장기 아동들에게

창의적인 경험이 얼마나 중요한가에 대한 교사, 학교 행정가들, 그리고 학부형들의 이해가 부족하다는 점이다. 이러한 이해없이는 초등학교 수준에서, 풍부한 무용 프로그램과 창의적인 리드믹 활동을 개발하는 것이 상당히 어렵다는 것이다.

2. 초등 무용교육과정

초등학교 무용교육의 바람직한 방향은 우선 학습인 동시에 '놀이'가 되도록 해야 한다. 놀이로서 받아들여질 때 무용은 체험학습으로서 인지활동의 지속력을 지니게 된다. 또한 예술 장르 간, 타 교과 간의 통합적 교수 내용으로 무용학습이 이루어져야 한다. 다음으로 무용교육은 예술교육이어야 한다. 개인 능력에 대한 모든 가능성을 열어놓고 상상력을 자극할 수 있어야 하며, 표현과 감상영역에서는 학생들의 견해를 존중하고 격려해야 하며, 이에 따른 교사의 예술적 소양과 전문성이 갖추어져야 한다(한국무용교육학회, 2004).

무용은 운동의 예술인 동시에 훌륭한 교육의 수단으로서 무용을 접하는 사람의 시각에 따라 의미를 약간씩 달리하고 있다. 교육의 측면에서 오늘 날의 무용교육은 체육교육의 영역하에서 시작되었고, 계속 발전되어 왔다.

학교 체육교육에 있어서 가장 큰 목적은 대한민국 교육법 제1조(교육의 목적)에 참되게 이바지할 수 있어야 한다. 초등학교 교육은 학생의 학습과 일상생활에 필요한 기초 능력 배양과 기본 생활 습관을 형성하는데 중점을 둔다(교육부, 1998). 초등 체육과에 표현활동이 위치하고 있으며, 체육의 정의가 변화하고 있는 현실이지만 광범위한 의미에서 학교 체육(무용)은 신체를 통함 교육(Education of th physical)으로 그 목적이 교육에 있다.

초등학교 교육과정은 문교부령 제44호(1955, 8, 1, 제정공포)이래 6차에 걸쳐 개정한 바 있으며, 교육과정 모형도 시대적 요청에 부응하기 위하여 변천되어 왔다.

학교 체육, 무용의 대상인 아동기에는 신체적으로나 정신적으로 왕성한 성장발달을 보인다. 종래의 전통적인 운동중심 교육과정에서는 신체의 단련과 운동기능을 중시하였으나 오늘날의 체육은 개인의 신체활동을 수행하는 과정에서 자발적인 참여, 문제해결력의

초등무용

신장, 창의력의 고양 및 즐거움의 경험 등을 할 수 있게 하여 신체의 효율적인 방법을 알게 하고 자신의 신체적 잠재능력의 개발을 통한 가치있는 삶을 추구하는데 목적을 두고 있다.

이와 같이 오늘날 체육의 학문적 대상은 인간의 움직임에 접근되고 있으며, 이에 따라 자율적 참여, 문제해결력의 신장, 창의력의 고양, 즐거운 경험 등을 도모할 수 있는 과정 중심의 움직임 교육(movement education)에 접근되고 있다. 따라서 체육(무용)과 교육과정은 체육의 새로운 학문성과 전문성을 재고해야 할 당위성에 당면하게 되었다. 이러한 시대적·사회적 변화에 따라 현행 교육과정에는 체육과 교육의 내용에 움직임 교육이 대폭적으로 반영되고 있다.

움직임 교육과정모형은 체육과의 타 교육과정모형에 비하여 창작 무용의 기본적인 요소들을 가장 많이 포함하고 있다. 움직임 교육의 개념은 독일의 유명한 무용교사였던 라반(R. Laban)이 자기 표현의 기회가 없는 고전 발레 등과 같은 일련의 움직임에 반대하고, 인간은 효율적으로 다양하게 움직일 수 있을 뿐만 아니라 움직임을 통해서 강한 운동

지각 능력을 개발시킬 수 있다는 믿음에서 최초로 정립하여 체계화한 것이다. 움직임 교육과정 모형은 8장에서 구체적으로 논의하였다.

3. 교육 과정과 현장 적용

움직임 교육은 초등학교 체육에 커다란 영향을 미치고 있다. 우리나라 뿐만 아니라 각 나라의 많은 학교들이 이 모형에 토대를 둔 체육 프로그램을 사용하고 있다. 그러나 학교에 따라서는 '움직임 탐색' 혹은 '기본적 움직임'이라 불리우는 하나의 학습 단원으로 체육 프로그램에 포함시키기도 하는데 이는 본질적으로 움직임 교육 모형에 근거한 프로그램이라 할 수 없다.

우리나라 초등학교 체육교과서(1990)를 살펴보면 신체의 단련과 기능을 중시하던 운동중심 교육과정과는 차례에서부터 상당히 차이가 있음을 발견할 수 있다. 예를 들어 5학년 교과서를 보면 종전의 매트체조는 '태풍이 불어와도', '수레바퀴 처럼'으로, 달리기는 '소식 전하기', 수영은 '파도넘기' 등으로 즉, 단순한 기능을 습득하기 이전에 움직임의 표현적 의미를 상기시키고 있다. 사실상, 초등학교에서 움직임 교육이 제대로 이루어져 아동들이 기초적인 무용 창작과정을 즐겁게 경험할 수 있다면 중·고등학교 또한 대학교에 이르기까지 무용창작에 큰 두려움없이 접근할 수 있을 것이다. 초등학교 무용교육은 이론수립, 교육과정, 수업모델이 움직임 교육과정 모형에 따라 체계를 갖추고 있지만 문제점은 무용교육에 대한 교사들의 이해와 인식이 부족한 것 같다.

우리나라 초등학교 아동들은 모든 과목이 담임교사 한 사람에게 일임되어 있는 실정이다. 일부 사립학교에서는 음악과 체육에 전문교사가 있다.

그러나 체육 전담 교사가 배치된 학교에서도 일부 스포츠 종목만을 담당하고 있는 실정이다. 아동들이 무용시간을 접할 수 있는 대부분의 경우는 교내 운동회에서의 학년별 마스게임을 위한 연습이 대부분이고, 그밖에 소년단, 소녀단, 아람단 등 청소년 단체활동에서 아동들은 춤추는 기회를 갖고 연습도 한다. 그러나 아동들은 마스게임에서 창작무용의 기초 과정을 경험할 수 없다.

초등학교 무용교육이 정상화 되기 위해서는

① 예비교사, 즉 교육대학 학생들에게 현행 교육과정에 반영된 움직임 교육이 올바르게 인식되어야 한다.
② 무용의 수업 모델과 구체적인 예가 제시되어야 한다(교사의 적절한 자극 동기가 수업의 내용을 좌우할 수 있기 때문이다).
③ 무용 전문 교사가 있어야 한다.
④ 무용을 학습할 수 있는 실내 공간이 있어야 한다.
⑤ 움직임 교육에서 얻어진 경험들을 조합하여 무용화하고 학급내, 학년별, 혹은 교내 행사로 발표할 기회를 가진다면 더욱 효과적인 무용 교육을 기대할 수 있다(이희선, 1990).

II. 학년별 무용지도 내용

1. 체육과 내용 체계의 기본원칙

2007 개정 교육과정은 체육과의 내재적 가치와 외재적 가치를 일원화하였으며, 체육 교육을 받은 학생들에게 기대하는 인간상을 제시하고 있고, '신체활동 가치'에 따른 내용 개념의 틀을 제시하고 있다.

초등학교는 신체 활동 가치의 기초 교육, 중등학교는 신체 활동 가치의 심화 교육 담당을 강조하고 있다.

학교급별 목표를 심동, 인지, 정의적 영역으로 분류하지 않고 통합하여 진술한 신체 활동 가치 영역(건강 가치 영역, 도전 가치 영역, 경쟁 가치 영역, 표현 가치 영역, 여가 가치 영역)으로 구분하여 제시하고 있다.

〈표 12-1〉 초등학교 체육과 내용 체계표 조직

영역	초등학교			
	3학년	4학년	5학년	6학년
건강활동	**체력 증진** • 건강과 체력의 증진 • 건강과 체력의 개념 • 체력 운동 단계와 방법 • 자기 이해	**체력 증진** • 초 체력 증진 • 기초 체력의 종류 • 기초 체력 종류별 운동방법 • 자기 수용	**체력 증진** • 건강 체력증진 • 체력과 건강 증진의 관계 • 건강 체력의 증진 방법 • 인내와 성취감	**체력 증진** • 운동 체력 증진 • 체력과 운동 수행의 관계 • 운동 체력의 증진 방법 • 적극성과 의지
	보건과 안전 • 건강 생활과 가정 안전 • 생활 습관과 질병 예방 • 가정 사고예방과 대처행동 • 근면과 청결	**보건과 안전** • 건강 생활과 학교 안전 • 비만과 식이 요법 • 학교 사고예방과 대처행동 • 자기 절제	**보건과 안전** • 건강 생활과 운동 안전 • 몸의 성장과 변화 • 운동 상해예방과 대처행동 • 자아 존중	**보건과 안전** • 건강 생활과 재해 예방 • 흡연과 음주 • 재해 예방과 대처 행동 • 타인 존중
도전활동	**기록 도전** • 속도 도전 • 의미와 특성 • 기본 기능 • 끈기	**표적/투기 도전** • 표적/투기 도전 • 의미와 특성 • 기본 기능 • 자기 조절	**기록 도전** • 거리 도전 • 의미와 특성 • 기본 기능 • 적극성	**동작 도전** • 동작 도전 • 의미와 특성 • 기본 기능 • 자신감
경쟁활동	**피하기형 경쟁** • 피하기형 경쟁 • 의미와 특성 • 기본 기능과 게임 전략 • 타인 이해	**영역형 경쟁** • 영역형 경쟁 • 의미와 특성 • 기본 기능과 게임 전략 • 팀워크와 페어플레이	**필드형 경쟁** • 필드형 경쟁 • 의미와 특성 • 기본 기능과 게임 전략 • 자기 책임감	**네트형 경쟁** • 네트형 경쟁 • 의미와 특성 • 기본 기능과 게임 전략 • 운동 예절
표현활동	**움직임 표현** • 움직임 표현 • 움직임 언어와 표현 요소 • 표현 방법 및 감상 • 신체 인식	**리듬 표현** • 리듬 표현 • 유형과 요소 • 표현 방법 및 감상 • 적응력	**민속 표현** • 민속표현 • 종류와 특징 • 표현 방법 및 감상 • 자기 확신	**주제 표현** • 주제 표현 • 구성 원리와 창작과정 • 표현 방법 및 감상 • 창의력
여가활동	**여가 생활** • 나와 여가 생활 • 여가의 개념과 역할 • 나와 가족의 여가 활동 • 가족 사랑	**여가 생활** • 여가와 전통 놀이 • 여가와 놀이의 관계 • 우리 조상의 전통 여가놀이 • 민족 사랑	**여가 생활** • 여가와 생활환경 • 여가 자원 활용 방법 • 야외 생활형 여가 활동	**여가 생활** • 여가와 자연 환경 • 여가의 가치와 유형 • 자연 체험형 여가 활동 • 자연 사랑

2. 학년별 내용

이번 개정 체육과 교육과정에서는 '학년별 내용'에 신체 활동의 선택 예시를 다음과 같이 제시하고 있는데, 이는 내용 체계표에서 제시하고 있는 내용 기준과 신체 활동의 관계를 기술하기 위해서이다. 예를 들면, 3학년의 경우 대영역, 중영역, 소영역(내용 요소 포함)이라는 내용 기준을 1년 동안 지도하기 위해, 오른쪽에 제시되어 있는 신체 활동의 선택예시 중에서 대영역별로 최소 1개 이상의 신체 활동을 선택하면 된다.

1) 3학년

대영역	중영역	소영역	3학년 신체 활동의 선택 예시
건강 활동	체력 증진	건강과 체력의 증진	• 준비 운동, 정리 운동 등과 관련된 신체 활동
	보건과 안전	건강 생활과 가정 안전	• 바른 자세 유지 및 바른 보행 등을 위한 신체 활동 • 질병과 가정 사고의 예방 활동과 대처 행동
도전 활동	기록 도전	속도 도전	• 단·중거리 달리기, 이어달리기, 자유형, 평영 등
경쟁 활동	피하기형 경쟁	피하기형 경쟁	• 피구형 게임, 태그 게임 등
표현 활동	움직임 표현	움직임 표현	• 이동 움직임, 비이동 움직임, 조작 움직임 등 • 신체, 공간, 시간, 에너지, 관계 등의 요소에 따른 움직임
여가 활동	여가 생활	나와 여가 생활	• 개인 줄넘기, 자전거 타기 등

2) 4학년

대영역	중영역	소영역	3학년 신체 활동의 선택 예시
건강 활동	체력 증진	기초 체력증진	• 기초 체력 증진을 위한 신체 활동
	보건과 안전	건강 생활과 학교 안전	• 비만과 학교 사고의 예방 활동 및 대처 행동
도전 활동	표적/투기 도전	표적/투기 도전	• 표적 맞히기 활동, 태권도, 씨름 등
경쟁 활동	영역형 경쟁	영역형 경쟁	• 축구형 게임, 농구형 게임, 하키형 게임 등
표현 활동	리듬 표현	리듬 표현	• 즉흥 표현, 리듬 체조, 음악 줄넘기 등
여가 활동	여가 생활	여가와 전통 놀이	• 투호, 제기차기, 굴렁쇠 굴리기 등

3) 5학년

대영역	중영역	소영역	3학년 신체 활동의 선택 예시
건강 활동	체력 증진	건강 체력 증진	• 유연성, 근력 및 근지구력, 심폐 지구력 등과 관련된 신체 활동
	보건과 안전	건강 생활과 운동 안전	• 운동 상해 예방 활동, 운동 상해 대처 행동
도전 활동	기록 도전	거리 도전	• 멀리뛰기, 높이뛰기, 던지기 등
경쟁 활동	필드형 경쟁	필드형 경쟁	• 야구형 게임 등
표현 활동	민속 표현	민속 표현	• 우리나라 민속 무용, 외국의 민속 무용 등
여가 활동	여가 생활	여가와 생활환경	• 긴 줄넘기, 인라인 롤러, 스케이팅, 부메랑 등

4) 6학년

대영역	중영역	소영역	3학년 신체 활동의 선택 예시
건강 활동	체력 증진	운동 체력 증진	• 순발력, 협응성, 민첩성 등과 관련된 신체 활동
	보건과 안전	건강 생활과 재해 예방	• 화재 및 자연 재해 등의 예방 활동, 대처 행동
도전 활동	동작 도전	동작 도전	• 매트 운동, 평균대 운동, 뜀틀 운동 등
경쟁 활동	네트형 경쟁	네트형 경쟁	• 배구형 게임, 배드민턴형 게임, 족구형 게임 등
표현 활동	주제 표현	주제 표현	• 꾸미기 체조, 창작 무용 등
여가 활동	여가 생활	여가와 자연환경	• 캠핑, 스키, 래프팅 등

초등무용(모방, 즉흥, 추상, 리듬 등)

III. 초등무용 지도과정

1. 무용교육의 접근방법

각 교과목의 특성에 따라 접근방법에 차이가 있듯이, 무용을 학습하는 과정에도 그 접근방법이 다양하다. 그러나 지금까지 알려진 가장 대표적인 방법으로는 신체적 접근방법(Physical approach)과 극적 접근방법(dramatic approach)이 있다.

신체적 접근방법은 1940년대 영국의 라반(Laban)에 의해서 발전되었으며, 미국에서는 1960년대에 이르러 일반화되었다. 이 방법은 상상력을 사용하지 않고 순전히 몸의 각 부분만을 이용하여 스스로 문제를 탐색하는 방법으로 동작의 기본요소인 시간, 공간, 무게, 흐름의 요소를 사용하여 탐색하 수 있는 기회를 제공해 주는 것이다.

이에 비하여 극적 접근방법이란, 가상적인 상황으로서 '~처럼 해보기' 등과 같이 상상력을 통해서 동작을 유도하고 개념을 교수하는 방법이다.

즉, 기본요소나 상식적인 상황을 제시하고 직접 그 용어를 언어화하거나 개념화하지는 않더라도 스스로 움직여서 느끼도록 하는 방법이다. 이 두가지 방법에서 모두 강조하고 있는 점은 어린이들에게 탐색하고 실험할 수 있도록 기회를 제공하는 것이다. 교사가 시범을 보이고 따라 움직이도록 하는 것이 아니라, 교사는 융통성과 인내심을 가지고 어린이들에게 충분한 기회와 시간적 여유를 주어 그들 스스로 생각하고 느끼도록 유도해 주어야 한다.

질문을 제시하고 호기심을 유발하여, 문제를 해결할 수 있는 상황을 만들어줌으로써 발견과 탐색의 기회를 제공하는 것이다. 분명한 목표를 가지고 관찰하고 제시하며 지적해 주는 한편 어린이의 새로운 아이디어를 받아들이면서 적절한 때에 질문을 하고 칭찬을 하며 개념을 언어화함으로써 초점을 맞추어야 한다. 이러한 과정들은 어린이가 실제 행동을 추상화시키는데 도움을 줄 수 있기 때문이다.

탐색적 문제해결을 통한 학습방법에서 문제해결이란 불완전한 상황을 완전하게 하기 위해 자진해서 그 장면(situation)에 주의집중하고, 자유롭게 탐색하며, 자신에게 새로운 것을 부가하려는 욕구를 가지는 독창적 사고이며, 개인의 생산적 사고기술이며 탐색기술이다.

리비(Libby)는 해결되어야 할 문제의 종류를 다음과 같이 구분하였다.

제1형 : 문제해결자(학생, 피험자)와 피해결자(교사, 실험자)가 표준적인 해결방법을 알고 있는 마지막 단계에서 해결을 보장해 주는 문제.

제2형 : 문제해결자는 표준적인 해결방법을 모르고 있지만 피해결자는 알고 있는 문제.

제3형 : 문제해결자와 피해결자가 모두 표준적인 해결방법을 모르는 문제.

제4형 : 문제는 존재하나 문제해결자가 그것을 찾아내도록 되어 있으며, 피해결자는 그것을 알고 있는 문제.

제5형 : 문제 자체는 존재하나 문제해결자와 피해결자가 모두 찾아내도록 되어 있는 문제.

제6형 : 문제 자체는 존재하지만, 위의 제4형이나 제5형에서 처럼 찾아내도록 되어 있으며 일단 문제가 발견되면 문제해결자와 피해결자가 표준적인 해결방법을 알고 있는 문제.

제7형 : 문제 자체는 존재하지만 찾아내도록 되어 있고, 문제해결자는 표준적인 해결방법을 모르지만 피해결자는 알고 있는 문제.

제8형 : 문제 자체는 존재하지만 찾아내도록 되어 있고, 문제해결자와 피해결자 모두 표준적인 해결방법을 모르는 문제.

제1형은 문제 아닌 문제라고 볼 수 있다. 즉, 교사도 어린이도 모두 표준적인 해결방법을 알고 있으므로 결과가 자명한 문제이다.

제2형이나 제6형은 교사는 표준적 해결방법을 알고 있지만 어린이에게 단서만 주고, 주어진 정보 안에서 올바른 방법을 발견해내게 함으로써 엄밀한 의미에서 볼 때에는 안내가 된 발견적 접근인 셈이다. 제 3, 4, 5, 7, 8형은 독창적인 사고를 요하는 문제이다. 어떤 기준이 없고 독특하고 창의적인 해결을 요하는 이러한 문제만이 진정한 문제해결을 유도하는 방법이라고 할 수 있다.

신체를 통한 창의적 표현 방법은 어떻게 육성되어야 하는가?

토런스(Torrance)는 "창의성은 저절로 굴러오는 것이 아니다. 창의적 재능을 무시해서도 억압해서도 안되며 학교교육을 통해서 이러한 문제는 해결되어야 한다."고 지적하였다.

창의적인 교사란 자신의 평범치 않은 생각에 대해 가치를 인정하고, 그것을 건설적인 방향으로 이끌어주며, 새롭고 상상적인 교육매개체를 찾아내어 사용하기를 즐기는 사람이다. 교사가 일방적으로 설명하기 보다는 주로 질문하고 자극을 주는 노력이 필요하다. 가장 중요한 것은 획일성을 요구하지 않는 일이다. 토런스는 창의적인 지도를 다음과 같이 제시하고 있다.

- 창의적인 발달을 우연에 맡기지 말라.
- 질문과 특이한 생각들을 인정해주라.

- 독창적이고 창의적인 행동을 인정해주라.
- 사고(thinking)를 요하는 질문을 제공하라.
- 어린이들의 학습기능을 이해하도록 하라.
- 창의적인 방법으로 학습할 기회를 제공하라.

이렇듯 창의적인 지도를 하기 위해서는 교사 자신이 창의적인 수업준비를 하고, 창의적인 사고로 아동들의 호기심과 흥미를 지속적으로 유지시켜줄 수 있어야 한다.

본서(Monsour, Cohen & Lindell) 등은 창의적인 동작교육의 방법을 4단계로 나누어 제시하였다.

제1단계 : 즉흥적인 반응을 유도한다.
- 동요를 읽어 주고 그 동요에 맞추어 움직여 보도록 하거나, 그림이나 노랫말에 따라 신체를 움직여 보도록 한다.
- 모양이나 크기가 반대되는 것을 보여주고 아동들도 하여금 신체로 묘사하도록 한다.
- 음악을 맞추어 즉흥적으로 움직이도록 한다.
- 일정한 박자로 북을 칠 때 그 박자에 맞추어 손뼉을 치고, 리듬형태를 바꾸어 보도록 한다.
- 문장이나 이야기를 들려주고, 거기에 맞는 박자를 맞추어 보거나 악기로 장면을 묘사시켜 본다.

제2단계 : 이미 알려진 지식을 스스로 발견할 수 있도록 장려한다.
- 스타카토(staccato) 음악을 들려주고, 신체로 즉흥적인 표현을 해보고, 또한 그와 반대되는 동작을 해보도록 한다.
- 걷게 하고, 일정한 박자와 일정하지 않은 박자를 들려준다.
- 행진곡을 들려주고, 박자를 알아맞히도록 하며, 박자가 달라지면 어떤 효과가 나는가도 알게 한다.

제3단계 : 주어진 기본요소를 수행하거나 변화시켜 보도록 한다.
- 축 운동(axial movement)을 가르쳐 주고 몇 번 반복시킨 다음 그것을 매번 다른 방식으로 변화시키게 한다.
- 우리에게 친숙하는 노래를 부르고(예 : 봄나들이, 고향의 봄 등) 박자를 바꾸어 본다든가 박자, 템포, 악센트 등을 변화시키게 한다.

제4단계 : 창의적인 해결방안을 요구할 수 있는 문제를 제시한다.
- 동작의 질(quality of movement)에 대해 토론하고, 새로운 동작들을 몇가지 보여 주며 여러 가지 소리나 리듬에 맞추어 서로 다른 동작을 하게 한다.
- 간단한 주제음을 들려주고 아동에게 이 박자에 맞는 음악을 작곡하게 한다.
- 몇 가지 설명적 단어를 주고 그 단어에 맞는 동작을 강조하게 한 다음 소리를 붙여보게 한다.
- 간단한 움직임의 주제(A)와 전혀 다른 두 개의 움직임의 주제(B✗)를 만들어 A→B→A→C→A순의 연속적인 형태를 만들어 본다.

2. 초등무용의 지도 방법

초등학교 아동들에게 여러 가지 방법으로 표현할 수 있는 능력을 기르는데 중점을 두어야 한다. 학습자의 창의성을 최대한 유발시킬 수 있도록 지도하며, 이동운동, 비이동운동, 조작운동 등을 통하여 신체요소, 공간요소, 힘의 요소를 지각할 수 있도록 지도한다.

5, 6학년 아동은 리듬감있는 신체 움직임을 지각하고 창의적으로 표현할 수 있는 능력을 기르는데에 중점을 둔다. 다양한 음악과 움직임이 통합되어 신체 리듬감을 기르도록 한다.

창작무용을 처음 배우는 아동에게 교사는 그들의 관찰력과 상상력을 자극할 수 있는 질문을 던지면서 방향을 정해나갈 수 있다. 이를테면 내 주위에는 무엇이 있는가? 그들은 어떤 형태로 있는가? 초보자에게 필요한 첫 번째 단계는 사물, 동물, 식물, 자연, 기계

초등학교

등을 자신의 감각, 즉 눈, 코, 귀, 피부 접촉 등으로 관찰하게 하는 것이다.

그 다음, 자신이 관찰한 대상으로 기분은 어떤 것일까? 예를 들어 말없는 책, 필통을 관찰했을 때와 나는 새의 모습을 관찰했을 때 교사가 신체적 표현을 요구한다면 아주 색다른 표현들이 도출될 것이다. 관찰대상의 모습들을 그대로 표현할 수도 있고, 그들의 기분, 즉 희노애락을 상상하며 표현을 유도할 수도 있다.

교사는 아동들의 일상생활 등을 고려하며, 적절한 질문을 제공함으로써 동기를 유발시켜야 한다. 처음 배우는 아동들이 자신을 마음대로 표현할 수 있도록 따뜻하고 평온한 분위기를 마련해 주어야 한다. 생각이나 혹은 마음을 신체로 나타내는 이 작업에서 이들의 동작은 거칠고 자유로우며, 어떤 예술적 형식이 없지만 표현은 풍부하고 다양하기 때문에 신체와 정신을 조화시키는 중요한 요소가 된다. 처음 경험하는 아동들은 거칠고 단순한 동작들은 나타내지만, 교사는 꾸중이나 질책보다는 칭찬과 격려를 아끼지 말아야 한다. 첫 경험에서 아동이 실패를 인식하게 될 때, 그들은 신체의 표현을 두려워하게 되고 앞으로 소극적 태도를 보이게 될 것이다.

무용 지도는 교사의 꾸준한 연구와 노력에 따라 성공과 실패가 좌우된다. 무용창작을 지도하는 수업 분위기는 실제로 초보 교사가 감당하기 힘들 정도로 소란스러워질 우려가 있다. 그러나 이런 상태를 너무 두려워 해서는 안된다. 창작과정 이외의 수업규칙(예 : 수업시작과 끝, 교사의 설명과 시범, 타인 혹은 타 그룹의 발표를 감당하기 등)을 첫 시간에 분명히 약속하고, 그 약속을 서로 준수하도록 하여야 한다.

제13장 중등무용교육과 지도

Ⅰ. 중·고등학교 무용교육의 특성

1. 중등무용교육의 방향

　무용을 연기로서가 아니라 교육적으로 창조적 예술경험으로 생각할 때, 학습자들에게 무용은 현실에서 발견된 심미적 가치를 재경험하기 위한 특별한 방법임을 이해시켜야 한다. 모든 인간은 내부에 그 정도에 차이는 있겠지만 예술 무용가와 같은 가능성을 가지고 있다. 모든 인간은 지성, 정성, 정신, 상상력, 운동능력 등 교육을 받을 수 있는 능력을 가지고 있다. 모든 정상적인 인간은 생각, 느낌, 의지로서 움직임을 수행하고, 또한 행동하는 힘을 갖출 수 있으므로 그 나름대로의 수준에서 춤을 출 수 있다.

　이 사실을 청소년에게 실감시키고 자신감을 불러 일으키기 위해서는 이들의 기초적인 능력에 입각한 순차적인 접근이 필요하다. 교사들이 생각해야 할 문제 중의 하나는 '성숙해 가는 청소년들의 창조적 충동을 어떻게하여 생동감 있게 계속 보존하게 할 것인가?' 그리고 '보다 발전된 기술과 안목을 가지고 성인생활에서도 이 충동을 잘 지속하도록 어떻게 힘 쓸 것인가?' 라는 문제이다. 일상생활에 현존하는 모든 형식의 밑바닥을 흐르는 기초적인 힘은 표현을 재촉하는 창조적 충동의 원천임을 인식해야 한다. 만약 무용이 이러한 교육적 가능성을 실현하는 것이라면, 무용은 그러한 가능성에 적합한 형식을 취해야만 한다.

　무용의 운동 양식은 신체적 동작의 법칙 위에 기초해야 하고 동작 연구는 인간반응의 특색인 모든 형식의 운동을 포함해야 한다. 동시에 그 기술은 기능이 부족한 학습자일지라도 신체를 자기 표현의 도구로서 이용할 수 있을 정도의 단순한 것에서부터 장래에 무용을 자기의 직업으로 선택하려고 하는 학생에게까지 흥미있고 가치있는 것으로 입증될 만큼 무용교육을 양적·질적으로 고려해야 한다.

무용의 리듬적 범위는 학생들 개개인이 다른 개성을 가지고 있으므로 폭넓은 범위에서 다양하게 경험시킬 필요가 있다. 또한 그 형식과 내용은 개인의 표현방식이 각기 다르므로 모든 사람들에게 기회를 부여하기 위하여 충분한 탄력성이 있어야 한다. 무용에 대한 이와 같은 접근은 일류 무용수를 양성하기 위한 과정으로 본다면, 충분치 못한 점들이 있겠지만 그것은 고도의 아마추어 수준에서 주장할 수 있고 또한 그렇게 수행함에 따라 예민한 예술적 종합 및 감상을 발전시키기 위한 기초를 수립할 수 있을 것이다. 이러한 일반 학생들을 위한 교육과정에서 학습초기부터 소질이 있고, 예술무용가가 될 운명을 짊어지고 있는 학생이 출현할 수도 있다.

무용교육은 소년, 소녀, 성인 남녀에게 무용이라는 수단을 이용하여 교육시키는 일이다. 즉, 무용을 생활철학 및 인생행로에 기여하는 경험으로써 가르치는 것이다. 모두가 위대한 무용수가 되는 것은 아니지만 청소년 시기에 무용을 배우는 사람들이 배우지 못한 사람들보다 더욱 완전한 예술 경험을 하는 것은 당연하다. 가령 학생이 무용을 그 최고의 형식으로 실현할 정도로 성화가 결코 진척될 수 없다고 하더라도 그는 자유로우며 제어된 표현적·운동적·리듬적 감각의 진정한 기쁨을 경험할 수 있고 또한 무용이 인생에 첨가되면 얼마나 더 멋진가를 느끼게 될 것이다.

학교에서 무용 수업이 실시될 때 그 관심이 무용수를 만들어내는 것에만 있다면 만인에게 가능한 창조적이고 즐거운 무용의 기억은 사라져 버리고 말 것이며, 교육적 가치도 거의 소멸되어 버릴 것이다. 무용이 청소년, 혹은 만인을 위한 교육의 수단으로서 확실한 가치가 입증될 때 무용교육은 더욱 더 발전하게 될 것이다. 다음은 미국 중등학교의 무용교육을 살펴보기로 한다.

2. 중등학교에서의 무용교육

거의 대부분의 나라에서 중·고등학교 무용은 거의 변함없이 체육과에서 가르치고 있다. 미국 전역의 공립중학교 무용교육의 목적은 다음과 같다.

① 모든 운동 기술의 수행에서 보다 큰 효율성과 즐거움을 위하여 리듬감을 발달시킨다.

② 무용에 관련되는 음악의 기초와 다른 반주물에 대한 지식을 개발한다.
③ 무대예술로서 무용을 이해하고 감상할 수 있는 능력을 개발한다.
④ 움직임에 영향을 미치는 요인들에 대한 지식과 움직임의 언어를 개발한다.
⑤ 근력, 지구력, 유연성 그리고 조정력을 개발한다.
⑥ 무용뿐만 아니라 생활의 장면에서, 표현의 도구로서 신체에 대한 자부심을 개발한다.
⑦ 학교생활과 그 이후의 생활에서도 레크리에이션 활동으로서 무용은 보다 큰 즐거움을 제공하는 것으로 인식시킨다.
⑧ 그룹 활동을 통하여 만족한 사회적 경험을 제공한다.

1960년대 중반에 중학교 체육교육 연구에서 칼 북월터(Karl Bookwalter, 1964)는 다음과 같이 기록하였다.

> 무용의 기초는 초등학교 과정에서 개발될 것으로 기대된다. 중학교에서는 무용의 여러 가지 형식들이 교수되어야 한다는 것을 명심하여야 한다. 인디안 댄싱, 민속무용과 스퀘어 댄싱은 특히 중학교에서 가치가 있고, 고등학교에서는 소셜, 스퀘어 그리고 현대무용이 가장 적절하다. 가능한 남학생에게도 교수되어야 하며, 9학년부터 남녀공학에 무용교육이 가능하며 남녀 교사가 그 책임을 분담해야 한다.

때때로 중학교 무용 프로그램은 가까이 있는 무용 전공 대학의 영향을 받아 강화되었다. 일리노이(Illinois)에 있는 제퍼슨(Jefferson) 중학교는 일로노이 대학의 무용과와 협력하여 대학 교육과정에 중·고등학교 무용교육 전공을 두었다. 그러한 경험은 두가지 효과를 가지고 있다.

대학 무용 프로그램은 무대 경험에 치중하여졌다면, 중학교 무용 프로그램 활동에 대한 경험은 많은 학생들에게 민속, 민족무용, 째즈, 사교무용 등의 가치를 일깨워 주었다.

중학교 수준에서 많은 사립학교들은 무용의 전문적인 수준의 고등교육 프로그램을 학

〈표 13-1〉 여러분의 중등학교 교육과정에는 무용의 어느 형식이 교수되고 있는가?(1979, Columbia Uni. Teachers College 조사)

무용의 유형	학교의 수	반응율
modern dance	44	70.9 %
square	44	70.9 %
folk dance	43	69.3 %
ballroom dance	17	27.4 %
tap dance	2	3.2 %
hawaiian dance	2	3.2 %
ballet, ethnic dance and eurhythnics	1 each	1.6 % each

생들에게 제공하였다. 예를 들면, 일리노이에 있는 National Academic of Arts에서는 7학년에서 12학년까지 무용을 철저히 공부하게 하였고, 대학의 예비과정으로 인정하였다. 이 밖에도 15개 도시에서는 중·고등학생을 위한 수많은 경연대회가 있고, American Ballet Theater, Boston Ballet, Elliot feld Ballet, Pennsylvania Ballet, Robert Joffrey Ballet 단에서는 오늘날 전문적인 무용으로 졸업장을 수여하고 있다.

무용은 신체의 움직임을 통해 인간의 사상과 감정을 표현하는 예술로서, 이러한 움직임은 자신의 잠재력을 발휘할 수 있게 하고, 궁극적으로 자아실현에 이바지하게 한다. 또한 무용은 개성의 표현이며 발전인만큼 현대교육의 이념과 부합되고 사회발전에 기여도가 크다. 이러한 미적 무용을 통한 교육은 사춘기를 겪고 있는 중학교 학생들의 정서를 순화하고 감정을 풍부하게 하며, 감각을 증대시키는데 매우 큰 도움을 줄 수 있다(임혜자, 1995).

표현활동에 속해 있는 무용은 생각과 느낌을 신체 움직임으로 표현하고, 자신 및 타인의 움직임을 감상할 수 있는 신체 활동을 말한다. 중학교의 표현 활동은 창작 표현을 강조하고 있는데, 신체 움직임의 정형화된 형식을 표현하는데 중점을 두기보다는, 창의적인 과정을 통해 개인의 생각과 감정을 신체 활동으로 표현하는 것이다. 창작 원리의 이해와 창작 과정 체험을 기초로, 신체 활동에 존재하는 여러 가지 주제 또는 소재, 전통 표현 및 현대 표현, 심미적 특성과 예술적 특성의 표현 방법을 습득하고, 창의적으로 발표하고 감상하는 활동을 강조하고 있다. 특히, 중학교에서는 초등학교에서 학습한 내용을 기초로, 7학년에서는 심미 표현, 8학년에서는 현대 표현, 9학년에서는 전통 표현을 통한 창작 표현을 목적으로 한다. 즉, 다양한 표현 양식(심미 표현, 전통 표현, 현대 표현)에 대한 학습과 함께 창작의 과정 및 절차를 이해하고 실제 움직임 예술을 발표하고 감상하는 내용을 강조하고 있다.

표현 활동은 다음과 같은 특징을 가지고 있다.

첫째, 표현 활동의 내용 소재를 확대하였다. 지금까지 표현 활동은 무용에만 국한되어 있었으나 이를 보완하여 무용과 같이 예술적 성격이 강하고 신체 표현의 소재로 활용될 수 있는 신체 활동(리듬 체조, 꾸미기 체조, 음악 줄넘기, 창작 체조, 다이빙, 피겨 스케이팅 등)으로 확대하였다.

둘째, 다양한 신체 표현 양식의 이해와 습득을 통한 창작 및 감상 교육을 강화하였다. 지금까지 국가 수준 체육과 교육과정에서는 무용 영역이 필수로 지정되어 왔음에도 불구하고, 감상 교육 내용이 공식적으로 제시되지 못했다. 따라서 이번 개정 교육과정에서는 심미 표현 양식을 통한 창작, 전통 표현 양식을 통한 창작, 현대 표현 양식을 통한 창작 표현의 체험 기회를 확대하고, 이를 발표하며 상호 감상할 수 있는 내용으로 확대하였다.

1) 중등무용교육과정

〈표 13-2〉 중등무용교육과정 내용 예시

학년	대영역	중영역	소영역	신체활동 선택 예시
7학년	표현 활동	창작 표현	심미표현과 창작	창작 체조, 음악 줄넘기, 피겨스케이팅
8학년			현대표현과 창작	리듬체조, 현대무용, 댄스 스포츠
9학년			전통표현과 창작	우리나라의 민속무용, 외국의 민속무용, 클래식 발레

2) 예술고등학교에서의 무용

전문교육이란 전문적인 지식을 갖고 실행에 옮길 수 있는 지식과 방법을 터득하는 전문가 양성을 위한 교육을 지칭하며 이것은 전인적 인간 육성을 목표로 전문성과 함께 직업교육과도 연계성을 갖는다. 전문무용교육은 무용에 뛰어난 소질과 적성을 가지고 있는 잠재 인력을 발견하여 교육시킴으로써 전문무용인으로 성장할 수 있도록 하고, 신체와 자연의 미를 소재로 음악, 무대장치, 조명, 의상 등을 구사하여 자신의 사상과 감정을 보다 아름답게 표현하는 무용의 예술적 특성을 발전시키는 과정으로 신체적 차원에서 기술 숙련을 달성하고 무용이 지니는 고유한 가치를 전수해야 한다. 무용은 정신적인 내면세계를 신체적인 외면세계로 사상과 감정의 표현을 의도하는 예술이며, 무용에서 도구로 사용하는 움직임은 신체기능적인 움직임이 아닌 예술적 과정으로서의 움직임이여야 하고 인간의 상상력과 그에 따른 상징화작업이 이루어져야 한다.

우리나라의 전문무용교육기관은 중학교에서 시작하여 예술고등학교, 전문대학, 4년제 대학과 대학원으로 이어지고 있으나, 전문무용교육과정에 대한 기준이 설정되어 있지 않고, 각 단계별 교육과정은 상호 연계성을 가지지 못한 채 독립적으로 운영되고 있다.

우리나라의 무용 전문교육은 서울예술고등학교가 1953년 창립되고, 1957년 무용과를 신설하면서 시초가 되었다. 전국의 예술고등학교는 2006년 개교한 고양예술고등학교까지 포함하여 25개교에 달하고 있으며, 시·도별로는 서울에 6개교, 부산, 경기, 경북, 경

〈표 13-3〉 예술고등학교 통합무용교육과정 교과 내용

구분	교과목	내용
창작관련교과	무용창작	무용창작을 통한 표현능력과 창조성 계발
	동작분석	움직임의 원리와 특성이해-창작에 적용
	즉흥	즉흥적 공연상황에 적응
	무용음악	무용음악 특성이해를 통해 창작에 적용
	무대미술	창작수업과 관련된 무대 미술디자인 설계 및 제작
	극무용	표현양식 확대와 안무요소 추가 제공
공연관련교과	무용실기	공연예술로서의 무용의 이해와 전문적 테크닉 향상
	타과와의 공동 프로젝트 공연	타 예술 장르의 이해와 공동 작업을 통해 종합예술로서의 무용이해
	학교자체 기획공연	공연예술로서의 무용체험과 실력향상
	교외전문단체와의 공연	전문적 공연 환경에 적응
	학생안무 워크샵공연	창작 작품의 무대 공연화 작업
감상관련교과	무용의 이해	예술적, 문화적 맥락에서 무용을 이해
	무용감상 및 비평	무용작품의 향유능력 향상, 창작과 공연과정 평가
기타관련교과	무용해부학	무용수 자신의 신체 구조 이해하고 움직임에 적용
	Movement Therapy	Body Conditioning, Pilates, Alexander요법, Chiropratic Manipulation 등 신체단련과 상해예방
	졸업반을 위한 경력관리	전문무용가로서 사회진출을 위한 준비과정 교육

<표 13-4> 미국의 예술고등학교 무용과 교육과정 내용(한국무용학회지, 2002)

구분	미국	
기준	주정부 무용 교육 기준	
특징	국가와 주정부 기준 하에서 자율적으로 운영	
무용전문 교육과정 구성내용	NCSA(노스캐롤라이나 스쿨)	발레(1~3)현대무용(1~3)발레(4~6)현대무용(4~6), 포인트, 바리에이션, 레파토리, 발레2인무, 안무, 극무용, NCSA소개과목
	HSPVA(비쥬얼 아트예고)	무용공연(연3회)발레(1~4)현대무용(1~4)탭댄스(1~4)재즈댄스(1~4)구성(1~4), 무용사, 무용사진, 무용공연 제작, 포인트 테크닉, 무용입문, 4학년 무용실습, 4학년 프로젝트
	Laguardis	발레(1~2)현대무용(1~2)발레(3~4)현대무용(3~4)발레(5~6)현대무용(5~6)발레(7~8)현대무용(7~8), 자기관리법, 무용연기, 극무용, 캐릭터 무용, 재즈 및 뮤지컬, 탭댄스, 안무 워크샵, 경력관리
	WAPA(워싱턴 예고)	발레테크닉, 캐릭터 댄스, 안무, 재즈, 현대무용, 파드 뒤, 필라테스/바디 컨디션, 스페니쉬, 베리에이션, 포인트 웍, 연기, 볼룸댄스, 경력개발, 대학진학지도, 극무용, 매년 3회의 큰 공연
	SOAT(샌프란시스코 예고)	현대무용, 재즈, 발레, 안무, 신체관리 수업, 정기공연(봄, 가을)워크샵, 무용비평

남, 전북에 각 2개교, 인천, 충남, 대전, 충북, 울산, 전남, 광주, 대구, 강원에 각 1개교가 있으나 제주에는 아직 설립되어 있지 않다.

제7차 개정 교육과정의 예술고등학교 무용 교육과정의 내용은 전문예술인으로서의 능력을 보다 강조하며, 학습자 능력과 수준을 고려하여, 선택권 보장을 강조하며, 지역과 학교의 자율 재량권을 확대하는데 그 가치를 두고 있다.

3. 신체활동을 통한 교육

무용교육은 폭넓게 다양한 장면에서 제공되고 있지만 중·고등학교에서는 대부분 여자 체육교사에 의해서 교수되고 있으며 우리나라에서는 여학생들만을 위하여 제공되고 있다. 교육과정상 무용은 체육과의 한 영역에 위치되어 있기 때문에 체육교육의 목표에 따라 교육이 이루어져야 한다.

즉, 무용교육이란 미완성 개체를 신체활동을 통하여 사회적으로 바람직한 인간을 형성하기 위한 것이다. 따라서 체육교과가 교육의 한 과정으로 다루어짐에 따라 인간행동을 수정, 보완, 변화를 가져오게 하여 신체적·정신적으로 바람직한 인간이 형성되는 것이

〈그림 13-1〉 신체활동을 통한 교육

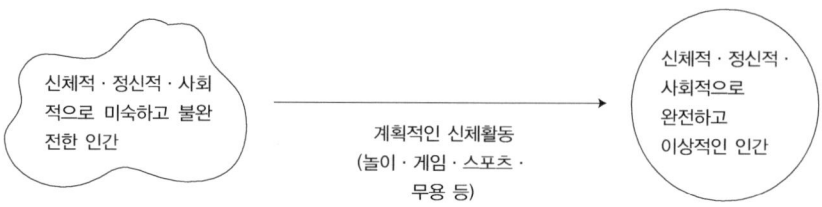

다. 이를 도식화하여 나타내 보면 다음과 같다〈그림 13-1〉.

위의 도식은 미숙하고 불완전한 개체가 신체활동을 통하여 바람직한 인간으로 변화하는 과정을 예시한 것이다. 이렇듯 무용이 교육의 목적에서 다루어질 때는 신체활동을 근본으로 하여 이루어지는 자기 실현의 활동이며 몸으로 익히고 실천하는 교육이므로 완전한 인격을 가진 인간을 형성하는데 크게 영향을 준다. 이러한 의미에서 신체활동 내지는 신체를 통한 표현활동이 인격형성에 미치는 몇가지 요인을 살펴보면 다음과 같다〈표 13-5〉.

〈표 13-5〉와 같이 적당한 영양과 운동은 결국 전인(全人 : 知, 情, 意가 완전히 조화된 원만한 人格者)체로서의 심신을 형성하는데 지대한 영향을 미친다. 아울러 신체활동 내지 신체표현의 특징은 신체의 움직임이 자연적 현상인 동물적 경향성에 의한 것이므로 동기유발만 잘 시킨다면 자연발생적으로 신체활동에 흥미를 가지게 되어 소기의 목표를

〈표 13-5〉 적당한 영양과 운동이 전인체로서의 심신형성에 미치는 요인들

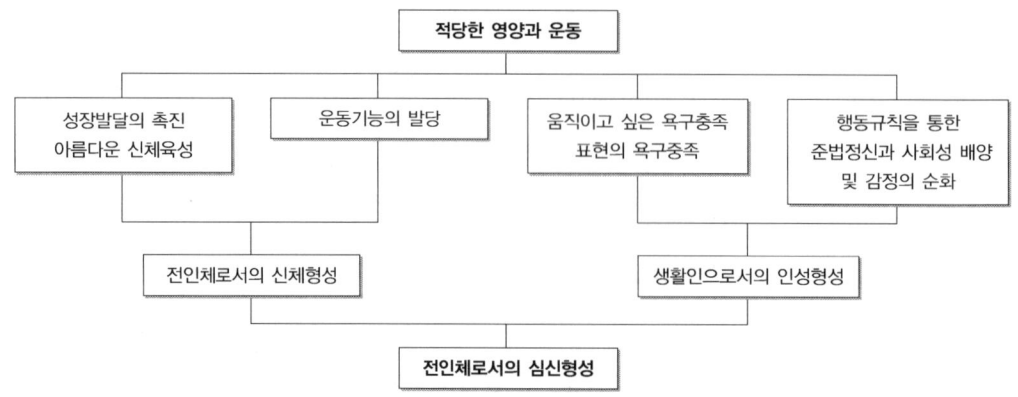

성취할 수 있는 특징을 가지고 있다.

4. 영역별 내용 구성

중·고등학교 교육과정상 무용의 비중은 현실적으로 너무 낮다. 무용은 체육교과의 한 단원으로 되어 있으며, 여학생들에게만 실시하게 되어 있다. 체육교과 내에서 배당 시간의 비율은 학교사정 등을 고려하여 약 20~30% 수준에서 선택할 수 있게 되어 있다. 무용교육에 종사하는 교사들이 학교에서 무용 교육의 위치 및 내용을 현실적으로 직시하기 위하여 우리나라 초·중·고등학교 체육과 교육과정(2007 개정)은 부록에 수록되어 있다.

고등학교 체육의 교과목표는 "여러 가지 운동을 통하여 운동기능과 체력을 기르고 운동과 건강에 필요한 지식을 습득하며 바람직한 사회적 태도를 가지게 한다"로 되어 있으

며, 구체적 목표 중에는 신체활동을 통하여 사상과 감정의 표현 및 감상 능력을 기르게 한다는 무용의 목표를 일부분이나마 언급하고 있는 실정이다. 물론 무용이 체육교육의 목표 달성에 바람직한 방법인 것만은 사실이다. 그러나 이것은 곧 무용교육의 전부가 되어서는 안 될 것이다.

체육교육의 세계적인 새로운 동향은 학교 교육에 움직임 교육(movement education)의 도입을 강조하고 있다. 특히 성장기의 학생들이 누구나 가지고 있는 기본운동 능력의 개발과 그 활용성을 기르기 위하여 기본 움직임 익히기의 내용과 방법을 현장학습에 도입하여 활용하는 것을 중요시하며, 체력의 필요성, 체력 육성의 합리적인 방법, 체력 향상들을 주요과제로 운동기능은 체력을 전제로 하지만, 추가적으로 스포츠의 기능 및 움직임을 통한 표현적 기능이 절실히 요구된다.

마가렛 더블러(Magaret H' Doubler)는 '무용은 만인의 것'이라 하였다. 무용이란 전문가들에 의하여 생산되고 애호되는 예술의 한 장르일 뿐만 아니라, 모든 사람을 위한 사회무용(dance for all)으로서 일반인들도 함께 누릴 수 있는 신체 활동이며 또한 대중 문화이다. 우리는 무용을 통해 건강을 유지하고 증진시키며, 활기찬 삶을 영위하는데 도움을 줄 수 있는 방향으로 나아가야 할 것이다.

II. 중등무용지도 내용

1. 체육과 내용 체계의 기본 원칙

중학교 체육은 초등학교 체육에서 습득한 학생들의 신체 활동에 대한 적극적인 흥미를 기반으로 고등학교 체육에서 강조될 평생 스포츠 활동의 학습을 촉진하도록 하는 단계로서의 성격을 지닌다. 따라서 운동을 다양하게 경험하며 보다 향상된 기능을 터득하고 체력 및 건강을 증진하도록 한다.

그리고 체육의 이론적 기초 지식을 학습하여 체육 현상에 대한 보다 올바른 이해를 증진하며, 실제 운동 참여 시 지식을 적절하게 활용할 수 있는 능력을 기른다. 또 운동을 통하여 개인적으로 정서적 만족을 얻어 자아 실현을 추구하고, 사회적으로 바람직한 태도를 기른다.

2007년 제7차 개정 체육과 교육과정의 내용 체계는 중학생들의 발달 단계에 적합하도록 하여 체육과 교육의 목적을 달성할 수 있도록 신체 활동에 관한 지도 내용에 '필수 내용'과 '선택 내용'의 개념을 도입하고 있다. 특히, 현행 교육과정의 내용들이 학교의 실제 시설 및 여건상 또는 수업 시수의 제한상 가르치기 어려운 내용들을 지나치게 많이 제시해 놓고 있으며, 학교마다 학생의 학습 내용이 획일화될 수 없다는 현장의 비판을 수용하여 현실적으로 가능한 '최소한의 필수 공통 교육 내용'을 제공하도록 하고 있다.

따라서, 학습 내용의 적정화를 이루기 위해 최저 필수 학습 요소를 중심으로 학습내용을 선정하여 '교과 내용의 최적화'를 이루도록 하였으며, 체육과의 내용 영역의 선정은 분화(differentiation)보다는 통합(inte- gration)의 관점에서 기초하였다. 그리고 내용 구성은 학습 수준이나 범위가 계열성을 지니면서 서로 연계될 수 있는 교육 내용을 제공하여 학습자가 다양한 학습 내용을 심도있고 고르게 이수할 수 있도록 범위와 계열을 고려하여 필수 내용과 선택 내용을 계획하였다. 즉, 각 내용 영역별로 '모든 학생들이 최소한의 동일한 내용을 학습해야 한다'는 국가수준 교육과정의 기본원칙으로 '필수 내용'을 선정하였고, 그 밖의 내용은 지역별, 학교별, 교사별, 학생별 요구와 특성에 따라 '선택 내용'으로 가르치고 배울 수 있는 여지를 마련하였다.

이를 토대로 내용의 선정과 조직을 위해 고려해야 할 사항을 실제적 측면에서 제시하여 보면 첫째, 이론과 실기는 이론편, 실기편으로 나누어 구성하고, 실제의 내용에 있어서는 이론을 운동 기능에 실질적으로 적용할 수 있도록 편성하는 것이 좋으며, 내용은 우수한 기량을 갖춘 운동 선수 수준에 맞추어 제시하기보다는 일반 학생 수준에서 창의적으로 탐구 할 수 있도록 제시하는 것이 필요하다.

둘째, 실기 내용의 조직은 단순한 기능의 나열보다는 기능에 작용하는 과학적인 원리를 중심으로 자기 주도 학습이 가능하도록 구성하며, 기증의 숙달 과정이 다양하게 제시되어 흥미를 유발할 수 있도록 구성하는 것이 바람직하다.

셋째, 개인 및 단체 운동에서 전술의 제시는 완성된 형태의 전술보다는 자신이 맡은 역

〈표 13-6〉 2007 개정 교육과정의 중학교 체육과 내용 체계표

(교육인적자원부 고시 제 2007-79호)

영역	중등학교			
	7학년	8학년	9학년	10학년
건강활동	**체력 관리** ◆건강과 체력 관리 • 건강과 체력 요소의 관계 • 체력 증진 원리와 관리 방법 • 실천 의지력 **보건과 안전** ◆건강 생활과 환경 안전 • 약물과 기호품 • 환경오염 예방 • 자기 절제와 공동체 의식	**체력 관리** ◆체력 진단과 평가 • 체력 측정과 운동 처방 • 체력 관리 프로그램 설계 • 노력과 극기 **보건과 안전** ◆건강 생활과 생활 안전 • 성 역할과 성 폭력 • 사고 예방과 구급 처치 • 상황 판단력	**건강 관리** ◆자기 건강관리 • 자기 건강관리의 중요성 • 건강과 신체 관리 • 건강과 스트레스 관리 • 자아 존중	**건강 관리** ◆지역 사회 건강관리 • 지역 사회의 역할과 활동 • 지역 사회의 건강관리 방법 • 청소년의 건강한 성 문화 • 타인 존중과 상호 신뢰
도전활동	**기록 도전** ◆속도·거리 도전 • 역사와 과학적 원리 • 경기 방법과 기능 • 인내심 • 과거와 현대의 스포츠 경기 감상	**표적/투기 도전** ◆표적/투기 도전 • 역사와 과학적 원리 • 경기 방법과 기능 • 용기와 예절 • 우리나라와 외국의 스포츠 경기 감상	**동작 도전** ◆동작 도전 • 역사와 과학적 원리 • 경기 방법과 기능 • 자기통제 • 과거와 현대의 스포츠 경기 감상	**도전과 경쟁** ◆도전과 경쟁 스포츠 경기 • 경기의 특성과 유형 • 경기 방법과 운영 • 스포츠 정신 • 경기 분석과 감상
경쟁활동	**영역형 경쟁** ◆영역형 경쟁 • 역사와 과학적 원리 • 경기 방법, 기능, 전략 • 리더십과 팔로우십 • 전통 스포츠와 뉴스포츠의 경기 감상	**필드형 경쟁** ◆필드형 경쟁 • 역사와 과학적 원리 • 경기 방법, 기능, 전략 • 사회적 책임감 • 전통 스포츠와 뉴스포츠의 경기 감상	**네트형 경쟁** ◆네트형 경쟁 • 역사와 과학적 원리 • 경기 방법, 기능, 전략 • 경기 예절 • 전통 스포츠와 뉴스포츠의 경기 감상	
표현활동	**창작 표현** ◆심미 표현과 창작 • 특성과 유형 • 표현 방법, 창작, 감상 • 심미적 태도	**창작 표현** ◆현대 표현과 창작 • 역사와 유형 • 표현 방법, 창작, 감상 • 대인 관계	**창작 표현** ◆전통 표현과 창작 • 역사와 유형 • 표현 방법, 창작, 감상 • 전통 의식과 예절	**창작 표현** ◆움직임 예술과 창작 • 움직임 예술과 창작의 관계 • 표현 방법, 창작, 감상 • 창의적 태도
여가활동	**여가 문화** ◆청소년 여가 문화 • 청소년기 여가 문화의 특성 • 청소년 여가 활동 체험 • 자기 이해	**여가 문화** ◆전통 여가 문화 • 우리나라의 전통 여가 유형 • 전통 여가 활동 체험 • 전통 문화 의식	**여가 문화** ◆지구촌의 여가 문화 • 다른 나라의 여가 유형 • 다른 나라의 여가 활동 체험 • 다문화 이해	**여가 문화** ◆여가 스포츠 문화 • 여가 스포츠 유형과 특성 • 여가 스포츠 체험과 감상 • 자기 계발

할과 임무에 대해 실질적으로 적용을 할 수 있도록 제시하는 것이 좋다. 또, 경기 방법 및 규칙은 실제 수업이나 기술 숙달 과정에서 흥미를 유발할 수 있도록 변형이 가능하며, 실제 경기를 이해하고 관람하는 데 필요한 지식을 학습할 수 있도록 재조직하여 제시한다.

넷째, 보건 내용의 구성은 보건과 관련한 사실의 이해뿐만 아니라 건강에 관한 바람직한 태도를 기르고 실생활에서 체험하고 습관화할 수 있도록 한다.

다섯째, 태도는 당위적이고 선언적이기보다 운동 참여 과정에서 실제로 느끼고 경험하도록 하여 이를 생활화할 수 있도록 제시하는 것이 좋다.

위와 같은 이론적 틀을 바탕으로 육상 운동은 달리기, 뜀뛰기, 던지기 운동으로 구성하고, 체조는 맨손 체조, 기계 체조, 리듬 체조로 구성하였다. 그리고 수영은 자유형, 배영, 평영을 익히도록 한다.

개인 및 단체 운동은 태권도, 유도, 씨름, 탁구, 배드민턴, 테니스, 스케이트, 스키, 궁도, 사격, 축구, 농구, 배구, 핸드볼, 소프트볼 등의 종목들이 포함된다. 이 중에서 1학년은 핸드볼, 축구, 태권도를, 2학년은 농구, 배드민턴, 씨름을, 3학년은 배구, 소프트볼을 필수 내용으로 하며, 그 밖의 종목들은 학교와 지역적 특성을 고려하여 선택할 수 있도록 한다.

무용은 창작 무용, 우리 나라의 민속 무용, 외국의 민속 무용을 필수 내용으로 하고, 그 밖의 내용을 선택으로 한다. 체력 운동은 근력 및 근 지구력, 심폐 지구력, 유연성을 기를 수 있는 내용으로 구성한다.

이론은 체육의 본질과 가치, 체육의 발달, 체육의 과학적 원리 등으로 구성한다. 운동의 발달, 운동 학습 방법, 운동 생리학, 운동 역학 등의 영역에서 학습해야 할 개념들은 각 운동 영역 내에 포함하도록 한다.

보건은 건강한 생활을 영위하는데 있어서 예방적 활동을 중심으로 건강에 필요한 여러 가지 지식과 실천적 태도를 기르기 위한 단원으로 질병과 건강, 공중 보건의 이해, 성 교육, 환경 교육, 소비자 보건, 식품과 건강, 약물 오·남용, 건강과 영양, 생활 안전 및 운동 시의 안전, 응급 처치등 우리의 생활과 직접 관련되는 내용이 포함된다. 이 중에서 1학년은 공중 보건을, 2학년은 소비자 보건을, 3학년은 안전을 필수 내용으로 한다.

태도는 각 운동 영역에서 길러야 할 대표적인 덕목들에 대한 태도를 기르도록 제시하였다 태도 부분의 특성은 전형적인 사회성 함양과 감정 및 정서의 표현 방식을 나타내는 특성이라고 말할 수 있다.

여기서 전형적이란, 인성적 형태와 인간의 감정은 자주 변하기도 하지만 일정한 경향성을 보인다는 뜻이다.

2. 학년별 무용목표 및 내용

1) 단원의 개관

의사 전달의 방편으로 시작된 무용은 인간의 느낌이나 감정을 신체를 통해 미적으로 표현하는 활동이다. 중학교에서는 예술적 창작 능력을 기르고, 정서를 아름답게 가꾸어 행복한 삶을 살아갈 수 있게 지도하는데 목표를 두고 있다.

무용 지도는 무용 특성과 발달 과정, 창작 무용에 필요한 기본적인 움직임, 무용 요소 등을 중심으로 표현 능력, 창작 과정, 민속 무용에 쓰이는 여러 가지 자세와 스텝 등을 지도하는 데 중점을 두어야 한다.

2) 단원의 구성

단원의 구성과 그 영역별 학습 활동 내용으로 선택할 수 있는 범위는 다음과 같다.

(1) 기능 영역

무용은 걷기, 호핑, 스키핑 등의 기본 움직임과 이러한 움직임을 소재의 특성과 알맞게 변화시켜 움직일 수 있는 표현 기능과 표현하고자 하는 주제에 따라 형식과 양식이 결정되는데, 이에 알맞는 표현 기능이 있다.

(2) 이론 영역

무용의 이론 영역은 무용의 영사 및 사회·문화적 발달, 가치 및 특성, 움직임의 요소와 원리 등에 관한 것들이 있다. 특히, 움직임의 요소인 공간, 시간, 힘의 구성과 결합에

〈표 13-7〉 중학교 학년별 무용교육목표

학년	무용교육목표
1	① 창작 무용 및 선택 내용의 다양한 표현 방법을 이해하며, 기능을 익힌다. ② 창작 무용 및 선택 내용의 특성과 효과를 알고 창작의 기본 원리를 이해한다. ③ 창작 무용 및 선택 내용의 가치를 인식하고, 창의적으로 표현하려는 태도를 기른다.
2	① 우리 나라의 민속 무용 및 선택 내용의 다양한 표현 방법을 이해하며, 기능을 익힌다. ② 우리 나라의 민속 무용 및 선택 내용의 특성과 효과를 알고, 우리 나라 민속 무용의 역사를 이해한다. ③ 우리 나라의 민속 무용 및 선택 내용의 가치를 인식하고, 적극적으로 표현하려는 태도를 기른다.
3	① 외국의 민속 무용 및 선택 내용의 다양한 표현 방법을 이해하며, 기능을 익힌다. ② 외국의 민속 무용 및 선택 내용의 특성과 효과를 알고, 각 나라 민속 무용의 역사를 이해한다. ③ 외국의 민속 무용 및 선택 내용의 가치를 인식하고, 적극적으로 표현하려는 태도를 기른다.

대하여 이해하는 것이 필요하다. 이러한 움직임 요소는 무용의 형식과 양식에 따라 효과적으로 표현하기 위한 기초가 된다.

(3) 태도 영역

무용은 움직임의 모방적인 표현으로 출발하여 고도의 추상적인 사상까지를 창의적으로 표현할 수 있다. 따라서, 움직임을 통하여 자신의 색각과 느낌을 창의적이고 적극적이며, 아름답게 표현하는 태도를 기르도록 한다.

3) 지도 내용

1학년은 창작 무용을, 2학년은 우리 나라의 민속 무용을, 3학년은 외국의 민속 무용을 필수 내용으로 하며 그 밖의 내용을 선택으로 할 수 있다.

〈1학년 지도 내용〉 - 창작 무용

무용은 원시 시대부터 자연 발생적으로 시작되어 시대를 지나면서 인간 교육을 위한 하나의 수단으로 발전되고 있다. 따라서, 신체를 통해 생각이나 감정을 아름답게 나타내는 신체적 표현 활동을 하기 위해서 기본 움직임을 부드럽고 아름답게 익혀야 한다.

무용의 창작에서는 공간 구성, 시간 구성, 인적 구성 등이 중요한 역할을 하므로 신체 부위별 움직임과 동작의 크고 작음, 힘의 방향과 높낮이, 시선 등과 이들 요소를 결합하여 새로운 느낌의 움직임을 창출하도록 이끌어주어야 한다. 또, 전체적인 조화나 분위기, 대단원 등의 극적 효과없이는 다양한 느낌을 표현하지 못하므로 대칭, 대조 등의 공간 구성과 시간, 흐름의 변화 등과 같은 시간 구성을 결합하여 전체적인 조화가 이루어지도록 한다〈표 13-7〉.

〈2학년 지도 내용〉- 우리나라 민속 무용

전통적인 소재를 바탕으로 한 민속 무용은 혼자서 하는 간단한 표현으로부터 여럿이 해야 되는 섬세한 표현까지 해야 한다. 민속 무용의 움직임에는 발, 팔, 어깨 등의 움직임은 물론 돌기, 걷기 등의 기능을 바탕으로 어느 춤에나 응용할 수 있게 지도한다. 그리고 탈춤이나 강강술래, 농악무 등 우리 민속 무용의 기본 동작을 익히도록 한다〈표 13-4〉.

〈3학년 지도 내용〉- 외국의 민속 무용

외국의 민속 무용은 그 나라의 독특한 풍습과 문화적인 배경을 이해시킨 다음에 지도하는 것이 효과적이므로 대형, 자세, 동작, 스텝 등의 기초 기능을 익히고, 여러나라의 민속 무용을 즐거운 마음으로 익히도록 한다.

교육과정상 학교 무용의 지도는 체육의 교과 목표를 달성하는데 함께 공헌할 수 있어야 한다. 신체활동을 통하여 운동기능과 체력을 향상시키고 신체적인 표현능력을 기르게 하며, 운동과 건강 및 여가 선용에 필요한 지식을 습득하고 이해, 적용하는 능력을 배양하도록 한다. 또한 정서를 함양하고 바람직한 사회적 태도를 가질수 있도록 하는 체육의 교과 목표를 달성하기 위해 다음에 제시된 유의점에 따라 지도하도록 한다.

① 운동기능 및 체력, 지적, 정의적 목표 등이 포괄적으로 달성될 수 있도록 지도하되, 주된 목표가 달성되도록 체계있게 지도한다.

② 인지적(cognitive), 정의적(attective) 영역은 신체활동과 관련시켜 지도한다.

③ 학습내용과 학습여건에 따라 알맞은 방법으로 지도하되 과정(process)을 중시한다.

④ 지도내용과 생활영역과의 연관성을 고려하여 생활체육, 생활무용이 이루어지도록 지도한다.

⑤ 획일적인 시범 위주 지도보다는 관찰 토의 및 상호 평가 등을 이용하여 지도하되, 수업 활동은 신체활동이 주가 되도록 한다.

⑥ 즐거운 무용 활동이 되도록 학생의 흥미, 욕구, 자율성 및 창의성을 고려하여 지도한다.

⑦ 교육과정 운영은 모든 영역을 지도하되, 학교 및 지역사회의 실정에 따라 교육과정의 근본을 벗어나지 않는 범위 내에서, 내용 조정이 필요한 경우에는 적절한 계획을 세워 지도한다.

⑧ 특수학생은 학생의 능력에 적합한 계획을 수립하여 지도한다.

⑨ 교육과정 운영은 학급간, 학년간, 연간 운영 계획을 수립하여, 학교와 사회의 시설 및 용기구를 효율적으로 활용하고, 집중 수업을 통하여 학습효과를 높이도록 한다.

⑩ 체육, 무용활동에 시설 설비를 이용할 때에는 안전 및 사고 방지에 유의하도록 한다.

⑪ 남녀 공학인 학교에서는 지도내용을 공학에 가능하도록 적절히 병행하여 교육과정을 운영한다.

⑫ 남녀 성별에 따른 특성과 각 학생이 지니고 있는 개인차를 고려하여 지도한다.

⑬ 여러 가지 운동 기능을 습득하기 위해서 각 영역별로 균형있게 시간을 배정하여 지도한다.

⑭ 무용에 특기가 있는 학생은 특별 활동의 무용 프로그램에 참여할 수 있도록 지도한다.

중학교 무용은 움직임을 다양하게 표현함으로써 창의적, 미적 표현력 등을 기를 수 있도록 지도한다. 무용은 자신의 생각과 감정을 자유롭게 표현하는데 중점을 두어 지도하는 것이 바람직하다. 예술적 측면의 무용보다는 생활 속에서 활용할 수 있는 교육적 측면에서 학생들이 창의력과 미적 표현력을 기르는데 중점을 두어 그에 부응하는 다양한 지도 전략을 도입하는 것이 효과적이다.

중·고등학교 무용

III. 무용지도 계획표

1. 연간계획표

다음은 서울 S여자고등학교의 무용 연간지도 계획표이다〈표 13-8〉.

〈표 13-8〉 여자고등학교 무용연간 지도계획표

(1) 1학년

월	주	요일	예정	예정	단원
3	1 2 3				• 서양무용의 역사 • 기본 스텝 익히기 • 민속무용(미국)
4	4 5 6 7				• 리듬체조(에어로빅댄스) • 현대무용의 기초 • 민속무용(러시아)
5	8 9 10 11				• 중간고사(필기테스트) • 민속무용 • 기본 스텝 익히기
6	12 13 14 15				• 리듬체조 실기 테스트 • 무용 비디오감상(지젤)
7	16 17				• 학기말 고사
8					하계방학
9	18				• 민속무용 이론
10	19 20 21 22				• 포지션과 각나라의 특징 • 민속무용 • 즉흥훈련
11	23 24 25 26				• 중간 고사 • 탈춤사위 익히기 (봉산탈춤)
12	27 28 29 30				• 봉산탈춤 기본 • 테스트
1	31 32				• 비디오 감상 (호두까기 인형) • 기말고사
					동계방학
2	33 34				민속무용

(2) 2학년

월	주	요일	예정	예정	단원
3	1 2 3				• 한국무용의 역사 종류 • 민속무용(이스라엘)
4	4 5 6 7				• 리듬체조(에어로빅댄스) • 민속무용(영국) • 민속무용(미국) • 중간고사(필기테스트)
5	8 9 10 11				• 민속무용 • 즉흥 훈련
6	12 13 14 15				• 몇가지 동작 훈련 실기 테스트 • 즉흥훈련(단어무용 동작) • 무용비디오감상(지젤)
7	16 17				• 학기말 고사
8					하계방학
9	18				• 창작 무용 이론
10	19 20 21 22				• 창작무용(형식 공간형성) • 라반의 8가지 에포트 • 즉흥훈련
11	23 24 25 26				• 중간고사 • 창작법설명(조별토론)
12	27 28 29 30				• 연습 • 발표 • 비디오감상 (로미오와 줄리엣) • 기말고사
1	31 32				
					동계방학
2	33 34				민속무용

2. 학습지도 계획안

연간계획이 끝난 뒤에는 실제 학습지도를 위하여, 단원별 교수 학습계획안과 한 시간 수업을 위한 학습지도안을 작성하는 일이다. 학습내용이 선정되면 반드시 매 시마다 지도안을 지침하여 학습활동을 효율적으로 운영하는 것이다. 연간 계획안에 의거하여 학습단원을 계획하고, 학습지도안을 지참하고 수업에 임하는 일은 무용교사의 매우 중요한 책무이다.

〈표 13-9〉과 〈표 13-10〉은 무용과 교생이 작성한 여자 중학교 민속무용의 단원계획과 창작무용 학습지도안의 예이다.

〈표 13-9〉 창작무용 학습지도안

단원	창작무용	대상	S여중 1학년	일시	0000년 0월 0일	장소	본교무용실
본 시의 과제		한용운의 '님의 침묵'에서 동사의 표현					

1. 잠재되어 있던 자기 표현력과 창의력을 일으킬 수 있도록 한다.
2. 시에 대한 보다 빠른 이해력과 풍부한 감수성을 일으키게 한다.
3. 즉흥적으로 동작의 이미지화를 이루게 한다.
4. 완성된 창작무용을 발표함으로써 사기를 북돋워주고 기쁨을 만끽하게 한다.

학습자료			교사		학생		
			카세트, 테이프, 한용운의 '시', '무비카메라', TV, 출석부		운동복 또는 무용복, 슈즈		
단계	지도내용	시간	교수-학습활동		지도상의 유의점	도달점	학습형태
			교사활동	학생활동			
도입	출석 점검 및 학생 실태 파악	5분	• 학생들을 자유롭게 앉게 한다. • 출석을 부른다. 그 다음 학생들의 건강상태 및 복장을 확인하고 지도한다.	• 복장 미비자는 주의를 받고 견학자는 교사의 지시를 받고 지정된 장소에서 견학하도록 한다.	• 복장 미비자는 다음 시간에 반드시 복장을 갖출 수 있도록 지도한다.	• 수업 형태확립	• 일제학습
	본시과제 제시	10분	• 이번 시간에는 한용운님의 시 '님의침묵'을 가지고 거기에 나타는 동사적 움직임을 우리 신체로 표현하겠다고 한다. • 시 유인물을 나눠준다.	• 유인물을 받고 앞을 집중하며 자유롭게 앉아 경청한다.		• 본시 학습 인식	
	이동운동 (스텝 익히기)		• 단일스텝/걷기, 달리기, 미끄러지기, 기어가기, 건너뛰기, 구르기 등 • 복합스텝/투우스텝, 왈츠-	• 교사의 동작을 주의깊게 살펴보고 움직여본다. • 제시된 예를 잘 보고 이것을 실천으로 옮겨	• 공간을 이용하도록 한다		

단계	지도 내용	시간	교수-학습활동 교사활동	교수-학습활동 학생활동	지도상의 유의점	도달점	학습 형태
도입	워킹의 변형		턴, 호핑, 리프 등의 움직임을 제시한다. • 넓게 서게 한다. • 앞 이동운동에 속도, 방향, 무게, 길이 등을 변형시키도록 제시한다. 그리고 그 예를 들어 보여준다. ex) 속도 : 아주 빠르게 걸어본다 아주 느리게 걸어본다 방향 : 뒤, 옆(오른쪽, 왼쪽) 길이 : 큰 웅덩이를 건너본다. 징검다리를 건너본다 무게 : 발목에 아주 무거운 쇳덩이를 달고 있다. • 몸 자세의 높낮이를 조절하도록 한다. ex) up-up-down-down down-up-up-up	응용해 본다. • 쫓기듯이 뛰어간다. 아주 힘겹게 걸어간다. 토끼같이 깡총깡총거리며 간다든지의 동작들을 만들어간다. • 이를 응용하여 up-down-down-up을 한다든지 up-up-up-down을 한다.	• 박자와 시범을 명확히 설명해 준다(시행되는 느낌의 전달).	• 응용 능력과 움직임의 느낌을 알 수 있다.	• 개 인 학 습
	비이동운동 (축운동)		• 굽히기, 흔들기, 펴기, 조이기, 밀기, 당기기 등의 동작을 만들어보도록 하게 하고 앞의 것(이동운동변형)과 응용 연결시키도록 한다.	• 비이동운동들을 하나씩 해 본 뒤 앞의 것과 연결, 응용하여 사랑하는 사람을 만난다든지 무거운 물건을 들고 가는 등의 행동들을 보인다.	• 상상력을 갖도록 시범과 함께 그 느낌을 알 수 있도록 한다.	• 압축과 이완되는 신체의 힘을 느낄 수 있다.	
전개	대형변화	5 분	• 그룹으로 나누기 위해시 다시 모이게 한다. • 자유로운 창작활동, 창작 능력을 키우기 위하여 통제적으로 그룹을 정하지 않고 주제(아이들의 정서를 맞는)명칭을 내어 그 명칭대로 그룹을 만들고 부르게 한다. • 명칭: 짱, 대빵, 슈퍼 울트라 캡틴	• 신속한 동작으로 교시의 지시에 따라서 행동한다. • 학교에서 잘 쓰는 짱이다. 공주병, 대빵만하다 등의 용어들이 나온다. • 5-7명으로 조편성	• 학생수는 특별히 같을 필요가 없으므로 그대로 진행한다.		• 분 단 학 습
	본시과제 설명	20 분	• 나눠주었던 '시'를 꺼내도록 하고 낭독한다. • 시에서 나오는 '동사'와 그와 비슷한 움직임을 나	• 조용히 시를 감상한다. • 날아갔습니다. 걸어서 떨치고 갔습니다. 날아 뒷걸음, 놀란 등의 단어	• 명확하고 큰 목소리로 감정을 실어 읽는다. • 동사적 움직임을	• 감상 능력을 기른다. • 잠재되어 있던 창의력과 표현	

단계	지도내용	시간	교수-학습활동		지도상의 유의점	도달점	학습형태
			교사활동	학생활동			
전개	본시과제 설명	20분	• 타낼 수 있는 글을 찾는다. • 그것들을 움직임으로 나타내도록 한다. 그룹의 친구들과 함께 시에 대한 느낌을 파악한다. • 시를 3단계로 나눈 뒤 각 조의 인원 중 한·두 명을 나오게 한 뒤 뽑기(추첨)를 한 후 각 조별로 1분씩의 자굼을 짜도록 하고 작품 구상 시간 10분을 준다.	• 들을 찾아낸다. • 일렬로 서서 한 삶씩 손을 흔들며 떠나가는 모습을 보인다. • 피해자와 가해자 간의 일어나는 일들 등의 행동들을 만든다. • A조-③, B조-①, C조-② 단계로 나눠졌다. 각 단계별로 그 속의 내재되어진 느낌과 움직임을 접목하여 작품을 열심히 만든다.	• 명확히 제시해준다. • 시간을 명확히 알려주고 +, - 시간 10초씩을 접목시킨다.	• 성을 발휘할 수 있으며 그룹학습을 통하여 의사소통문제 해결과 그룹간의 갈등해소를 한다.	• 분단학습
	종합적인 연습	5분	• 각 조별로 나와서 하도록 한다. • 교사는 5분 가량의 음악을 틀어주고 조별로 연결시켜서 하게 하고 그것을 카메라에 담는다.	• 다른 조가 하는 것을 감상한다. • 앞 조 다음에 바로 나갈수 있도록 준비한다.	• 등·퇴장의 길을 제시해 주어야 한다.	• 비교 분석능력글 함양시켜 준다.	
감상	감상	5분	• 감상을 하기 위해 TV앞에 자유롭게 모이게 하고 앉힌다. • TV를 보여준다. • 느낀점과(TV를 보고 느낀점) 이 시간의 창작학습에 대해 느낀점을 발표하게 한다.	• 신속하게 앉아 감상 준비를 한다. • 유심히 관찰하고 본다. • 느낀점을 발표한다.			

〈표 13-10〉 우리나라 민속무용 교수-학습계획안

| 단원 | 강강술래 | 대상 | T여자중학교 2학년 | 지도기간 | 00년 0월~00년 0월 | 지도교생 | 000 |

단원의 성격

Ⅰ. 교재관

1. 단원 설정의 이유
   강강술래는 '원으로 돈다'라는 뜻이 있다. 그것은 청소년들의 상호협동심을 키우고, 역사적인 배경에 대한 관심을 유발시키기 적합한 단원이다.

2. 강강술래의 역사적인 배경
   임진왜란 때 수군통제사인 이순신 장군에 의해 왜군을 무찌르기 위한 하나의 병술로서 창안되었다는 설이 전해진다. 강강술래는 주로 전라도 해안지대에서 행해졌는데, 이 지방에서는 여자들만의 유일한 놀이로서 일종의 민족유희의 성격으로 행하여지며, 경상도 지방과 북쪽으로 황해도 지방까지도 널리 분포되어 있다.
   또한 강강술래는 주로 추석때에 많이 행하여 졌는데, 이 시기를 전후하여 보름달이 밝은 밤에 행하여 졌다고 한다.

3. 강강술래의 의상과 장단
   우리 민족이 백색을 숭상한 까닭인지 대부분 흰 치마저고리에 긴 고름을 늘어뜨린 복작이었다. 그러나 요즘에는 흰색뿐 아니라 연하늘색이나 연녹색 등 다양한 의상이 사용되고 있다.

4. 강강술래의 단원구성
   강강술래는 원무, 변형무, 줄무 등으로 되어있다. 이를 더욱 더 세분하면 다음과 같다.

원무	변형무	줄무
• 긴강강술래 • 중강강술래 • 자진강강술래	• 남생이 놀이 • 고사리 꺾기 • 가마 등 • 도굿대 당기기	• 청어엮기 • 청어풀기 • 지와밟기 • 덕석몰기와 풀기 • 쥔쥐새끼놀이

5. 강강술래의 특성 및 효과
   1) 강강술래는 우리전통민속무용이기에 정서안정에 도움이 된다.
   2) 강강술래는 혼자서 하는 것이 아니라 상호 협동심을 길러준다.
   3) 강강술래는 운동의 범위가 크기에 전신운동이 된다.
   4) 강강술래는 놀이 방법이 포크댄스와 흡사하나 발생동기나 목적이 서로 다르므로 건전한 오락에만 목적을 두는 것이 아니라 한국의 전통놀이 문화 계승에 교육적 가치를 둔다.

Ⅱ. 학생관

강강술래를 더욱더 효과적으로 지도하기 위해서 학생들을 대상으로 다음과 같은 사항을 설문조사한다.

1. 무용 수업시간에 가장 하고 싶은 수업은?
   ① 발레   ② 한국무용   ③ 포크댄스   ④ 스포츠댄스
2. 포크댄스 중에서 가장하고 싶은 것은?
   ① 미뉴에트   ② 폴로네이즈   ③ 스퀘어댄스   ④ 강강술래
3. 강강술래의 흥미는?
   ① 좋다   ② 싫다   ③ 보통이다

단원	강강술래	대상	T여자중학교 2학년	지도기간	00년 0월~00년 0월	지도교생	000

<table>
<tr><td rowspan="2">단 원 의 성 격</td><td colspan="7">

4. 강강술래의 경험 여부는?
   ① 있다   ② 없다

III. 지도관

1. 강강술래는 상호 협동심을 키우는데 대한 학습 효과를 높이도록 최대한 지도하겠다.
   1) 강강술래가 신체에 미치는 특성 및 효과를 강조하여 학습동기를 유발시킨다.
   2) 강강술래의 단원구성의 필요성을 충분히 이해시키고, 설명 시범 모방 반복연습 교정의 단계로 효율적인 지도 방법으로 계속 지도한다.
   3) 발목부상과 허리부상에 유의하면서 점차 어려운 동작으로 지도한다.
   4) 평가기중을 제시, 학습목표성취 여부를 스스로 평가할 수 있도록 지도한다.

2. 단원의 목표

원무	변형무	줄무
• 강강술래의 특성 및 효과를 이해한다. • 강강술래의 원무·변형무·줄무의 기능을 구분하여 이해한다. • 변형무 중에서 지와밟기의 방법을 이해한다.	• 강강술래의 특성 및 효과를 알고 열심히 연습하는 태도를 갖는다. • 원무·변형무·줄무를 정확하게 이해하고 노력하는 태도를 갖는다. • 안전사고 예방을 위해 서로 긴장하고 협동심을 갖는다.	• 각무의 종류와 기능을 설명한다. • 구성요소를 보일 수 있다.

</td></tr>
</table>

지도요항		차시	지도상의 유의점	학습자료	학습형태
소단원	본 질				
기본지식	• 역사 • 특성과 효과	1	• VTR을 시청하면서 요점을 말하고 이해하기 쉽게 지도한다.	• VTR • 강강술래 • VTR테입	일제학습 개별학습
원무	• 긴강강술래		• 모두 둥글게 서서 서로 손을 잡고 오른발, 왼발을 1박자에 한번씩 디디면서 한다.	〃	
원무	• 중간강강술래		• 긴강강술래와 같이 손을 잡고, 한박자에 한 번씩 위에서 아래로 힘차게 흔들도록 지도한다.	〃	
원무	• 자진강강술래		• 건강술래와 같은 자세로 장단이 빨라짐에 따라 팔을 쭉 펴서 손을 잡고 "왼발"부터 뛰면서 원무하도록 지도한다.	〃	
변형무	• 남생이놀이	2	• 원무하는 사람은 그대로 있고, 두 사람이 원안으로 들어가 배춤, 궁둥이춤을 추도록 지도한다.	〃	개별학습
변형무	• 고사리꺾기		• 뒷사람과 잡은 팔을 선두가 넘어갈 때 안전사고에 유의하도록 지도한다.	〃	일제학습
줄무	• 청어엮기		• 사람과 사람 사이를 왼쪽으로 돌아서 나와야 하는데 이때 팔이 조여지면 오른쪽 어깨 위로 가게 지도한다.	• VTR 테입 • VTR • 강강술래 • 음악테입	
줄무	• 청어풀기		• 오른쪽으로 돌면서 어깨에 있던 팔을 풀어 주도록 지도한다.		
줄무	• 지와밟기	3	• 모든 학생이 허리를 잡고 엎드리면 '한사람'이 등위로 올라가야 되는데 허리 중심부위와 엉덩이 사이를 밟게 지도한다.	〃	일제학습
줄무	• 덕석몰기와 풀기		• 몰기와 풀기는 동작은 같으나 '방향'이 반대인 것에 주의하면서 일열 원이 되도록 지도한다.	〃	일제학습 개별학습
줄무	• 쥔쥐새끼 놀이		• 목에 탄 사람이 떨어지지 않도록 지도한다.	〃	일제학습 개별학습
줄무	• 문열어라		• 선두 두 사람은 손을 맞잡고 문을 만들 수 있게 지도한다. 나머지는 머리에 손이 풀리지 않게 지도한다.	〃	일제학습 개별학습

(지도계획)

제14장 대학무용교육과 지도

Ⅰ. 대학별 무용과의 특성

　대학은 각 분야에서 유능한 교수들이 많이 집결되어 있어서 문제의식을 가지고 새로운 과제를 찾아 집요한 연구를 벌이고 있다. "대학은 교수와 학생의 연구 공동체이다"하는 것은 대학에서의 학문의 탐구가 단순한 지식의 전달뿐 아니라 독창적인 연구가 행해져야 한다는 진리탐구의 전당으로서 의무와 권리를 동시에 규정하는 것이다. 대학은 전인교육을 바탕으로 전문적 지식을 연구·분석하고 발전시켜 사회가 필요로 하는 자질있는 무용전문가를 양성하여야 한다. 대학의 교육활동은 단순히 지식을 전달하는 활동으로부터 무한한 잠재력과 선천적인 능력을 충분히 발휘시킬 수 있는 보다 전문화되고 구체적인 교육으로 전환되어야 한다.
　대학무용과 교과 내용은 이론과 실기를 바탕으로 〈표 14-1〉과 같이 분류할 수 있다.

1. 미국의 대학무용

　일찍이 대학에 무용과가 설립되고, 무용이 대학 교육에 가장 많이 반영된 나라는 미국이다. 다음은 미국내 대학들의 무용교육을 살펴보기로 한다.
　몇 년동안 미국에서는 수많은 조사를 통하여 고등교육에서 무용에 대한 정보를 수집하였다. 그들은 미국에서 무용교육의 성장 정도는 곧 대학에서의 무용의 위치라는 견해가 지배적이다. 1940년대 평론가 월터 테리(Walter Terry)는 《Invitation to the Dance》라는 책을 출판하고 고등교육 안에 무용을 재빨리 확산시켰다.
　이후 정기 간행물 〈Dance Magazine〉에는 고등교육으로서 무용에 대한 연구가 실려 나왔다. 1978년 Dance Directory는 다음의 3가지 표제에 따라 학사학위로부터 석사, 박사의 수준까지 구체적인 프로그램을 제공하였다.

<표 14-1> 2009년 이화여대, 한양대, 중앙대, 세종대 교육과정 참조

분류	과목명
역사원리	한국무용사, 서양무용사, 무용사, 무용개론, 무용학, 마임연구, 무용 제작법
의학.과학	무용해부학, 생리학, 인체해부학, 무용요법입문, 무용기능학개론
예술미학	예술의 이해, 무용미학, 시와무용, 예술론
사회심리분석,비평	무용심리, 색채심리학, 스포츠심리학, 무용사회학, 동작분석, 무용측정평가, 무용비평론
안무	무용구성법, 안무법, 무용기호법
창작	창작론, 무용창작론, 무용창작연구
무대공연	무대미술, 무대비평연구, 분장법, 무대분장
교육강독해설	무용교육론, 무용교수법, 무용원서강독, 무용작품해설 및 비평
무용음악민속학	동작과 리듬, 무용과 음악, 리듬원리, 동양무용음악, 서양무용음악, 현대음악의 이해, 민속학
감상체육	무용감상, 학교보건, 체육원리, 운동기능학, 수영
기타	기독교와 무용, 세미나, 논문지도, 연극론

-교과 내용 분류(실기)

분류	과목명
한국무용	한국무용Ⅰ,Ⅱ,Ⅲ,Ⅳ(Ⅴ,Ⅵ,Ⅶ,Ⅷ), 무용전공실기1, 2, 3
발레	발레Ⅰ,Ⅱ,Ⅲ,Ⅳ(Ⅴ,Ⅵ,Ⅶ,Ⅷ), 무용전공실기1, 2, 3
현대무용	현대무용Ⅰ,Ⅱ,Ⅲ,Ⅳ(Ⅴ,Ⅵ,Ⅶ,Ⅷ), 무용전공실기1, 2, 3
워크샵 창작	한국무용, 발레, 현대무용워크샵, 무용즉흥, 창작실습Ⅰ, Ⅱ, 사회무용프로그램
안무 무용음악	무용실기, 전공별안무1, 2, 3, 4, 타악실기Ⅰ,Ⅱ, 리듬연구
레파토리	레파토리Ⅰ, Ⅱ
민속무용	동양민속무용, 민속무용Ⅰ, Ⅱ
체육실기	리듬체조
교육	교육무용Ⅰ, Ⅱ, 무용측정평가

- **무용교육(dance education)** : 전공 무용 교육과정은 무용교사를 양성하기 위하여 설계하였다.
- **공연예술(performing arts)** : 전공 무용 교육과정은 공연 무용 예술가를 양성하기 위하여 설계하였다.
- **무용전공(dance concentration)** : 체육 또는 Fine arts(미술 특히 그림, 조각, 건축)와 같은 전공 분야의 관련학과에서 전문적인 준비를 위하여 무용이 선택되도록 설계하였다.

따라서 미국 대학에 수많은 무용 교과과정은 최근에 꾸준히 성장하여 왔다. 그리고 새로운 무용과 연극의 연구소들의 수가 점점 증가하였다(Richard Kraus & Sarach Chapman, 1979). 미국의 33개주와 캐나다에서 95개의 기관을 대상으로 1979년 대학의 무용현황을 조사하였다. '여러분은 언제 프로그램을 개설하였습니까?' 라는 질문에서 1960년대 중반부터 1970년대 초 사이에 가장 많이 성장하였다.

대학 무용 프로그램에 개설된 교과목은 크게 현대무용, 발레, 안무, 무용작품, 무용사 / 철학, 무용 교수법, 무용 음악, 움직임의 기본, 째즈 / 희 가극 무용, 민속무용, 무용보, 스퀘어 댄스, 볼륨댄스, 민족무용, 에포트, 무용요법, 무용연구법, 즉흥, 어린이를 위한 무용이 있다. 이러한 교과목 들은 각 대학의 특성에 따라 많은 차이가 있다. Bultr University & Juilliard는 전문적인 무용연기자를 배출하는 사립학원이다. 이 학교에서 는 현대무용과 발레를 교수하며 공연과 작품 경험을 최대한 많이 시킨다.

Brigham Young University는 사립이지만 주립대학과 비슷한 정도이며 이 학교에서는 레크리에이션과 민속무용 등을 수행하고 체육에 역점을 두고 있다. 그밖에 많은 주립대학들, Ohio, Wisconsin, Illinois, Texas Woman's University 등은 전통적으로 현대무용 프로그램을 강조하였으나 최근에 발레가 추가되었다. U.C.L.A 대학원 학생들은 내부적으로 다른 민족 예술을 전공할 수도 있으며, 역사적인 연구, 무용 요법(dance therapy) 혹은 안무, 공연 등을 전공할 수 있다.

〈표 14-2〉는 미국 대학들의 독립된 무용과의 무용교육 현황이다. 표는 각 대학의 재정지원 무용과가 소속된 대학, 학위 수준, 전공 혹은 전공 선택과목들, 그리고 대학의 무용과 학생 등 다양한 정보가 제공되었다.

〈표 14-2〉 미국 대학들의 무용교육 현황

	1. Butler University Indianapolis, Indiana	2. Mills College Oakland, California	3. Stephens College Columbia, Missouri
Enrollment	Over 4,500	1,000	1,700
Type of Institution	Private, Coeducational	Private, Women; Coeducational	Private, Women's
Department Sponsoring Dance	Dance Department in College of Music	Dance Department	Dance Department
Dance Degrees	B.A., B.F.A., M.A., Performing Dance Major	B.A. in Fine Arts; Performing Dance, Dance Education; M.A., M.F.A.	B.A., B.F.A., Performing Dance Major, Concentration, Dance Education
Courses Offered*			
Modern Dance			
Elementary	X	X	X
Intermediate	X	X	X
Advanced	X	X	X
Ballet			
Elementary	X	X	X
Intermediate	X	X	X
Advanced	X	—	X
Choreography	X	X	X
Production	X	X	—
Performing Group	X	X	X
Stagecraft	X	X	—
Other Forms			
Folk	—	—	—
Square	—	—	—
Ballroom	—	—	—
Ethnic	—	—	X
Tap	—	—	—
Jazz/Musical Comedy	—	—	—
Dance History/Philosophy	X	X	X
Dance Teaching Methods	X	X	—
Dance Practice Teaching	X	X	—
Music for Dance	X	X	X
Dance Therapy	—	X	—
Labanotation	—	X	X
Number of Dance Majors			
Undergraduate	100	35	80
Graduate	12	35	—

*Courses listed here include only undergraduate courses.

	4. Juilliard School New York, New York	5. Ohio State University Columbus, Ohio	6. University of Illinois Urbana, Illinois	7. Brigham Young University Provo, Utah
Enrollment	Under 1,000	51,000	35,000	Over 20,000
Type of Institution	Private, Coeducational	State, Coeducational	State, Coeducational	Private, Coeducational
Department Sponsoring Dance	Dance Division	Department of Dance	Department of Dance, Fine and Applied Arts	Dance Division, Department of Women's Physical Education
Dance Degrees	B.F.A., Performing Arts	B.S., B.F.A., M.A., Performing Arts, Dance Education	B.A., B.F.A., M.A., Performing Arts, Dance Education	B.A., Performing Arts, Dance Education
Courses Offered				
Modern Dance				
Elementary	X	X	X	X
Intermediate	X	X	X	X
Advanced	X	X	X	X
Ballet				
Elementary	X	X	X	X
Intermediate	X	X	X	X
Advanced	X	X	X	X
Choreography	X	X	X	X
Production	X	X	X	X
Performing Group	X	X	X	X
Stagecraft	X	—	—	—
Other Forms				
Folk	—	X	X	X
Square	—	—	—	X
Ballroom	—	—	—	X
Ethnic	—	X	X	X
Tap	—	—	—	X
Jazz/Musical Comedy	—	X	X	X
Dance History/Philosophy	X	X	X	X
Dance Teaching Methods	—	X	X	X
Dance Practice Teaching	—	X	X	X
Music for Dance	X	X	X	X
Dance Therapy	—	—	—	—
Labanotation	X	X	X	—
Number of Dance Majors				
Undergraduate	70	98	100	150
Graduate	—	26	12	3

	8. Texas Woman's University Denton, Texas	9. University of California at Los Angeles Los Angeles, California	10. Arizona State University Tempe, Arizona	11. University of Maryland College Park, Maryland
Enrollment	8,700	Over 30,000	37,000	38,000
Type of Institution	State, Women	State, Coeducational	State, Coeducational	State, Coeducational
Department Sponsoring Dance	Department of Dance, College of HPER	Dance Department, Interdisciplinary with Ethnic Arts	Dance Program in HPER Department	Dance Department
Dance Degrees	B.A., B.S., M.A., Ph.D., Performing Arts, Dance Education	B.A., M.A., Therapy, Ethnology, Choreography	B.A., B.F.A., Dance Education Performance, Choreography	B.A., B.S., Performing Arts, Dance Education
Courses Offered				
Modern Dance				
Elementary	X	X	X	X
Intermediate	X	X	X	X
Advanced	X	X	X	X
Ballet				
Elementary	X	X	X	X
Intermediate	X	X	X	X
Advanced	X	X	X	X
Choreography	X	X	X	X
Production	X	X	X	X
Performing Group	X	X	X	X
Stagecraft	—	X	—	—
Other Forms				
Folk	X	X	X	—
Square	X	—	X	—
Ballroom	X	—	X	—
Ethnic	X	X	X	X
Tap	—	—	—	—
Jazz/Musical Comedy	X	—	X	X
Dance History/ Philosophy	X	X	X	X
Dance Teaching Methods	X	X	X	X
Dance Practice Teaching	X	X	X	X
Music for Dance	X	X	X	X
Dance Therapy	—	X	—	X
Labanotation	X	X	X	X
Number of Dance Majors				
Undergraduate	60	100	130	120
Graduate	30	75	4	—

- 미국 대학 무용(학)과

1926~1927년 Wisconsin대학의 요람에 "무용전공"이 최초로 인쇄·발행되었고, 1962년 UCLA에 독립된 무용학과가 설립되었다. 현재 미국대학의 무용과는 Dance Department, School of Dance, Performing Arts, Dance Education, Division of Dance 등의 성격을 가지고 있어 소속대학도 다양하고 전문적이며 세분화되어 있음을 알 수 있다.

교과과정 역시 각 대학의 특성에 따라 다르게 제시하고 있다. 예를 들면 이론과 실기의 비율에 있어서는 Dance Department, School of Dance, Performing Arts에서는 실기과목 비율이 높고, Dance Education은 이론과목의 비율이 높다. 그러나 기본적인 과목구성에 있어서는 공통적인 면이 나타나고 있는데, 이론과목의 경우에 기초이론(원리, 예술, 역사), 무용창작, 무용과학, 무용음악이 포함되어 있으며, 실기과목의 경우에는 현대무용, 발레, 기타실기, 레파토리, 무용창작, 음악, 무대구성 부분이 공통적으로 포함되어 있다. 과목별 특징을 보면 Dance Departement에서 강조하는 과목은 현대무용이며, School of Dance에서는 무용구성을, Performing Arts는 무대구성과 발레와 기타 실기를, Dance

〈표 14-3〉 미국 대학 교과내용 이론과목(New York University, University of California, Santa Babara, University of South Florida)

분류	과목명
역사	무용사 I , II , 무용의 역사와 감상, 무용사와 이론 I , II . III . IV. V. VI. 예술사, 무용역사, 발레외 역사, 현대 무용사의 비평, 무용형식사, 미국뮤지컬의 역사
의학, 과학	리듬분석, 인체의 운동감각, 신체조정
예술비평미학	무용미학, 예술형식에서의 무용, 여성과 무용
교육	교육원리와 방법, 교육과 사회, 교육실습, 교육철학, 아동발달, 교육과정, 특수교육개론, 무용교육방법, 유아무용교육, 인간의 발달과 학습, 교사측정, 무용의 오리엔테이션, 무용이론의 교육
무용 음악	무용반주음악, 20C 음악의 연구, 음악사와 작곡, 음악문화, 안무가를 위한 음악
민속학	종족민속무용연구, 아프리칸무용형식
기호법	기초 레바노테이션, 무용기호법의 역사, 레바노테이션, 중급 레바노테이션
안무	무용구성 I , II , III , IV, 무대안무, 기초안무법, 체계적인 안무법, 환경예술안무
무대공연	무용제작인 무대공연제작, 무용제작연출 고급과정, 무용수를 위한 조명디자인 및 제작, 공연필수요소들에 관하여
주제(Topic)	스페셜 주제
계획(Project)	4학년 프로젝트, 4학년 고급연구, 무용단체 연구
비디오	무용수를 위한 비디오

〈표 14-4〉미국 대학 교과내용 실기과목

분류	과목명
현대무용	무용테크닉과정Ⅰ,Ⅱ,Ⅲ,Ⅳ, 중/고급 현대
발레	무용테크닉과정Ⅰ,Ⅱ,Ⅲ,Ⅳ,,중/고급 바레이션, 포인트
워크샵	디렉팅 및 안무 워크샵, 무용워크샵, 무용교육세미나
레파토리	무용레파토리
기타무용	Jazz고급, 다중문화부흥 뮤지컬, 코미디무용
무용즉흥	즉흥무용
기초무용 프로그램	기초 Tap
무용실습	무용공연, 무용공연 감상
무용교육실습	무용 레파토리 실습, 인턴과정
안무기능	안무, 음악과 안무
움직임	연기, 동작분석
단독연구	단독연구
비디오	무용수를 위한 비디오
자체무용협회	무용공연 리허설

Education에서는 무용교육과 무용치료에 대한 실질적인 차별화를 두고 있다(이정희, 1994).

2. 하계 무용 프로그램

고등무용교육에서 가장 흥미로운 것 중의 하나는 일반적인 대학생 이상에게 자격이 주어지는 그 지역 전체의 특별한 하계 프로그램과 워크숍이 크게 확산되어 있다.

미국 북동부의 Connecticut 대학의 여름 무용 페스티벌은 수년 동안 이런 유형의 특별한 프로그램을 내 놓았고, Colorado College와 Massachusetts에 있는 무용학교에서도 여름 동안에 많은 대학생들이 참석한 가운데 특별한 무용 프로그램들이 철저히 진행되고 있다. 이 밖에도 많은 대학은 사람들을 무용 교과이론과 무용기능을 보강하기 위하여 여름 계절 학기에 초대하고 있다.

하계 무용 프로그램 KDF

3. 특수성

분명히 각 과나 혹은 대학에 따라 무용 프로그램의 특수성이 있다. 예를 들어 콜롬비아 대학의 무용 프로그램은 Effort-shape과 Labanotation에 역점을 두고, Rudolf von Laban 의 무용 개념과 동작, 스포츠, 활동 유형, 제스추어, 신체적 무용요법, 심리학, 인류학 등을 다루고 있다. Taxas Christian University는 하나의 전공분야로서 교육과정상 발레를 강조하고 있다.

많은 다른 대학들도 무용 공연이나 무용 교육뿐만 아니라 다른 예술의 형식과도 접목시키거나 학문적인 연구로 그 특수성을 살렸다. 때에 따라 이웃 대학들은 특별한 프로그램을 서로 협력하거나 자료들을 서로 공유한다. 또한 학점교환제도와 교수 교류들을 실시한다.

4. 석사과정의 무용 프로그램

일반적으로 석사과정의 무용 프로그램은 학부의 교과과정보다 더 이론적이며 무용 교육에 대하여 크게 전문화된 양상이다.

예를 들어, North Carolina 대학은 무용을 36학점 이수해야 예술석사를 부여한다. 전공 교과목은 몇 개 수준의 안무법, 컨템퍼리 무용, 무용 비평, 무용 교육, 무용의 인류학적 양상들, 무용보 그리고 무용을 위한 음악 등을 연구한다.

U.C.L.A는 다음과 같은 영역에서 예술석사와는 별도로 전문성을 부여하였다. 즉 안부, 무용비평, 무용 민족학, 무용 기능학, 무용 공연, 무용 요법, 무용 교수와 영역들이 있다.

몇몇 학교 교과과정에는 대학원에서도 공연에 역점을 두고, 음악 혹은 영화처럼 창작 활동이 계속되는 데도 있다. 예를 들면, Michigan 대학에서는 현대무용, 발레 민족 무용, 째즈 댄스 기법, 레퍼토리, 안무, 무용의 문화적 개념, 무용교육 등을 포함한 예술(Fine Arts) 석사학위를 수여하고 있다.

일반적으로 사범대학 혹은 교육대학원에 소속되어 있는 대학원 프로그램은 기술 수행을 계속하거나 개인의 특별한 기법을 개발한다기 보다는 본질적인 학문과 이론적인 연구에 초점을 맞추고 있다. 그러한 프로그램은 체육과를 통하여 관장되어졌고, 대학원생들은 학문적으로 생리학, 역학, 운동학습과 수행, 무용과 스포츠에 나타나는 인간 움직임의 심리적, 사회적 양상들에 관한 교과목들이 개설되어 있다.

이와는 달리 New York Uni, Sarah Lawrence College, Smith College, Temple Uni에서는 대학원 과정에도 기술과 수행능력을 개선시키기 위한 수업을 계속한다.

전통적으로 예술은 신중하며 학문적인 가치가 높다기 보다는 일반적으로 인간 중심적이며, 사회적이며, 형이하학적이었다. 무용미학과 무용 평론이 다른 학문적인 분야만큼 심도있게 개발된다면, 무용은 진지한 각도에서 대학사회의 존경을 얻게 될 것이다. 무용 공연과 안무, 무용교육, 무용 요법, 그리고 무용의 미학과 평론 등은 대학원 혹은 전문과정에서 세분화되어 이루어지고 있다.

KDF 하계 무용

5. 무용교육의 다른 근원들

  미국 내에 무용교육의 또다른 중요한 교육기관은 공립학교나 혹은 큰 기관이 아니고, 공연예술과 무용 그 자체에만 전념해 있는 사설 학원, 연구소 등이다. 그들의 중요 목적은 무용의 기술수행 수준을 높이는 것이고, 많은 젊은이들이 무용 예술의 전문적인 훈련을 받는다. 경우에 따라, 정규학교가 끝난 후 교외활동을 하는 학생들도 있지만, 전시간을 오로지 그 학원에만 출석하는 학생들도 있다. 그러한 사설 학원, 연구소, 아카데미 하우스 등은 특별 여름 캠프와 연수 등에서 무용의 기술수행을 크게 향상시킬 뿐만 아니라 무용의 전문가는 아니지만 관심있는 어린이와 성인들에게 창의적이며 예술적인 만족감을 부여하는 특별 프로그램을 개설하기도 한다. 이상에서 미국 전역에 있는 다양한 무용교육의 현장들을 살펴보았다.

6. 우리나라 무용과의 특성

우리나라에서는 1963년 이화여대에서 처음으로 무용과가 개설된 이래 현재 4년제 대학에 40여 개(2000년도)의 무용과가 있다. 그 이전에는 대학의 무용은 체육과에 소속되어 체조, 혹은 수영, 구기와 같이 체육의 한 분야로서 대학교육 내에서 그 명맥을 유지하여 왔다.

무용의 일반적 이해와 함께 전공 영역의 이론적, 과학적 연구를 대학 무용과에서 시도하는 방식이 70년대 이후 계속되고 있으나, 많은 대학의 무용과에는 입학 당시부터 전공을 크게 현대무용, 발레, 한구구용으로 구분하여 실기 중심의 공연예술에 치중해 온 것이 사실이다. 오늘날 무용과 혹은 무용학과는 체육대학, 예·체능대학, 이과대학, 인문대학, 사범대학 등 소속되는 대학도 타 학과에 비해 매우 다양하다. 학과가 어느 대학에 소속되어 있는가에 따라 대학별 무용과의 특성에 차이가 있을 것이다.

각 학교 무용과의 소속 대학에 따른 이론 교과목의 특성을 구분해 본다〈표 14-5〉.

〈표 14-5〉에서 소속 대학별로 개설된 이론 교과목을 구분해 보았지만 꼭 한정되 있는 것은 아니다. 그러나 각 대학별로 무용과의 특성을 살려 과학적이 접근방법을 무용이론을 정립해 나가는 것이 바람직할 것이다.

〈표 14-5〉 대학별 교과목의 특성

• 예술대학	예술학-무용사, 무용원론, 예술론, 민속학, 색채학, 미학, 평론, 예술심리 등 공연예술-무대론, 연기법, 무용음악, 분장법, 무대장치, 의상 등
• 사범대학	교육론, 무용교육과정, 무용교수법, 무용교육론, 무용사, 무용평가, 운동심리 등
• 인문과학대학	인류학개론, 문예, 무용사회학 등
• 이과대학	해부학, 생리학, 무용역학, 무용요법, 무용심리 등
• 체육대학	트레이닝 이론, 기능학, 역학, 운동생리, 체육원리, 운동심리, 무용교육 등

II. 대학별 무용과 교과내용

우리나라 대학의 무용과에서 거의 공통적으로 교수되고 있는 이론과목은 한국무용사, 서양무용사, 무용원론(혹은 무용통론)이 있고 실기과목은 예외 없이 한국무용, 발레, 현대무용을 수업하고 있다. 또 10여 개 이상의 학교에서 전공필수나 혹은 선택과목으로 무

〈표 14-6〉 체육교육학과 교육과정의 무용교과목 학점수 및 비율

학교명(27)	수업내용										
	한국무용	현대무용	발레	창작무용	교육무용	민속무용	기초무용	무용원론	무용사	예술론	무용장단
강원대학교	1		1	1	1						
건국대학교							1				
경남대학교	1	1		1	2	2					
경북대학교	2	2		2	2						
경상대학교	1	1						1			
고려대학교								1			
공주대학교					2			2			
관동대학교		1	1		1						
국민대학교	1	2	1	1	1				2		
대구효성카톨릭	2		1		2			1			
단국대학교		2	1								
동국대학교	4		4	3		1		3	3		
부산대학교	4	4	4	1	2			2			
서울대학교	4	4		2	2	1		2	1	2	1
서원대학교					4						
숙명여자대학교	1	1	1		1						
연세대학교	3	2				2					
영남대학교	1	2	1	2		3					
원광대학교	1	1			1						
인하대학교	2	2			2						
전남대학교	2	1	2	2	1						
전북대학교	2	2	2		1						
중앙대학교	2	2			2						
청주대학교								1			
충남대학교	2	2	2			1		2			
충북대학교		2									
한국교원대학교	1	1		3	1	1		2			
계(%)	37 (20.7)	35 (19.6)	21 (11.8)	18 (10.1)	30 (18.8)	11 (6.1)	7 (3.9)	13 (7.3)	4 (2.2)	2 (1.1)	1 (0.6)

용음악, 미학, 창작법, 무용감상(해설), 무대미술(혹은 무대론), 색채학, 민속학, 해부학, 예술론(예술학), 연기법 등이 있다.

특징적으로 체육대학에 소속되어 있는 무용과에서는 체육원리, 신체해부학, 체육측정평가 등의 이론과목을 필수 또는 선택으로 하고, 리듬체조, 신체조 또는 도수체조 등을 20여개 대학에서 교과목을 개설하여 학점을 이수하도록 한다.

한편 우리나라의 중·고등학교 체육(무용 포함)교사를 양성하고 있는 사범대학 소속 체육교육학(27개)의 무용교과목 내용 현황은 〈표 14-6〉과 같으며 내용분석 결과 현재 체육교육학과의 무용수업은 실기과목이 전체 90%, 이론과목이 10%로 이중 이론과목의 내용은 무용원론(7.3%), 무용사(2.2%), 예술론(1.1%)으로 나타났고, 실기과목은 한국무용(20.7%), 현대무용(19.6%), 교육무용(18.8%), 발레(11.8%), 창작무용(10.1%), 민속무용(6.1%), 기초무용(3.9%), 무용장단(0.6%) 순으로 나타났다(김선주, 1997).

III. 무용과 학생들의 의식과 진로

무용이 교육과정상에서 독립성을 유지시켜야 한다는 이상과 달리 현실적으로 그렇지 못하다. 교육법적으로 무용은 독립된 지위를 차지하지 못하고 있으며 교육법 시행령 제71조 제3항에 '체육(무용을 포함한다)' 이라는 문장을 보면 확실히 알 수 있다. 일단 무용의 교육법적 지위가 이러한 이상, 무용의 교과 편성에서나 수업 시간수 할당, 평가의 비중에서 무용은 체육의 영역 하에 있으므로, 체육의 일부에 그쳐 양적으로 만족스럽지 못할 뿐만 아니라 질적인 향상도 기대에 미치지 못하는 실정이다.

그러나 문화예술 관련 법령에서의 무용은 독자적 지위를 누리면서 적어도 운동이나 스포츠 경기와는 구분되어 있어(공연법 제22조 참조), 교육법 시행령에서의 무용의 지위와는 상당한 차이를 보여주고 있다.

무용이 독자적인 교과목으로 시행되지 않는 중등 교육과정에도 불구하고 대학의 무용과 혹은 무용학과에서는 매년 신입생을 모집하고, 반면에 매년 배출되는 졸업생들은 그 진로가 극히 제한된 가운데 사회와의 연계에 어려움을 겪고 있다.

다음은 무용 교육 개선을 위한 무용전공 대학생들의 의식 조사(서울시내 5개 대학을 중심으로:1989, 김은정) 결과를 종합해 보면 다음과 같다.

① 무용과를 택한 대부분 학생들의 이유는 적성에 맞고 무용에 대한 자신감이 있기 때문이다.
② 대학에서 무용에 대한 연구는 가끔 밖에 하지 않는 실정이며, 일반적인 무용이론, 전공이론에 대해 부족함을 느끼고 있다.
③ 현행 대학 무용교육은 고등학교 무용교육과 무관한데(과반수 이상이 50% 이하라고 답함), 그 이유는 교육 행정상 무용이 체육교과의 일부에 속해 있고, 교육과정상 교육적인 면이 부족하다고 느낀다.
④ 무용교과가 독립해야 하는 이유는 교육의 수단으로서 무용의 위치가 확고해질 수 있고 무용의 위치를 높일 수 있기 때문이다.
⑤ 학교무용과 예술무용은 같지 않다.
⑥ 대학 졸업후의 진로계획은 대학원이 가장 많고, 그 다음이 무용단 가입이다.
⑦ 선배 무용인들을 개관적으로 본 입장은 예술적인 면이 있지만 지적인 면이 결여되어 있고(94%), 또한 두 가지 모두 충분치 못하다(80%).

위의 결과들을 종합해 보면 무용과 대학생들 스스로가 무용교육에 대해 정확히 알지 못할 뿐만 아니라 지적갈등을 느끼고 있다. 장래의 희망과 사회적 인식에 대해 불안을 느끼고 있다. 이것은 곧 학문적인 토대가 튼튼하지 못함에 대한 불안이라 볼 수 있다.

우리나라 대학에 무용 전공자들 중에 무용 미학, 무용 교육학, 무용 평론가, 예술론, 무용 심리학자 등 무용에 대한 학문적 전문가들과 창작법, 연기법 등을 다루는 안무가들을 배출하는 것은 무용가(performer)를 양성하는 것만큼이나 중요하다는 사실을 인식해야 한다.

또한 학교교육에서 무용예술가 교육을 일률적인 대학 교육 프로그램으로 편성하기는 사실상 어려운 일이다. 따라서 무용교육자 양성과 실기 중심의 무용교실 시스템이 전문적으로 따로 이루어져 직업성이 보장되어야 할 것이다.

부록: 학교별 무용교육과정 (1946~2007)

초등학교 무용교육과정
중학교 무용교육과정
고등학교 무용교육과정
대학별 무용교육과정

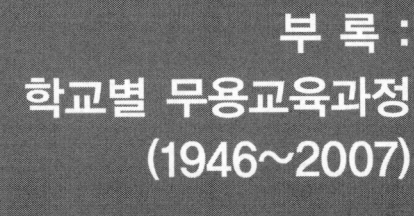

1. 초등학교 무용교육과정

⟨제 1차 무용내용 문교부령 제44호(1955. 8. 1. 제정공포)⟩

● 리듬놀이

1) 노래 맞추기

1, 2학년	3, 4학년	3, 4학년
① 몸 익히기 흉내내기로부터 리듬에 맞게 하는 놀이(춤)를 통하여 몸익히기의 기초훈련 (보기) 학교, 인사, 체조놀이, 얼룩송아지, 단풍, 산토끼, 눈오시는 아침, 어린이 음악대	① 몸 익히기 리듬에 맞추어 하는 놀이를 통하여 몸익히기의 기본훈련 (보기) 유쾌하게, 스케이팅, 숨바꼭질	① 몸 익히기 춤추기로서 몸익히기의 기본훈련 (보기) 큰별, 남양의 달, 들놀이, 통일 행진곡
② 리듬훈련 ㉠ 템포감 　지속도 ㉡ 박자감 　두박자, 네박자 ㉢ 강약감 ㉣ 리듬반응 　리듬의 기초(음악과 관련)	② 리듬훈련 ㉠ 템포감 　지속도 ㉡ 박자감 　두박자, 네박자, 세박자 ㉢ 강약감 ㉣ 리듬반응 ㉤ 음가(音價) 나타내기 　1/4, 1/3, 1/2	② 리듬훈련 ㉠ 템포감 　지속도 ㉡ 박자감 　다섯박자, 여섯박자 ㉢ 강약감 ㉣ 리듬반응 　대위법 　당김법 ㉤ 음가 나타내기, 각종 음부, 삼연음부

2) 표현놀이

① 옮겨가기 ㉠ 이동 　직선상의 이동(전후진, 후진) 　원주상의 이동 ㉡ 걷기의 기초 워킹, 스킵핑, 런닝, 개롭핑, 점핑	① 옮겨가기 ㉠ 이동 　직선상의 이동(전후진, 후진) 　원주상의 이동(이중원, 접원) ㉡ 걷기의 기초 홉핑, 투스텝, 스라이딩 스텝	① 옮겨가기 ㉠ 이동 　제자리 움직임, 원주상의 이동, 곡선상의 이동, 회전이동, 교차상의 이동 ㉡ 걷기의 기초스텝의 결합 　굿거리조
② 나타내기 ・모방표현 - 동물, 기계, 기타의 흉내내기 ・교사에 따른 즉흥 (보기) 병아리, 개구리, 시계, 자전거, 토끼, 기타	② 나타내기 ・모방표현 - 생활, 자연, 사람, 사실 ・교사에 따른 즉흥 (보기) 빨래, 청소, 교통순경, 불	② 나타내기 ・모방표현 - 자연, 추상, 기타 (보기) 봄바람, 꿈, 명랑, 기타 주제에 의한 것
③ 춤추기 一인, 二인, 多數인, 자유 (보기) 나비와 꽃, 강아지, 고기잡이, 골목대장, 기차, 행진놀이, 사람의흉내	③ 춤추기 一인, 二인, 三인, 多數인, 자유 (보기) 소풍, 볼, 공놀이, 농부, 꼬리잡기	③ 춤추기 一인, 二인, 三인, 多數인 (보기) 물새, 김장놀이, 자유의 종

3) 기타

1, 2학년	3, 4학년	5, 6학년
감상	감상	감상

〈제 2차 무용내용 문교부령 제119호(1963. 2. 15. 제정공포)〉

1) 리듬놀이

1, 2학년	3, 4학년	3, 4학년
목표 음악에 맞춰서 움직일 수 있는 기초적 기능을 기른다.	**목표** 음악에 맞춰 자유롭게 움직일 수 있도록 하여 즐겁게 놀이를 하게 한다.	**목표** 여러 가지 리듬에 맞는 놀이를 창작하여 생활을 윤택하게 할 수 있게 한다.
몸익히기 • 동물, 기계, 생활 등의 흉내내기 • 걷기, 달리기, 뛰기, 굽혀펴기, 구르기, 돌기, 흔들기 등의 운동으로 좋아하는 노래에 맞추어 흉내내기 (보기) 태극기, 학교, 산토끼, 얼룩송아지, 달, 봄노래, 기차놀이, 들놀이, 썰매, 기타	**몸익히기** • 동물, 기계, 자연, 생물 등의 흉내내기 • 걷기, 달리기, 뛰기, 굽혀펴기, 돌기, 휘돌리기, 흔들기 등의 운동으로 좋아하는 노래에 맞추어 흉내내기 (보기) 어린이날, 나팔꽃, 시냇물, 기차길옆, 달따러 가자, 눈사람, 얼음지치기, 내동무, 고향의 봄, 시계, 기타	**몸익히기** • 자연, 생활, 동화 등에 따르는 흉내내기 • 걷기, 달리기, 굽혀펴기, 돌기, 휘돌리기, 흔들기 등의 운동으로 좋아하는 노래와 곡에 맞추어 흉내내기 (보기) 연, 팽이치기, 어린이왈츠, 소풍, 우리의 소원, 방울소리, 종소리, 쾌지나칭칭, 가을, 반달, 산바람 강바람, 소녀의기도
리듬훈련 2박간, 4박간의 운동에 대한 리듬감의 기초 ㉠ 템포감: 빠르게,느리게 ㉡ 박자감: 2박자, 4박자 ㉢ 강약감: 강하게, 약하게 ㉣ 리듬반응	**리듬훈련** 2박간, 3박간, 4박간의 운동에 대한 리듬감의 기초와 변화 ㉠ 템포감: 같음 ㉡ 박자감: 2박자, 3박자, 4박자 강약감: 같음 ㉢ 리듬반응	**리듬훈련** 2박간, 3박간, 4박간, 6박간, 8박간의 운동에 대한 리듬감의 기초와 변화 ㉠ 템포감: 같음 ㉡ 박자감: 2박자, 3박자, 4박자, 6박자 ㉢ 강약감: 같음 ㉣ 리듬반응 ㉤ 리듬꼴
옮겨가기 ㉠ 전후로 이동과 좌우로 돌기 　직선상 　원주상 ㉡ 걷기나 뛰기의 기초 (보기) 워킹 스텝, 스키핑 스텝, 러닝 스텝, 갤러핑 스텝, 점핑 ㉢ 간단한 민속무용을 통한 이동 (보기) 구우스 타우스 스콜, 맥홉 오버디어	**옮겨가기** ㉠ 전후 또는 측면으로 이동과 좌우로 돌기 　직선상 　원주상(이중원, 접원) ㉡ 걷기나 뛰기의 기초 (보기) 호핑 스텝, 투스텝, 스케이팅 스텝, 왈츠 스텝 ㉢ 간단한 민속무용을 통한 이동 (보기) 에스홉 엔드 다이아몬드, 파티케이크, 폴카	**옮겨가기** ㉠ 전후 또는 측면, 기타 여러 방향과 좌우로 돌기 　직선상 　원주상 　곡선상 　교차선상 　이동의 결합 ㉡ 걷기나 뛰기의 결합 ㉢ 우리나라 춤의 걷기 (보기) 1박 1걸음 2박 1걸음 2박 3걸음 4박 1걸음 ㉣ 민속무용을 통한 이동 (보기) 터치커플스, 왈츠, 칸트리댄스

2) 표현놀이

1, 2학년	3, 4학년	3, 4학년
목표 이야기나 음악에 맞춰서 여러가지 방법으로 움직이고 나타내는 기초적 능력을 기른다.	**목표** 표현의 대상을 알고 합리적으로 표현할 수 있는 초보적 기능을 기른다.	**목표** 여러 가지 기초기능을 살려서 표현놀이를 할 수 있게 한다.
나타내기 ㉠ 동물, 기계, 생활, 기타의 형태와 운동의 흉내 ㉡ 교사에 따른 즉흥적인 흉내 (보기) 병아리, 참새, 개구리, 송아지, 비행기, 자전거, 기차, 토끼, 교통순경, 학교, 기타	**나타내기** ㉠ 동물, 기계, 자연, 사람, 생활 등의 형태 특징의 흉내 ㉡ 교사에 따른 즉흥표현 (보기) 빨래, 청소, 숨바꼭질, 줄넘기, 공놀이, 물결, 고기잡이, 팽이치기, 제기차기, 기타	**나타내기** ㉠ 자연, 생활, 추상 등의 감정 나타내기 ㉡ 음악에 따른 즉흥훈련 (보기) 바람, 꽃밭, 구름, 김장놀이, 꿈, 명랑, 기타
춤추기 알맞은 인원으로 춤추기 (보기) 나비와 꽃, 강아지, 기차, 동물원, 토끼와 거북이, 기타 자유 제목	**춤추기** 알맞은 인원으로 맞춰 춤추기 (보기) 소풍, 봄, 즐거운 놀이, 농부, 고기잡이, 기타 자유 제목	**춤추기** 알맞은 인원으로 구성하여 춤추기 (보기) 우리의 소원, 가을의 풍경, 자유의 종, 풍년, 물새, 흥부와 놀부, 기타 자유 제목
감상 • 교사나 남의 운동을 잘 보고 좋은 점을 찾기	**감상** • 교사나 남의 운동을 자세히 관찰하고 좋은 생각이나 표현 찾기	**감상** • 움직임과 공간 구성 찾기 • 의상이나 음악의 관계

〈제 3차 무용내용 문교부령 제 310호(1973. 2. 14. 제정공포)〉

학년	무용

1학년	〈민속무용〉
	가. 누구나 사이좋게 어울려 리듬에 맞추어 춘다.
	   ① 세배놀이
	   ② 킨더폴카
	〈표현무용〉
	가. 사물의 형태와 운동의 특징을 알아내어 그럴듯하게 흉내낸다.
	   ① 강아지, 병아리, 토끼, 거북, 참새, 달, 별, 비, 꽃, 비행기, 로케트, 기차, 자동차, 교통순경, 선생님 등의 형태와 운동을 흉내낸다.
	   ② 흉내내기 운동을 줄거리에 따라 춤으로 꾸며 아름답게 춤추기
	      보기 : 토끼와 거북, 동물원, 새의 하루 ③

2학년	〈민속무용〉
	가. 리듬에 맞추어 누구나 사이좋게 짝지어 흥겹게 춤춘다.
	   ① 설날놀이
	   ② 런던 브리지
	〈표현무용〉
	가. 사물의 형태와 운동의 특징을 알아내어 그럴듯하게 흉내낸다.

2학년	① 나비, 개구리, 송아지, 말, 새, 고양이, 나무, 고기잡이, 자전거, 기타 등의 형태와 운동을 흉내내기 ② 흉내내기 운동을 줄거리에 따라 춤으로 꾸며 아름답게 춤추기 　보기 : 꽃동산, 연못 속의 고기와 새, 기계놀이
3학년	〈민속무용〉 가. 누구나 사이좋게 어울려 춤의 특징을 살리면서 정확하게 춤춘다. 　① 제기차기 　② 구우스타우스 스코올 　③ 파티케이크 폴카 〈표현무용〉 가. 사물의 특징을 잡아 알맞은 동작을 그럴듯한 꾸밈새로 흉내낸다. 　① 여러가지 동물, 자연현상, 기계, 인간생활 등의 형태와 운동, 습성 등의 특징을 흉내내기 　② 흉내내기의 특징을 살려서 줄거리를 꾸며 아름답게 춤춘다. 　　보기: 소풍, 달맞이, 즐거운 놀이
4학년	〈민속무용〉 가. 누구나 사이좋게 짝지어 리듬에 맞추어 정확하고 아름답게 춤춘다. 　① 소고춤 　② 에스 오프 다이아몬드 〈표현무용〉 가. 사물의 특징을 잡아 알맞은 동작으로 아름답고 꾸밈새 있게 나타낸다. 　① 여러가지 동물, 자연현상, 기계 등의 형태, 운동, 습성 등을 흉내내기 　② 흉내내기의 특성을 살려서 줄거리를 꾸며 느낌이나 생각이 풍겨나게 춤춘다. 　　보기 : 봄, 새마을
5학년	〈민속무용〉 가. 누구나 사이좋게 어울리고, 춤의 특징을 알아서 정확하고 짜임새있게 춤춘다. 　① 농악무 　② 강강술래 　③ 캄렛 어스 비조이플 〈표현무용〉 가. 사물의 특징을 골라 알맞은 동작으로 아름답고 꾸밈새 있게 나타낸다. 　① 여러가지 사물의 현상이나 변화 등을 흉내내기 　② 음악에 따라 표현하기 　　보기: 우리의 소원은 통일 나. 서로 어울려 생각과 느낌을 춤으로 추며 아름답고 짜임새 있게 춤춘다. 　　보기: 고속도로
6학년	〈민속무용〉 가. 누구나 사이좋게 어울려 춤의 특징을 살리면서 정확하고 짜임새 있게 춤춘다. 　① 농악무 　② 강강술래 　③ 왈츠 컨츄리 댄스 〈표현무용〉 가. 사물의 특징을 골라 알맞은 동작으로 아름답고 꾸밈새 있게 나타낸다. 　① 여러가지 사물이나 우주의 현상, 변화 등을 흉내내거나 음악에 따라 표현하기 　　보기: 풍년 　② 서로 어울려 생각과 느낌을 춤으로 추며 아름답고 짜임새 있게 춤춘다. 　　보기: 남북통일

〈제 4차 무용내용 문교부 고시 제442호(1981. 12. 31. 제정고시)〉

학년	무용
1학년	① 간단한 움직임으로 노래에 맞추어 놀이를 한다. ② 동물, 자연, 기계 등의 모양과 움직임을 간단하게 흉내낸다.
2학년	① 간단한 움직임으로 노래에 맞추어 놀이를 한다. ② 동물, 자연, 기계 등의 모양과 움직임을 간단하게 흉내낸다.
3학년	① 간단한 민속무용을 한다. ② 동물, 자연, 기계및 생활주변에서 일어나는 현상에 대한 느낌을 표현한다.
4학년	① 간단한 민속무용을 한다. ② 동물, 자연, 기계및 생활주변에서 일어나는 현상에 대한 느낌을 표현한다.
5학년	① 정확한 동작으로 여러 가지 대형의 민속무용을 한다. ② 동물, 자연, 기계및 생활주변에서 느끼는 여러 가지 운동 형태나 습성, 또는 특징을 줄거리로 꾸며 춤춘다. ③ 서로 협력하여 목표를 정하고, 이에 따라 무용을 꾸며 발표한다.
6학년	① 정확한 동작으로 여러 가지 대형의 민속무용을 한다. ② 동물, 자연, 기계 및 생활주변에서 느끼는 여러 가지 운동 형태나 습성, 또는 특징을 줄거리로 꾸며 춤춘다. ③ 서로 협력하여 목표를 정하고, 이에 따라 무용을 꾸며 발표한다

〈제 5차 무용내용 문교부고시 제87-9호(1987. 6. 30)〉

학년	내용	무용
3학년	심동적 영역	• 기본운동 　㉠ 이동 운동의 기초기능 익히기 　㉡ 비이동 운동의 기초기능 익히기 　㉢ 조작운동의 기초기능 익히기 • 리듬 및 표현운동 　㉠ 이동 움직임 익히기 　㉡ 비이동 움직임 익히기 　㉢ 신체의 가동범위를 넓히는 움직임 익히기 　㉣ 움직임의 기본요소를 결합하여 단순한 춤을 만들어 추기 • 민속무용 　㉠ 간단한 민속운동 하기
	인지적 영역	• 이론 　㉠ 움직임의 공간과 시간개념 이해하기 　㉡ 움직임의 방향 이해하기 　㉢ 운동명칭 이해하기 　㉣ 운동체의 위치에 대하여 이해하기 　㉤ 운동에 필요한 기초적인 지레의 원리 이해하기
	정의적 영역	㉠ 즐겁고 자신감있게 참여한다. ㉡ 여러사람과 어울려 자신의 역할을 다한다. ㉢ 간단한 운동을 통하여 자신을 표현한다. ㉣ 문제해결을 통하여 성취감을 가진다.

		⑩ 도움이 필요한 동료를 도와준다. ⑪ 동료와 협동하여 조심성있게 운동기구를 다룬다.
4학년	심동적 영역	• 기본운동 ㉠ 이동 운동의 기초기능 익히기 ㉡ 비이동 운동의 기초기능 익히기 ㉢ 조작운동의 기초기능 익히기 ㉣ 신체부위의 지각기능 익히기 • 리듬 및 표현운동 ㉠ 공간을 지각하는 움직임 익히기 ㉡ 힘의 작용을 지각하는 움직임 익히기 ㉢ 움직임의 기본요소를 지각하는 이동, 비이동 움직임 익히기 ㉣ 움직임의 기본요소를 결합하여 단순한 춤을 만들어 추기 • 민속무용 ㉠ 간단한 민속운동 하기
	인지적 영역	• 이론 ㉠ 운동의 동작 명칭 이해하기 ㉡ 움직임을 통하여 신체부위의 명칭 이해하기 ㉢ 움직임 질에 대한 개념 이해하기 ㉣ 움직임에 있어서 안전에 대하여 이해하기
	정의적 영역	㉠ 즐겁고 자신감있게 참여한다. ㉡ 여러사람과 어울려 자신의 역할을 다한다. ㉢ 간단한 운동을 통하여 자신을 표현한다. ㉣ 문제해결을 통하여 성취감을 가진다. ⑩ 도움이 필요한 동료를 도와준다. ⑪ 동료와 협동하여 조심성있게 운동기구를 다룬다.
5학년	심동적 영역	• 기본운동 ㉠ 이동 운동의 복합기능 익히기 ㉡ 비이동 운동의 복합기능 익히기 ㉢ 조작운동의 복합기능 익히기 ㉣ 이동, 비이동 및 조작운동을 결합한 복합기능 익히기 ⑩ 신체부위의 지각기능 익히기 • 리듬 및 표현운동 ㉠ 리듬에 따라 이동, 비이동 움직임 익히기 ㉡ 춤의 기초적인 걸음 익히기 ㉢ 여러가지 춤의 형태 익히기 • 민속운동 하기 ㉠ 여러가지 민속운동 하기
	인지적 영역	• 이론 ㉠ 운동의 기본자세 이해하기 ㉡ 운동과 관련된 용어, 규칙, 안전에 대하여 이해하기 ㉢ 다른 사람이 운동하는 것을 도울 수 있는 방법 이해하기 ㉣ 신체활동이 건강생활에 기여하는 점 이해하기
	정의적 영역	㉠ 다른 사람 집단과 어울려 자신있게 운동에 참여한다. ㉡ 간단한 게임을 만들어 즐긴다. ㉢ 성공과 실패를 긍정적으로 받아들인다. ㉣ 다른 사람의 능력과 한계를 인정하고 칭찬한다.

6학년	심동적 영역	• 기본운동 　㉠ 이동 운동의 복합기능 익히기 　㉡ 비이동 운동의 복합기능 익히기 　㉢ 조작운동의 복합기능 익히기 　㉣ 이동, 비이동 및 조작운동을 결합한 기능 익히기 　㉤ 신체부위의 지각기능 익히기 • 리듬 및 표현운동 　㉠리듬에 따라 여러 가지 도구를 이용하여 움직임 익히기 　㉡운동의 진로와 수준에 따른 이동 움직임 익히기 　㉢여러가지 움직임을 결합하여 춤을 만들어 추기 • 민속무용 　㉠여러가지 민속무용 하기
	인지적 영역	• 이론 　㉠ 운동과 관련된 용어, 규칙 및 안전에 대하여 이해하기 　㉡ 다른 사람이 운동하는 것을 도울 수 있는 방법 이해하기 　㉢ 여가활동의 수단으로서 신체활동의 가치 이해하기
	정의적 영역	㉠ 다른 사람이나 집단과 어울려 자신있게 운동에 참여한다. ㉡ 간단한 게임을 만들어 즐긴다. ㉢ 성공과 실패를 긍정적으로 받아들인다. ㉣ 다른 사람의 능력과 한계를 인정하고 칭찬한다.

〈제6차 즐거운 생활의 내용 교육부고시(1992년)〉

영역＼학년	1학년	2학년
신체활동	• 여러가지 모양과 움직임으로 흉내내기 • 걷기, 달리기, 뜀뛰기 등의 놀이하기 • 시설물이나 기구를 이용하여 놀이하기 • 계절놀이 하기 • 민속놀이 하기 • 안전과 질서를 지키는 놀이하기	• 여러가지 모양과 움직임 및 소리를 흉내내기 • 던지기, 피하기, 이어달리기 등의 놀이하기 • 시설물이나 기구를 이용하여 놀이하기 • 여럿이 어울려 계절놀이 하기 • 여럿이 어울려 민속놀이 하기 • 안전과 질서를 지키는 놀이하기

1) 1학년

가. 신체활동 : 신체활동에서는 여러 가지 놀이를 통하여 운동기능을 발달시켜, 건강하고 명랑한 생활을 하게 한다.

　① 자연이나 동물 등의 여러 가지 모양과 움직임을 흉내내며 놀이하기

　② 다른 사람의 움직임을 변화있게 흉내내기

　③ 걷기, 달리기, 뜀뛰기 등의 여러 가지 놀이하기

④ 시설물이나 기구를 이용하여 놀이하기

⑤ 계절놀이 하기

⑥ 민속놀이 하기

⑦ 안전과 질서를 지키는 놀이하기

2) 2학년

가. 신체활동 : 신체활동에서는 여러 가지 신체적 활동을 통하여 운동기능을 익히고, 건강하며 명랑하고 안전한 생활을 하게 한다.

① 자연이나 동물들의 여러 가지 모양이나 움직임 또는 소리를 흉내내며 놀이하기

② 다른 사람의 움직임과 소리를 변화있게 흉내내기

③ 던지기, 피하기, 이어달리기 등의 여러 가지 놀이하기

④ 시설물이나 기구를 이용하여 놀이하기

⑤ 여럿이 어울려 계절놀이 하기

⑥ 여럿이 어울려 민속놀이 하기

⑦ 안전과 질서를 지키는 놀이하기

학년 영역	3학년	4학년	5학년	6학년
리듬 및 표현운동	• 비이동, 이동, 가동범위를 넓히는 움직임 • 움직임의 명칭, 움직임의 형태와 공간관계 • 즐겁고 다양하게 움직이려는 태도	• 신체, 공간, 힘의 요소를 결합한 움직임 • 춤의 기본요소 • 독창적인 표현과 자신감 있는 태도	• 리듬에 따라 걷기, 집단으로 춤의 형태 만들기 • 리듬과 움직임, 춤의 형태와 단순한 춤 익히기 • 독창적인 표현과 감상하는 태도	• 리듬에 따라 걷기, 집단으로 춤의 형태 만들기 • 리듬과 움직임 춤의 형태 • 독창적인 표현과 감상하는 태도

〈제 6차 초등학교 체육의 내용〉

3) 3학년

가. 기본운동

① 몸 모양과 공간을 다르게 하여 비이동 운동 기능 익히기

② 몸 모양과 공간을 다르게 하여 이동 운동 익히기

③ 신체의 부위별로 물체를 다루는 조작 운동 기능 익히기

④ 운동의 명칭, 움직임의 형태와 공간의 관계 이해하기

⑤ 적극적이고 즐겁게 참여하는 태도 기르기

나. 리듬 및 표현운동

① 신체의 부위별로 비이동 움직임 기능 익히기

② 몸 모양을 다르게 하여 이동 움직임 기능 익히기

③ 신체의 가동 공간을 넓히는 움직임 기능 익히기

④ 움직임의 명칭, 움직임의 형태와 공간의 관계 이해하기

4) 4학년

가. 기본 운동

① 힘을 다르게 하여 비이동 운동 기능 익히기

② 힘, 사람 및 물체와의 관계를 다르게 하여 이동 운동 기능 익히기

③ 공간과 힘을 다르게 하여 물체를 조작하는 운동 기능 익히기

④ 움직임과 힘, 속도의 관계 이해하기

⑤ 협동하고 즐겁게 참여하는 태도 기르기

나. 리듬 및 표현운동

① 공간과 힘을 지각하는 이동 움직임과 비이동 움직임 기능 익히기

② 신체, 공간, 힘의 요소를 결합하여 움직임으로 사물의 특징을 나타내는 기능 익히기

③ 움직임의 기본요소를 결합하여 단순한 춤을 만들어 추기

④ 공간, 힘과 같은 춤의 기본 요소를 이해하기

⑤ 독창적으로 자신있게 표현하는 태도 기르기

5) 5학년

가. 리듬 및 표현운동

① 리듬에 따라 공간과 힘을 달리하여 이동하는 기능 익히기

② 집단으로 춤의 형태 만들기

③ 움직임의 기본요소를 결합하여 단순한 춤 만들어 추기

④ 리듬과 움직임의 관계, 춤의 형태를 이해하기

⑤ 독창적으로 표현하고, 아름다운 동작에 대하여 칭찬하는 태도 기르기

6) 6학년

가. 리듬 및 표현운동

① 리듬에 따라 공간과 힘을 달리하여 이동하는 기능 익히기

② 집단으로 춤의 형태를 만들어 춤추기

③ 느낌이나 상상을 여러 가지 움직임으로 결합하여 춤추기

④ 리듬과 움직임의 관계, 춤의 형태 이해하기

⑤ 독창적으로 표현하고, 아름다운 동작을 칭찬하는 태도 기르기

〈제7차 초등학교 무용내용(교육부 고시 제1997)〉

영역	1학년	무용
놀이와 표현	• 여러 가지 놀이하기 : 재미있는 놀이하기 • 여러 가지 주제 표현하기 : 생활에서 보고, 듣고, 느낀 것, 상상한 것 등을 재미있게 표현하기	• 여러 가지 놀이하기 : 재미있고 다양한 놀이하기 • 여러 가지 주제 표현하기 : 생활에서 보고 듣고 느낀 것, 상상한 것 등을 재미있고 다양하게 표현하기
감상	• 서로의 활동과 작품 감상하기 : 좋은점, 재미있는 점, 아름다운 점 등을 찾아보기 • 문화 및 체육활동 관람하기 : 좋은점, 재미있는 점, 아름다운 점 등을 찾아보기	• 서로의 활동과 작품 감상하기 : 좋은점, 재미있은 점, 아름다운 점, 특징 등을 찾아보기 • 문화 및 체육활동 관람하기 : 좋은 점, 재미있는 점, 특징 등을 찾아보기
이해	• 신체의 움직임 요소 이해하기 : 신체, 공간, 속도, 무게, 방향, 관계 등을 이해하기 • 음악적 요소 이해하기 : 리듬, 가락, 셈여림, 빠르기, 음색 등을 이해하기 • 조형적 요소 이해하기 : 선, 색, 모양, 질감 등을 이해하기	• 신체의 움직임 요소 이해하기 : 신체, 공간, 속도, 무게, 방향, 관계 등의 변화 이해하기 • 음악적 요소 이해하기 : 리듬, 가락, 셈 여림, 빠르기, 음색 등의 변화 이해하기 • 조형적 요소 이해하기 : 선, 색, 모양, 질감 등의 변화 이해하기

1) 3학년

가. 기본 움직임

① 비틀기 등의 비이동 움직임을 이해하고 적용한다.

② 스키핑 등의 이동 움직임을 이해하고 적용한다.

③ 치기 등의 조작 움직임을 이해하고 적용한다.

나. 활동

① 소재의 특징을 여러 가지 움직임으로 표현한다.

② 소고춤 등 우리나라의 춤을 이해하고 춤춘다.

③ 펭귄춤 등 여러나라의 민속춤을 이해하고 춤춘다.

2) 4학년

가. 기본 움직임

① 흔들기 등의 비이동 움직임을 이해하고 적용한다.

② 미끄러지기 등의 이동 움직임을 이해하고 적용한다.

③ 굴리기 등의 조작 움직임을 이해하고 적용한다.

나. 활동

① 소재의 특징을 시간, 공간에 변화를 주어 여러 가지 움직임으로 표현한다.

② 탈춤 등 우리나라의 춤을 이해하고 춤춘다.

③ 패티 케이크 폴카 등 여러 나라의 민속춤을 이해하고 춤춘다.

3) 5학년

① 소재의 특징을 일련의 즉흥적인 움직임으로 표현한다.

② 강강술래 등 우리나라의 춤을 이해하고 춤춘다.

③ 구스타프스콜 등 여러 나라의 민속춤을 이해하고 춤춘다.

4) 6학년

① 주제에 따라 자유롭게 상상하여 여러 가지 움직임으로 표현한다.

② 농악 등 우리나라의 춤을 이해하고 춤춘다.

③ 마임 등 여러 나라의 민속춤을 이해하고 춤춘다.

⟨2007 개정 초등학교 교육과정(교육인적자원부 고시 제2007-79호)⟩

⟨1~2학년 즐거운 생활⟩

1) 1학년

(1) 가족과 친구

가. 신체 활동하기 : 즐겁게 노래 부르고 여러 가지 신체 표현 활동을 한다.
  ① 즐거운 마음으로 노래하기
  ② 음악을 들으며 여러 가지 신체 표현 활동하기
  ③ 다양한 크기의 종이를 이용하여 여러 가지 모양으로 표현하기
  ④ 친구와 놀이하기

나. 얼굴 표정 나타내기 : 가족이나 친구의 얼굴 표정을 여러 가지 방법으로 나타낸다.
  ① 셈여림을 느낄 수 있는 노래 부르며 신체로 표현하기
  ② 가족이나 친구의 다양한 얼굴 표정 그려보기
  ③ 가족이나 친구를 재미있는 캐릭터로 나타내기
  ④ 친구의 움직임 따라 하기

다. 전래동요 부르기 : 전래동요를 부르며 놀이를 하고 장단에 맞추어 신체로 표현한다.
  ① 가족이나 친구와 관련된 전래 동요 부르기
  ② 전래동요 부르며 놀이하기
  ③ 전래동요와 관련된 소품 만들어 놀이하기
  ④ 간단한 장단에 맞추어 자유롭게 신체로 표현하기

(2) 동물과 식물

가. 동식물의 모습을 다양하게 표현한다 : 동식물의 특징과 모습을 다양하게 표현한다.
  ① 리듬을 생각하며 노래 부르기
  ② 리듬에 맞추어 다양하게 신체로 표현하기
  ③ 여러 가지 재료를 이용하여 동식물 인형 만들기
  ④ 여러 가지 동식물의 움직임을 흉내내기

나. 동식물 가면 만들기 : 여러 가지 동식물의 특징을 살린 가면을 만들어 쓰고 놀이를 한다.
  ① 동식물과 관련된 노래 부르기
  ② 여러 가지 재료로 동식물 가면 만들기

③ 동식물 가면을 쓰고 놀이하기

④ 동식물 세상을 자유롭게 그리기

다. **동물 음악회 열기** : 동물 음악회에 필요한 소품을 만들어 동물 음악회를 연다.

① 동물을 소재로 한 노래를 부르며 신체로 표현하기

② 동물의 소리를 목소리와 다양한 악기로 표현하기

③ 동물 음악회에 필요한 소품 만들기

④ 동물 음악회 열고 감상하기

(3) 산과 들

가. **색을 이용하여 놀이하기** : 여러 가지 색을 이용하여 색과 관련된 놀이를 한다.

① 음악을 들으며 느낌을 색으로 표현하기

② 여러 가지 색을 이용하여 표현하기

③ 색안경 만들어 놀이하기

④ 색과 관련된 놀이하기

나. **산과 들의 느낌 표현하기** : 산과 들의 느낌을 여러 가지 방법으로 표현하고 야외에서 즐길 수 있는 놀이를 한다.

① 리듬 치며 노래 부르기

② 음악을 듣고 느낌을 선으로 표현하기

③ 산과 들의 느낌을 여러 가지 방법으로 표현하기

④ 야외에서 즐길 수 있는 놀이하기

다. **악기 놀이하기** : 주위의 물체나 리듬악기를 활용하여 리듬 합주놀이를 한다.

① 신체를 활용하여 간단한 리듬 놀이하기

② 주위의 물체를 활용하여 리듬 놀이하기

③ 소리가 나는 여러 가지 리듬 악기 만들기

④ 악기를 활용하여 간단한 리듬 합주하기

라. **노래를 이용하여 놀이하기** : 노래를 이용하여 친구들과 사이좋게 놀이를 한다.

① 노래를 이용한 놀이하기

② 여러 가지 신체 놀이하기

③ 공놀이하기

④ 즐거웠던 놀이 장면을 여러 가지 방법으로 표현하고 감상하기

(4) 하늘과 바다

가. 날리거나 띄울 수 있는 것 만들기 : 날리거나 띄울 수 있는 것을 만들어 놀이를 한다.
　　① 가락에 맞추어 노래 부르기
　　② 균형 잡기 놀이하기
　　③ 날리거나 띄울 수 있는 것 만들기
　　④ 음악에 맞추어 연이나 배처럼 움직여보기

나. 민속놀이하기 : 간단한 놀이 도구를 만들어 친구들과 민속놀이를 한다.
　　① 계절과 관련된 전래 동요 부르기
　　② 간단한 민속놀이 도구 만들기
　　③ 규칙과 방법을 익혀 친구들과 민속놀이하기
　　④ 전통놀이 감상하기

다. 가락에 맞추어 표현하기 : 가락의 높낮이를 생각하며 노래 부르고 신체로 표현한다.
　　① 가락의 높낮이를 생각하며 노래 부르기
　　② 새와 물고기의 움직임을 선으로 표현하기
　　③ 높낮이가 다른 장애물 통과하기
　　④ 높고 낮은 소리를 들으며 신체로 표현하기

라. 시설물과 소도구를 이용하여 놀이하기 : 시설물과 소도구를 이용하여 놀이를 한다.
　　① 음악에 맞추어 훌라 후프 놀이하기
　　② 시설물과 소도구를 이용하여 놀이하기
　　③ 즐거웠던 놀이 장면 그리기
　　④ 감상하기

2) 2학년

(1) 봄

가. 봄 동산 표현하기 : 봄 동산의 느낌을 노래, 색, 신체로 다양하게 표현한다.
　　① 봄의 느낌을 이야기하고 노래 부르기
　　② 봄 동산의 느낌을 다양한 색으로 표현하기
　　③ 봄 동산에서 본 것을 신체로 표현하기
　　④ 봄과 관련된 음악을 들으며 율동하기

나. 여러 가지 소리로 표현하기 : 주변의 소리를 목소리로 표현하며 음색 또는 음악적 느낌을

여러 가지 방법으로 표현한다.

① 주변의 소리를 목소리로 다양하게 표현하기

② 음색을 여러 가지 방법으로 표현하기

③ 음악을 듣고 그 느낌을 신체로 표현하기

④ 여러 가지 악기의 반주에 맞추어 노래 부르기

다. 여러 가지 방법으로 걷고 달리기 : 빠르기가 다른 음악에 맞추어 걷고 달리며 응원도구를 만들어 응원한다.

① 빠르기가 다른 음악에 맞추어 걷고 달리기

② 다양한 모습으로 걷고 달리기

③ 응원도구 만들기

④ 걷거나 달리는 놀이를 하며 응원하기

라. 친구들과 꽃밭 꾸미기 : 여러 가지 꽃을 만들어 꽃밭을 꾸미고 꽃들의 느낌을 신체로 표현한다.

① 꽃을 생각하며 노래 부르기

② 여러 가지 꽃 만들기

③ 친구들의 작품을 모아 꽃밭 꾸미기

④ 꾸민 꽃밭을 감상하고 꽃들의 느낌을 신체로 표현하기

(2) 여름

가. 시설물을 이용하여 놀이하기 : 시설물과 소도구를 이용하여 놀이를 한다.

① 매트, 뜀틀, 평균대, 정글짐 등을 이용하여 놀이하기

② 놀이터 꾸미기

③ 물놀이를 위한 준비놀이 하기

④ 물놀이하기

나. 강이나 바다 표현하기 : 셈여림을 달리하여 노래 부르고 강이나 바다에 대한 느낌을 여러 가지 방법으로 표현한다.

① 셈여림을 달리하여 노래 부르기

② 강이나 바다에 대한 느낌을 여러 가지로 표현하기

③ 자연물을 이용하여 다양한 방법으로 찍어보기

④ 모래 놀이하기

다. 여름 날씨 표현하기 : 여름 날씨와 관련된 소리나 음악을 감상하고 다양한 악기와 그림으

로 표현한다.

　　① 여름과 관련된 노래 부르기

　　② 빗소리, 바람소리, 천둥소리 등을 다양하게 표현하기

　　③ 여름과 관련된 소리나 음악 감상하기

　　④ 여름과 관련된 경험 그리기

라. **색을 여러 가지 방법으로 표현하기** : 노래를 부르고 여러 가지 방법으로 색깔 놀이를 한다.

　　① 색과 관련된 노래 부르기

　　② 색을 여러 가지 방법으로 표현하기

　　③ 놀이와 게임을 하며 색 천짜기

　　④ 음악을 들으며 색지로 놀이하기

(3) 가을

가. **동시를 여러 가지 방법으로 표현하기** : 동시에 대한 느낌을 신체나 악기 및 글과 그림으로 표현한다.

　　① 동시에 대한 느낌을 신체로 표현하기

　　② 동시에 대한 느낌을 여러 가지 악기로 표현하기

　　③ 동시를 듣고 떠오르는 장면을 글과 그림으로 나타내기

　　④ 동시로 만든 동요를 부르고 감상하기

나. **민속춤 추기** : 간단한 놀이도구를 만들어 민속놀이를 하고 우리나라와 다른 나라의 민속춤을 춘다.

　　① 놀이도구 만들기

　　② 민속놀이 하기

　　③ 민속춤 추기

　　④ 다양한 민속춤 감상하기

다. **가을 소리 표현하기** : 높고 낮은 소리와 길고 짧은 소리를 다양하게 표현한다.

　　① 높고 낮은 소리 와 길고 짧은 소리를 악기로 표현하기

　　② 음악을 들으며 여러 가지 방법(점.선.면)으로 표현하기

　　③ 리듬과 가락에 맞추어 신체로 표현하기

　　④ 여러 가지 방법으로 악기 연주하기

라. **여러 가지 재료로 가을 표현하기** : 가을의 느낌과 추수의 즐거움을 다양하게 표현한다.

① 자연물을 이용하여 가을의 느낌을 표현하고 노래 부르기

② 추수의 즐거움을 신체로 표현하기

③ 다양한 재료로 가을 모습 꾸미기

④ 추석과 관련된 민속놀이하기

(4) 겨울

가. **겨울 세상 표현하기** : 겨울과 관련된 노래를 부르고 여러 가지 방법으로 겨울 세상을 표현한다.

① 겨울과 관련된 노래 부르기

② 음악을 들으며 리듬 또는 가락의 흐름을 신체로 표현하기

③ 겨울과 관련된 노래에 맞추어 합주하기

④ 겨울 세상 그리기

나. **겨울과 관련된 놀이하기** : 겨울과 관련된 전래동요를 부르고 놀이 도구를 만들어 민속놀이를 한다.

① 전래동요 부르기

② 겨울과 관련된 민속놀이 도구 만들기

③ 민속놀이하기

④ 민속놀이 장면 그리기

다. **동화와 관련된 극놀이 하기** : 극놀이에 필요한 배경 소리를 만들고 무대를 꾸며 극놀이를 한다.

① 극놀이에 관련된 노래 부르기

② 극놀이에 필요한 간단한 배경 소리 만들기

③ 극놀이에 필요한 간단한 소품 만들고 무대 꾸미기

④ 극놀이하기

라. **애니메이션을 다양하게 표현하기** : 애니메이션을 감상하고 인상 깊었던 장면이나 느낌을 여러 가지 재료와 방법으로 표현한다.

① 애니메이션 감상하기

② 인상 깊었던 장면 그리기

③ 배경, 주인공, 인상적인 내용 등을 여러 가지로 표현하기

④ 표현한 작품 감상하기

3) 3학년
가. 움직임표현
① 움직임 언어(이동, 비이동, 조작 움직임 등)와 표현 요소(신체, 공간, 시간, 에너지, 관계 등)를 통해 움직임의 개념을 이해한다.
② 놀이나 활동을 통해 움직임 언어와 표현 요소를 활용한 다양한 표현 방법을 체험하고 습득한다.
③ 개인이나 모둠별로 움직임 표현 발표와 감상을 통해 신체 언어로 의사를 전달하고 다른 사람의 움직임이 의미하는 바를 이해한다.
④ 공간, 시간 등이 다양한 상황에서 움직임을 표현하면서 상황 속에서의 자신의 위치와 신체의 변화 등을 통해 신체에 대한 인식과 신체 조절을 이해하고 경험한다.

4) 4학년
가. 리듬표현–즉흥표현, 리듬 체조, 음악 줄넘기 등
① 음악 또는 도구 등을 활용하여 리듬의 유형(박자, 장단, 등)과 요소(빠르기, 세기 등)를 이해하고, 다양한 리듬을 신체 표현 활동으로 체험한다.
② 다양한 음악(동요, 민요 등)과 도구(후프, 공, 줄 등)를 이용하여 리듬을 활용한 다양한 신체 활동(리듬 체조, 음악 줄넘기 등)을 적용한다.
③ 개인 또는 모둠별로 다양한 리듬을 활용한 신체 표현 활동을 발표하고, 감상한다.
④ 리듬 변화에 따른 신체 움직임 적응과 표현을 경험하고 감상하는 활동을 통해 신체 적응력을 이해하고 실천한다.

5) 5학년
가. 민속표현–우리나라 민속 무용, 외국의 민속 무용 등
① 세계 여러 지역의 전통적이고 고유한 표현 활동으로서 민속 표현 활동을 이해하며, 이를 바탕으로 그 종류와 특징(기원, 의미 등)을 이해한다.
② 민속 표현 활동에 포함된 다양한 표현 방법(기본 움직임, 대형, 리듬 등)을 습득한다.
③ 작품이나 활동과 관련된 민속놀이, 민속 음악, 민속 의상 등의 다양한 문화적 특성을 이해하고 경험한다.
④ 개인 또는 모둠별로 음악과 의상을 준비하여 민속 표현을 발표하고 서로 감상한다.
⑤ 민속 표현 활동에 담긴 민족 문화적 특성을 체험하며 자기 확신의 의미를 이해하고 실천

한다.

6) 6학년

가. 주제 표현–꾸미기 체조, 창작 무용 등

① 주제 표현의 구성에서 표현 요소(신체 인식, 공간 인식, 노력, 관계 등)의 적용과 창작 과정(발상, 계획, 구성, 수행 등)에 대하여 이해한다.

② 움직임 표현을 통해 대상(사물, 현상 등)의 실체와 특징을 이해하고, 대상에 대한 자신의 느낌과 의미에 따라 상상력을 발휘하여 창의적으로 표현한다.

③ 정해진 주제나 소재의 특징적인 면을 여러 가지 움직임 표현으로 창작하여 신체 활동에 적용한다.

④ 개인 또는 모둠별로 주제 표현의 창작, 공연, 감상 활동을 실천하면서 창작 표현 활동 과정의 교육적 효과(역할 분담 및 책임감, 함께 연습하기 등)을 체득한다.

⑤ 작품을 구상하고 창작하면서 주제나 소재에 대해 다양한 깊이와 범위로 관찰하고, 설정한 특징을 신체 표현의 형태로 만들어 내는 창의력의 개념을 익히고 적용한다.

2. 중학교 무용교육과정

〈제1차 무용내용 문교부령 제45호(1955. 8. 1. 제정공포)〉

1학년	2학년	3학년
① 몸익히기 • 운동의 기본 • 주로 팔 다리의 힘주기,빼기 • 응용운동	① 몸익히기 • 같음 • 지지(支持)운동 • 추진(推進)운동 • 측전(側轉)운동 • 주로 팔 다리 몸	① 몸익히기 • 같음 • 회전(回轉)운동 • 염전(捻轉)운동 • 각종 기본운동의 결합
② 리듬훈련 • 리듬,박자의 기본 훈련 • 3/4, 4/4 지속도, 강약도	② 리듬훈련 • 같음 • 2/4	② 리듬훈련 • 같음
③ 옮겨가기 • 전후진 • 방향의 변화 • 기본 보법 • 기본 스텝:워킹, 런닝, 스키핑, 캐롭핑, 홉핑, 투스텝, 힐앤토 폴카, 왈츠, 홀로, 밸런스, 슬라이드, 스케이팅 • 팔의 기본 • 팔 다리의 응용	③ 옮겨가기 • 같음 • 전, 후.측진 • 이동의 결합 • 기본스텝 • 같음	③ 옮겨가기 • 같음 • 회전(回傳) • 공간의 구성 • 이동의 결합 • 기본 스텝: 미뉴엣, 마즐카, 헝가리안턴, 바스크, 삿렛슈, 레드와 폴카 • 각종 기본 스텝의 결합 • 우리나라 무용의 기본 팔 다리
④ 나타내기 • 모방표현 • 음악에 의한 즉흥	④ 나타내기 • 생활현상의 표현 • 정서적 표현	④ 나타내기 • 감정, 상상, 표현
⑤ 춤추기 (보기) A. 장난감 병정 　명랑, 폴카 　스퀘어춤 　사이좋게 　희망의 왈츠 B. 무엇인가 찾는다 　속삭인다 　종달새	⑤ 춤추기 (보기) A. 유태, 에집트 　에스토니아 　수풀의 아침 　남양의 인상 B. 연기와 불꽃 　바람, 비, 파도	⑤ 춤추기 (보기) A. 유모레스크 　대양의 파도 　미뉴엣 　국민보건 무용 　애국행진곡 B. 추억 　극적 무용
⑥ 이론, 감상 • 무용의 역사 • 무용 감상	⑥ 이론, 감상 • 무용의 종류와 특징 • 무용 감상	⑥ 이론, 감상 • 무용의 본질과 구성 • 창작 • 무용 감상

〈제 2차 무용내용 문교부령 제120호(1963. 2. 15. 제정공포)〉

1학년	2학년	3학년
목표 무용의 기초적 기능을 길러, 표현운동에 흥미를 가지도록 한다.	**목표** 계속적으로 각종 요소를 익혀 더욱 아름다운 표현을 할 수 있게 한다.	**목표** 무용의 기능을 한층 더하여 창작적 표현을 할 수 있도록 한다.
몸익히기 • 운동의 기본:진동,굴신,회전, 염전,평균 운동 등 • 응용 운동	**몸익히기** • 운동의 기본:같음 • 응용 운동	**몸익히기** • 운동의 기본:같음 • 응용 운동의 결합

리듬훈련
• 리듬감의 기초 훈련
  속도감
  강약감
  액센트감
	리듬훈련
	• 리듬감의 변화 훈련
	  같음
		리듬훈련
		• 리듬꼴의 훈련
		  같음

옮겨가기
전,후진, 측진
• 방향 높이의 변화
• 각종 기본스텝
  워킹 스텝
  러닝 스텝
  스키핑 스텝
  캘로핑 스텝
  호핑 스텝
  투 스텝
  히일 앤드 토우 폴카스텝
  왈츠 스텝
  밸런스 스텝
  슬라이드 스텝
  스케이팅 스텝
	옮겨가기
	같음
	• 거리와 면의 변화
	• 기본 스텝의 결합
	  팔운동과 이동의 결합
	  우리나라 무용의 걷기
	  우리나라 무용의 팔운동과 이동의 결합
		옮겨가기
		같음
		• 경로의 변화
		• 기본 스텝의 결합
		  같음

나타내기 • 자연, 동물, 기계생활, 사람 등의 주제에 의한 표현 • 음악에 의한 즉흥	**나타내기** 자연 생활 현상의 표현	**나타내기** • 생활 감정의 표현 상상표현

춤추기
① 주제에 따르는 구성
  (보기)꽃, 팽이치기, 하이킹, 봄, 눈
② 음악에 의한 구성
  구성의 기초
③ 민속무용
  베다비이트
  호라아가다치
	춤추기
	① 주제에 따르는 구성
	  (보기)낙엽, 스케이팅, 가을, 아침, 저녁노을
	② 음악에 의한 구성
	  같음
	③ 민속무용
	  페어필드 팬시
	  마임
		춤추기
		① 주제에 따르는 구성
		  (보기)바람, 물결, 희망, 꿈, 기쁨, 슬픔
		② 음악에 의한 구성
		  좋아하는 곡에 의한 구성
		③ 민속무용
		  존슨스 스페셜 콘드라
		  강강수월래

이론. 감상 • 무용의 의의 • 무용의 역사 • 무용의 가치 • 무용의 감상	**이론. 감상** • 무용의 종류와 특징 • 무용의 발달 • 무용의 감상	**이론. 감상** • 무용의본질과 작품 구성법 • 의상, 조명의 효과

〈무용내용 문교부령 제286호(1971. 8. 24. 제정공포)병설과정〉

1) 민속무용
    ① 우리나라의 민속 무용
    ② 외국의 민속 무용

2) 창작무용
    ① 제제의 선택법
    ② 표현 방법
    ③ 응용법
    ④ 감상

〈제 3차 무용내용 문교부령 제325호(1973. 8. 31. 제정공포)〉

학년	무용

1학년	무용의 특성과 표현 방법을 이해하고, 명랑한 태도로서 창의적으로 표현할 수 있는 능력을 높이며 평형성, 유연성, 민첩성을 기르기 위하여 다음과 같은 무용을 한다.
	(가) 민속무용
	    ① 우리나라 민속무용: 강강수월래
	    ② 외국의 민속무용
	(나) 창작무용
	    ① 기초과정
	      • 몸익히기
	      • 운동의 방법과 변화
	      • 시간과 공간적 변화
	      • 우리나라 무용의 기초

2학년	무용의 표현방법과 효과를 이해하고 창작적인 표현능력과 평형성, 유연성, 민첩성을 기르기 위하여 다음과 같은 무용을 한다.
	(가) 민속무용
	    ① 우리나라 민속무용: 농악무(소고놀이)
	    ② 외국의 민속무용
	(나) 창작무용
	    ① 응용과정
	    · 동작의 응용
	    · 즉흥 표현법
	    · 작품 구성
	      ② 감상

학년	무용
3학년	무용의 표현방법과 효과를 이해하고 명랑성, 창의적인 표현능력과 평형성, 유연성, 민첩성을 기르기 위하여 다음과 같은 무용을 한다. (가) 민속무용 　① 우리나라 민속무용: 농악무 　② 외국 민속무용 (나) 창작무용 　① 창작과정 　　• 무용 창작법 　　• 즉흥무 　② 작품구성

〈제 4차 무용내용 문교부 고시 제442호(1981. 12. 31. 제정고시)〉

학년	무용
1학년	(1) 여러가지 리듬 동작을 익힌다. (2) 우리나라와 외국의 민속무용을 익힌다. (3) 창작 무용의 여러 가지 기본 과정을 익힌다(여).
2학년	(1) 우리나라와 외국의 민속무용을 익힌다. (2) 창작 무용의 여러 가지 응용 과정을 익힌다(여). (3) 무용을 감상한다(여).
3학년	(1) 우리나라와 외국의 민속무용을 익힌다. (2) 창작 무용의 창작 과정을 이해하고, 작품을 구성한다(여). (3) 무용을 감상한다(여).

〈제 5차 무용내용 문교부 고시 제87-17호(1987. 3. 31)〉

학년	무용
1학년	가) 심동적 영역 　① 기본 움직임을 결합한 기능 익히기 　② 무용 동작의 기본 요소를 결합한 기능 익히기 　③ 무용 동작의 기본 요소와 무용과의 관계를 지각할 수 있는 기능 익히기 나) 인지적 영역 　(1) 이론 　　① 운동의 기본 원리와 법칙 이해하기 　　② 운동의 역사, 용어 및 규칙에 대하여 이해하기 　　③ 체육의 발달 과정에 대하여 이해하기 　(2) 보건 　　① 신체의 성장 과정과 특성 이해하기 　　② 건강 유지에 필요한 생활 조건에 대하여 이해하기 　　③ 운동 및 일과 피로에 대하여 이해하고, 피로 예방하기 　　④ 안전 생활에 대하여 이해하기

학년	내용
1학년	**다) 정의적 영역** ① 자발적으로 운동에 참여한다. ② 생각하며 운동에 참여한다. ③ 최선을 다하여 운동에 참여한다.
2학년	**가) 심동적 영역** ① 느낌 및 생각과 소재에 따라 다양하게 표현하기 ② 무용의 기본 자세와 걸음, 형태를 갖추어 춤추기 **나) 인지적 영역** (1) 이론 ① 운동과 호흡 순환 및 체육의 관계에 대하여 이해하기 ② 운동이 신체 기관에 미치는 효과를 이해하기 (2) 보건 ① 가정, 학교, 및 지역 사회의 환경 보건에 대하여 이해하기 ② 인구 문제와 건강 생활과의 관계 이해하기 ③ 취미 활동을 이해하기 **다) 정의적 영역** ① 협동적이고 정당하게 경쟁한다. ② 심판의 권위에 복종한다. ③ 성공과 실패에 대하여 긍정적으로 받아 들인다.
3학년	**가) 심동적 영역** ① 사람 및 물체와의 관계를 구성하여 춤추기 ② 여러가지 춤 익히기 **나) 인지적 영역** (1) 이론 ① 현대 생활과 체육 활동과의 관계 이해하기 ② 운동을 안전하게 할 수 있는 방법 이해하기 ③ 여가 활동의 방법 이해하기 (2) 보건 ① 자신감과 정서 안정에 대하여 이해하고 함양하기 ② 집단 구성원과의 관계에 대하여 이해하고 생활화하기 ③ 공중 및 지역 사회 보건에 대하여 이해하고 생활화하기 **다) 정의적 영역** ① 다른 사람의 능력을 칭찬하고 한계를 인정한다. ② 집단 행동에서 자신의 책임과 의무를 다한다. ③ 자신의 운동 능력에 맞는 목표를 세우고 실천한다.

⟨제6차 중학교 무용 교육 내용 (교육부고시 1992년)⟩

1) 1학년
  ① 기본 움직임을 결합한 기능 익히기
  ② 무용의 역사 및 원리 이해하기
  ③ 적극적이고 창의적으로 표현하는 태도 기르기

2) 2학년
  ① 소재에 따른 다양한 표현 기능 익히기
  ② 무용의 가치와 특성 이해하기
  ③ 소재의 특성을 창의적으로 표현하는 태도 기르기

3) 3학년
  ① 다양한 형식으로 표현하는 기능 익히기
  ② 무용의 형식과 양식 이해하기
  ③ 움직임을 아름답게 표현하는 태도 기르기

⟨제7차 중학교 무용교육 내용 (교육부고시 1997년)⟩

1) 7학년
  ① 창작 무용 및 선택 내용의 다양한 표현 방법을 이해하며 기능을 익힌다.
  ② 창작 무용 및 선택 내용의 특성과 효과를 알고, 창작의 기본 원리를 이해한다.
  ③ 창작 무용 및 선택 내용의 가치를 인식하고, 창의력으로 표현하려는 태도를 기른다.

2) 8학년
  ① 우리나라의 민속 무용 및 선택 내용의 다양한 표현 방법을 이해하며, 기능을 익힌다.
  ② 우리나라의 민속 무용 및 선택 내용의 특성과 효과를 알고 우리나라 민속 무용의 역사를 이해한다.

③ 우리나라의 민속 무용 및 선택내용의 가치를 인식하고, 적극적으로 표현하려는 태도를 기른다.

3) 9학년
① 외국의 민속 무용 및 선택 내용의 다양한 표현 방법을 이해하며, 기능을 익힌다.
② 외국의 민속 무용 및 선택 내용의 특성과 효과를 알고, 각 나라 민속 무용의 역사를 이해한다.
③ 외국의 민속 무용 및 선택 내용의 가치를 인식하고, 적극적으로 표현하려는 태도를 기른다.

〈2007 개정 중학교 무용교육 내용 (교육인적자원부 고시 제2007-79)〉

1) 7학년 창작 표현
가. 심미 표현과 창작
① 신체 활동에 나타나는 심미 표현의 특성과 유형을 이해한다.
② 심미 표현 활동의 다양한 표현 방법을 습득한다.
③ 다양한 심미 표현 방법을 활용하여 창작 및 발표하고, 자신 및 타인의 작품을 감상한다.
④ 심미 표현 및 감상 활동에 참여하면서 심미적 태도의 개념을 이해하고 실천한다.
⑤ 창작 체조, 음악 줄넘기, 피겨 스케이팅 등

2) 8학년 창작 표현
가. 현대 표현과 창작
① 신체활동에 나타나는 현대 표현 활동의 역사와 유형을 이해한다.
② 우리나라 또는 외국의 대표적인 현대 표현 방법을 습득한다.
③ 다양한 현대 표현 방법을 활용하여 창작 및 발표하고, 자신 및 타인의 작품을 감상한다.
④ 현대 표현 및 감상 활동에 참여하면서 대인 관계의 개념을 이해하고 실천한다.
⑤ 리듬 체조, 현대 무용, 댄스 스포츠 등

3) 9학년 창작 표현

가. 전통 표현과 창작

① 신체활동에 나타나는 전통 표현 활동의 역사와 유형을 이해한다.

② 우리나라 또는 외국의 대표적인 전통 표현 방법을 습득한다.

③ 다양한 전통 표현 방법을 활용하여 창작 및 발표하고, 자신 및 타인의 작품을 감상한다.

④ 전통 표현 및 감상 활동에 참여하면서 전통 의식과 예절을 이해하고 실천한다.

⑤ 우리나라의 민속 무용, 외국의 민속 무용, 클래식 발레 등

3. 고등학교 무용교육과정

〈제1차 무용내용 문교부령 제46호(1955. 8. 1. 제정공포)〉

1학년	2학년	3학년
① 몸익히기 • 운동의 기본 • 기본운동의 결합 • 고전 무용의 기본동작	① 몸익히기 • 같음	① 몸익히기 • 같음
② 리듬훈련 • 리듬, 박자	② 리듬 훈련 • 같음	② 리듬 훈련 • 같음
③ 옮겨가기 • 각종 스텝이 결합 • 이동의 결합 • 우리나라 무용의 • 기본 보법(步法)	③ 옮겨가기 • 같음	③ 옮겨가기 • 각종 스텝의 결합, 응용
④ 나타내기 • 자연 현상 표현 • 정취(情趣)적 표현	④ 나타내기 • 생활 현상의 표현	④ 나타내기 • 생각 표현 • 감정 표현
⑤ 춤추기 (보기) A. 피로, 베니스의 밤, 페르샤의 풍경, 평화의 기원, 중국인의 생활 B. 희망, 동경, 기쁨, 슬픔	⑤ 춤추기 (보기) A. 헝가리아춤, 사막의 대상, 봄은 다시 언덕에, 백조, 희망 B. 그림자, 천국, 지옥, 군무(群舞)	⑤ 춤추기 (보기) A. 동경, 농촌의 사철, 오리 엔탈, 약동, 예명 B. 인생과 예술, 빛, 봄을 기다림, 극적 무용
⑥ 기타 • 여성과 무용 • 무용의 가치 • 감상	⑥ 기타 • 무용의 사회성 • 감상	⑥ 기타 • 무용의 구성과 창작 • 각종 무용의 개요, 감상

⟨제2차 무용내용 문교부령 제721호(1963. 2. 15. 제정공포)⟩

단계		
1	2	3
목표 무용의 기초적 운동능력과 표현의 기능을 기르도록 한다.	**목표** 기본 운동을 응용하여 더욱 아름다운 표현을 할 수 있도록 한다.	**목표** 무용의 요소를 종합하여 창작적 표현을 할 수 있도록 한다.
몸익히기 • 진동, 파동, 굴신, 염전, 회전, 회선, 평균, 도전 등의 기본운동. • 여러 가지 운동을 결합한 일련의 운동. • 우리나라 무용의 기본	**몸익히기** 같음 우리나라 무용의 기본 결합	**몸익히기** 같음
리듬훈련 • 16박간(1, 2, 3, 4, 6, 8, 12, 16)까지의 운동을 통한 리듬 감각. • 템포감, 강약감, 액센트감, 리듬꼴	**리듬훈련** • 24박간까지의 운동을 통하여 리듬 감각의 기초 및 변화. • 템포감, 액센트감, 리듬꼴의 창작	**리듬훈련** 같음
옮겨가기 • 높이, 면, 거리, 방향, 경로 등의 공간 요소에 따른 이동 • 각종 스텝의 결합 • 우리나라 무용의 기본 걷기	**옮겨가기** • 높이, 면, 거리, 방향, 경로 등의 공간 요소의 결합을 이용한 이동 • 각종 스텝의 결합과 응용 • 우리나라 무용의 걷기의 결합	**옮겨가기** 같음 • 우리나라 무용의 걷기와 결합과 응용
나타내기 • 자연 및 생활의 현상과 감정의 표현 • 각종 주제나 음악에 의한 감정의 표현	**나타내기** 같음 • 차차 주상적인 표현으로 발전	**나타내기** 같음

춤추기
독무나 군무의 작품구성 능력의 발전
(1) 주제에 의한 것
(보기)파도, 평화의 기원, 희망, 동경, 그림자 기타
(2) 음악에 의한 것
좋아하는 음악으로 춤의 구성
(3) 민속무용
(보기)다른 나라의 민속무용 베다비이트
    기타
    우리나라의 민속무용
	춤추기
	독무나 군무의 작품구성 능력의 발전
	(1) 주제에 의한 것
	(보기)불꽃, 농촌의 사철, 백조, 천국과 지옥
	(2) 음악에 의한 것
	같음
	(3) 민속무용
	(보기)다른 나라의 민속무용 메토우 왈츠
	    기타
	    우리나라의 민속무용
		춤추기
		독무나 군무 및 극적 무용의 작품 구성능력의 발전
		(1) 주제에 의한 것
		(보기)이별, 재회, 약동, 여명, 투쟁, 기타
		(2) 음악에 의한 것
		같음
		(3) 민속무용
		(보기)다른 나라의 민속무용
		    밸런스 라인
		    캄비렌드 스퀘어
		    기타
		    우리나라의 민속무용

이론감상 무용의 가치 외국 무용의 발달 공간형성 무용의 창작과정 무용의 감상법	**이론감상** 우리나라 무용의 발달 무용의 형식 미학적 법칙 음악과 무용의 관계 외국 민속무용의 연구	**이론감상** 각종 무용의 개요와 감상 같음

〈제3차 무용내용(여자) 문교부령 제 350호(1974. 12. 31. 제정공포)〉

민속무용의 특성과 방법, 창작무용의 특성과 작품 구성법 및 표현방법을 이해하고, 아름답고 정확하게 춤을 출 수 있는 능력을 기르기 위하여 다음 활동을 한다.

1) 민속무용
  ① 우리나라의 민속무용
  ② 외국의 민속무용

2) 창작무용
  ① 제재의 선정 방법
  ② 표현방법
  ③ 정리방법
  ④ 감상
  ④ 개인과 집단으로 표현한다.

〈제 4차 무용내용 문교부 고시 제442호(1981. 12. 31. 제정고시)〉
  (가) 우리나라와 외국의 민속무용을 한다.
  (나) 여러 가지 무용을 창작, 표현하고 감상한다(여).

〈제 5차 무용내용 문교부 고시 제88-7호(1988. 3. 31)〉
1) 심동적 영역
  ① 기본 움직임 익히기
  ② 사상과 감정에 따라 춤추기
  ③ 작품 만들어 춤추기
  ④ 민속무용 춤추기
  ⑤ 감상하기

2) 인지적 영역

(1) 이론
① 운동의 의의와 가치 이해하기
② 체육의 발달 과정 이해하기
③ 운동에 필요한 역학적, 생리학적, 심리학적, 사회학적 지식 이해하기
④ 운동 경기의 규칙, 용어, 전략, 안전 및 예정에 대하여 이해하기
⑤ 운동과 관련된 진로에 대하여 이해하기

(2) 보건
① 건강과 영양에 대하영 이해하기
② 정신 보건에 대하여 이해하기
③ 전염 및 비전염성 질병에 대하여 이해하기
④ 가족 건강과 인구 문제에 대하여 이해하기
⑤ 소비자 보건에 대하여 이해하기
⑥ 공중 및 환경 보건에 대하여 이해하기
⑦ 안전 사고에 대하여 이해하기

3) 정의적 영역
① 자신의 가치와 능력에 대하여 긍정적 자세를 취한다.
② 자신의 성취 목표 달성에 책임과 적극성을 가진다.
③ 자신있게 집단에 참여하여 원만한 대인 관계를 가진다.
④ 신체활동의 미적 경험을 느낀다.
⑤ 창의적 활동에 즐거움을 느낀다.
⑥ 자신에 알맞은 운동을 선택하여 생활화한다.
⑦ 동료의 지도에 따르며, 경기중에 지도력을 발휘한다.
⑧ 자신의 역할에 책임감을 가지고 동료와 협동하여 문제를 해결한다.
⑨ 극기와 자제력을 발휘한다.
⑩ 경기 규칙과 예절을 지킨다.

〈제6차 고등학교 무용교육 내용(교육부 고시 1992년)〉
① 형식과 양식에 따라 춤 만들어 추기
② 무용의 미적 특성 이해하기
③ 작품을 감상하고 창의적으로 표현하는 태도 기르기

〈제7차 고등학교 무용교육 내용(교육부 고시 1997년)〉

1) 10학년
무용 영역에는 창작무용과 민속무용 등이 포함된다. 이 중에서 한가지 내용을 선택한다.
① 선택한 내용의 다양한 표현방법을 이해하고, 기능을 익혀 춤춘다.
② 선택한 내용의 특성과 효과를 알고, 무용의 예술적 개념을 이해한다.
③ 선택한 내용의 가치를 인식하고, 창의적으로 표현하려는 태도를 함양한다.

〈2007개정 고등학교 무용교육 내용(교육인적자원부 고시 제2007-79)〉

1) 10학년 창작 표현
가. 움직임 예술과 창작
① 움직임 예술과 창작의 관계를 이해한다.
② 우리나라 또는 외국 움직임의 예술적인 표현 방법을 습득한다.
③ 개인 또는 모둠별 움직임 창작을 발표하고 서로 감상한다.
④ 창작 표현과 감상 활동에 창의적 태도의 개념을 이해하고 실천한다.
⑤ 한국 무용, 발레, 현대 무용, 댄스 스포츠, 창작 운동 등

4. 대학별 무용교육과정

2009년도 이화여자대학교 무용과 교과과정표

구분	이수권장		교과목명		시간	학점
	학년	학기				
학사학위과정교과목	1	1	한국무용초급 I	택1	3	3
	1	1	발레초급 I		3	3
	1	1	현대무용초급 I		3	3
	1	1	무용학입문		3	3
	1	1	무용창작법		3	3
	1	2	한국무용초급 II	택1	3	3
	1	2	발레초급 II		3	3
	1	2	현대무용초급 II		3	3
	1	2	무용기보와실제		3	3
	1	2	예배무용워크숍		3	3
	2	1	한국무용중급 I	택1	3	3
	2	1	발레중급		3	3
	2	1	현대무용중급 I		3	3
	2	1	한국무용사		3	3
	2	1	무용교육개론		3	3
	2	2	한국무용중급 II	택1	3	3
	2	2	모던발레		3	3
	2	2	현대무용중급 II		3	3
	2	2	무용인류학이해		3	3
	2	2	무용작품해설		3	3
	3	1	한국무용고급 I	택1	3	3
	3	1	발레고급 I		3	3
	3	1	현대무용고급 I		3	3
	3	1	무용기능학		3	3
	3	1	무용요법		3	3
	3	1	무용움직임분석		3	3
	3	2	한국무용고급 II	택1	3	3
	3	2	발레고급 II		3	3
	3	2	현대무용고급 II		3	3
	3	2	무용미학		3	3
	3	2	외국무용사		3	3
	4	1	한국무용워크숍	택1	3	3
	4	1	발레워크숍		3	3
	4	1	현대무용워크숍		3	3
	4	1	무용비평연구		3	3
	4	1	한국무용호흡법		3	3
	4	2	한국무용레퍼토리	택1	3	3
	4	2	발레레퍼토리		3	3
	4	2	현대무용레퍼토리		3	3
	4	2	무용지도법		3	3
	4	2	무용학연구법		3	3

2009년도 경희대학교 무용과 교과과정

이수구분	교과목명	학 점	학 년	개설학기
전공선택	무용개론	3	1	1
	타악실기(국악기)	1	1	1
	타악실기(양악기)	1	1	1
계열교양	한국무용실기1(A)	1	1	1
	한국무용실기1(B)	1	1	1
	현대무용실기1(A)	1	1	1
	현대무용실기1(B)	1	1	1
	발레실기1(A)	1	1	1
	발레실기1(B)	1	1	1
계열교양	한국무용실기2(A)	1	1	2
	한국무용실기2(B)	1	1	2
	현대무용실기2(A)	1	1	2
	현대무용실기2(B)	1	1	2
	발레실기2(A)	1	1	2
	발레실기2(B)	1	1	2
전공필수	한국무용1(A)	2	2	1
	한국무용1(B)	2	2	1
	현대무용1(A)	2	2	
	현대무용1(B)	2	2	
	발레1(A)	1	2	1
	발레1(B)	1	2	1
전공선택	서양무용사	3	2	1
	신체마임	2	2	1
	무용예술사조	3	2	1
	체육원리	3	2	1
	무용분장법	1	2	1
전공필수	한국무용2(A)	1	2	2
	한국무용2(B)	1	2	2
	현대무용2(A)	1	2	2
	현대무용2(B)	1	2	2
	발레2(A)	2	2	2
	발레2(B)	2	2	2
전공선택	한국무용사	3	2	2
	무용음악(국악)	2	2	2
	무용음악(양악)	2	2	2
	바디컨디셔닝	1	2	2
	공연예술 프로그램개발	2	2	2
전공필수	전공실기1(A)	3	3	1
	전공실기1(B)	3	3	1
	전공실기1(C)	3	3	1
	창작실습1(A)	1	3	1
	창작실습1(B)	1	3	1
	창작실습1(C)	1	3	1
전공선택	부전공실기1(A)	1	3	1
	부전공실기1(B)	1	3	1
	부전공실기1(C)	1	3	1
전공선택	창작론	3	3	1
	현대무용레파토리	1	3	1
	뮤지컬시어터	2	3	1
	무형문화재연구	2	3	1

	과목명			
	무용학연구	3	3	1
	국제문화교류	2	3	1
	운동생리학	3	3	1
전공필수	전공실기2(A)	3	3	2
	전공실기2(B)	3	3	2
	전공실기2(C)	3	3	2
	창작실습2(A)	1	3	2
	창작실습2(B)	1	3	2
	창작실습2(C)	1	3	2
전공선택	부전공실기2(A)	1	3	2
	부전공실기2(B)	1	3	2
	부전공실기2(C)	1	3	2
	무용지도법	2	3	2
	민속특강	1	3	2
	발레레파토리	1	3	2
	예술경영	2	3	2
	무용사회학	2	3	2
	무용미학	3	3	2
	스포츠심리	3	3	2
	특수분장법	2	3	2
	무대의상	3	3	2
	무용상해	3	3	2
전공필수	전공실기3(A)	2	4	1
	전공실기3(B)	2	4	1
	전공실기3(C)	2	4	1
	작품실습1(A)	1	4	1
	작품실습1(B)	1	4	1
	작품실습1(C)	1	4	1
	졸업논문(한국무용)	·	4	1
	졸업논문(현대무용)	·	4	1
	졸업논문(발레)	·	4	1
전공선택	민속학	2	4	1
	문화예술정책	2	4	1
	공연실습1(A)	2	4	1
	공연실습1(B)	2	4	1
	공연실습1(C)	2	4	1
	무용평론	3	4	1
전공필수	전공실기4(A)	1	4	2
	전공실기4(B)	1	4	2
	전공실기4(C)	1	4	2
	작품실습2(A)	1	4	2
	작품실습2(B)	1	4	2
	작품실습2(C)	1	4	2
	졸업논문	·	4	2
전공선택	즉흥법	2	4	2
	무대미술	3	4	2
	예술홍보매체연구	2	4	2
	공연실습2(A)	2	4	2
	공연실습2(B)	2	4	2
	공연실습2(C)	2	4	2
	학교보건	3	4	2

2009년도 신라대학교 무용학과 교육과정

학년	학기	과목구분	과목명	학점-강의-실습
1	1	전공기초교양	무용학입문	(3-3-0)
1	1	전필	진로지도Ⅰ-1	(1-1-0)
1	1	전선	전공실기Ⅰ(무용공연-현대)	(1-0-2)
1	1	전선	전공실기Ⅰ(무용공연-발레)	(1-0-2)
1	1	전선	전공실기Ⅰ(댄스스포츠)	(1-0-2)
1	1	전선	전공실기Ⅰ(무용공연-한국)	(1-0-2)
1	2	전공기초교양	무용감상법	(3-3-0)
1	2	전필	진로지도Ⅰ-2	(1-1-0)
1	2	전선	전공실기Ⅱ(무용공연-한국)	(1-0-2)
1	2	전선	전공실기Ⅱ(무용공연-현대)	(1-0-2)
1	2	전선	전공실기Ⅱ(무용공연-발레)	(1-0-2)
1	2	전선	전공실기Ⅱ(댄스스포츠)	(1-0-2)
2	1	전필	한국무용사	(2-2-0)
2	1	전필	무용교육론	(2-2-0)
2	1	전필	전공실기Ⅲ(무용공연-한국)	(1-0-2)
2	1	전필	전공실기Ⅲ(무용공연-현대)	(1-0-2)
2	1	전필	전공실기Ⅲ(무용공연-발레)	(1-0-2)
2	1	전필	진로지도Ⅱ-1	(1-1-0)
2	1	전필	전공실기Ⅲ(사회무용-째즈,힙합)	(1-0-2)
2	1	전선	무용음악	(2-1-1)
2	2	전필	서양무용사	(2-2-0)
2	2	전필	전공실기Ⅳ(무용공연-한국)	(1-0-2)
2	2	전필	전공실기Ⅳ(무용공연-현대)	(1-0-2)
2	2	전필	전공실기Ⅳ(무용공연-발레)	(1-0-2)
2	2	전필	전공실기Ⅳ(사회무용-째즈,힙합)	(1-0-2)
2	2	전선	조명디자인	(2-2-0)
2	2	전선	즉흥무용	(2-1-1)
2	2	전선	사회무용(댄스스포츠)	(2-2-0)
3	1	전필	안무법Ⅰ	(2-1-1)
3	1	전필	예술론	(2-2-0)
3	1	전선	전공실기Ⅴ(무용공연-발레)	(1-0-2)
3	1	전선	전공실기Ⅴ(무용공연-한국)	(1-0-2)
3	1	전선	전공실기Ⅴ(무용공연-현대)	(1-0-2)
3	1	전선	무용기능학	(2-2-0)
3	1	전선	전공실기Ⅴ(댄스스포츠)	(1-0-2)
3	1	전선	사회무용(째즈,힙합)	(2-0-1)
3	1	전선	무용창작워크샵	(2-1-1)
3	2	전필	안무법Ⅱ	(2-1-1)
3	2	전필	진로지도Ⅱ-2	(1-1-0)
3	2	전필	무용제작법	(2-2-0)
3	2	전선	무용미학입문	(2-2-0)
3	2	전선	전공실기Ⅵ(무용공연-발레)	(1-0-2)
3	2	전선	전공실기Ⅵ(무용공연-현대)	(1-0-2)
3	2	전선	전공실기Ⅵ(무용공연-한국)	(1-0-2)
3	2	전선	전공실기Ⅵ(댄스스포츠)	(1-0-2)
3	2	전선	아동창작무용연구	(2-1-1)

4	1	전선	한국무용	(1-0-2)
4	1	전선	전공실기Ⅶ(사회무용-째즈)	(2-0-3)
4	1	전선	전공실기Ⅶ(무용공연-한국)	(2-0-3)
4	1	전선	전공실기Ⅶ(무용공연-현대)	(2-0-3)
4	1	전선	전공실기Ⅶ(무용공연-발레)	(2-0-3)
4	2	전필	졸업논문	(0-0-0)
4	2	전선	전공실기Ⅷ(무용공연-한국)	(2-0-3)
4	2	전선	전공실기Ⅷ(무용공연-현대)	(2-0-3)
4	2	전선	전공실기Ⅷ(무용공연-발레)	(2-0-3)
4	2	전선	요가및필라테스	(1-2-0)
4	2	전선	전공실기(사회무용째즈,힙합)	(2-0-3)

2009 경성대학교 무용학과 교과과정

1학년학부기초
- 기초이론 : 무용론, 세계 춤문화
- 기초무용 : 기초한국무용(1),기초현대무용(1), 기초발레(1), 세계민속무용(1)

2학년전공선택
- 심화이론 : 발레 발달사, 20C무용사, 무용작품 해설 및 감상, 무용기능학
- 공통실기 : 공통한국무용, 공통현대무용, 공통발레, 피아노 실기, 타악 실기, 댄스 테라피
- 전공무용 : 전공한국무용(1), 전공현대무용(1), 전공발레(1), 전공한국무용(2), 전공현대무용(2), 전공발레(2)

3학년전공선택
- 전공심화이론 : 안무법, 무용미학, 무대공학, 한국무용사, 민속학, Community Dance
- 전공심화실기 :전공한국무용(3), 전공현대무용(3), 전공발레(3), 발레교수법(1), 전공한국무용(4),전공현대무용(4)발레교수법(2), 생활무용,무용지도법(1)

4학년전공선택
- 전공심화이론Ⅱ: 무용비평, 무용연출
- 전공심화실기Ⅱ: 한국전통무용, 한국무용 창작실습(1) 현대무용창작실습(1), 발레교수법(3) 무용지도법(2) 째즈댄스, 자율세미나, 발레교수법(3,4), 째즈댄스, 자율세미나, 세계민속무용(2)

참고문헌

강신복(1986). "움직임 교육의 개념", 체육연구소보, 제13호, 서울대학교.

교육과학기술부(2009). 유치원 교육과정해설 I

교육과학기술부(2009). 유치원 교육과정해설 II

교육과학기술부(2009). 유치원 교육과정해설 III

교육과학기술부(2008). 초등학교 교육과정해설 I

교육과학기술부(2008). 초등학교 교육과정해설 II

교육과학기술부(2008). 초등학교 교육과정해설 V

교육과학기술부(2008). 중학교 교육과정해설 I

교육과학기술부(2008). 중학교 교육과정해설 IV

교육부(1999). 초등학교 교육과정 해설(V), 대한교과서주식회사.

교육부(1998). 체육계열 고등학교 전문교과교육과정, 대한교과서주식회사.

교육부(1998). 중학교 교육과정 해설(IV), 대한교과서주식회사.

권명주(1997). 주부스트레스 대처방안으로서의 생활무용프로그램에 관한 연구, 박사학위 논문, 한양대학교 교육대학원.

김경희(2007). 2007 개정 교육과정 표현생활영역 중 '예술적 표현즐기기.'

김대진(1981). "움직임 교육의 이론탐색과 그 기본운동모형개발", 서울대학교 석사학위논문

김복희, 김화숙(1986). 무용론, 보진제출판사.

김선주(1997). "체육교육학과의 무용교육과정", 한국무용교육학회지 제8집.

김 솔(2001). 지역사회에서의 무용의 역할, 석사학위 논문, 성균관대학교 대학원.

김영덕(1987). 교육의 과정, 배영사.

김옥규(1984). "무용가론", 예술교육과 창조, 서울예술전문대학 예술문화 연구소, 특수연구

제3 논문집.

김재은(1984). "예술교육의 가능성과 한계", 예술교육과 창조, 서울예술전문대학, 예술문화 연구소, 특수연구 제 3논문집.

김재은(1994). 창의성을 키우는 자녀교육. 한국지역사회교육협의회.

김정환(1987). 교육학개론, 박영사.

김종서(1982). "평생교육이념의 탐색", 교육문제연구 제 2집, 명지실업전문대학 교육문제 연구소, p13.

김학수(1988). 현대교수-학습론, 교육과학사.

김학수, 허창규(1969). 창조성교육, 제일출판사.

김현석・임금옥(2002). 생활무용 참여여성의 여가만족도 분석, 한국체육학회지 제 41권 제 5호.

김화숙(1989). "무용창작능력 향상을 위한 프로그램의 개발 및 적용에 관한 연구", 한양대학교 박사학위논문.

문교부(1987). 초등학교 교육과정 해설(체육), 문교부 고시 저 87-9호.

방정미(1973). 교육무용원론, 정병호・선병기(역), 보신문화사.

수잔 K. 랭커(1982). 예술이란 무엇인가, 이승훈(역), 고려원.

야스코(1993). 일본 춤 교육현황과 미래의 비전, 미래춤 학회지 제 1집.

오기형 외 7명(1989). 교육학개론, 문음사.

왕학수(1980). 교육학개요, 정양사.

유봉호(1982). 현대교육과정, 대방출판사.

육완순(1983). 무용즉흥, 서울 : 신흥출판사.

이병옥(1989). 사회무용개념 정립을 위한 기초연구, 사회체육연구 제 3권 3호.

이성수, 한명희(1963). "창조적 사고에 관한 일 연구", 조사연구, No.20, 21, 중앙교육연구소.

이정희(1994). 동료중재 접근을 통한 협동놀이가 경도정신지체아의 사회화에 미치는 효과.

이희선(1985). "음악의 친.소도와 박절이 즉흥적 표현력 계발에 미치는 영향", 이화여자대학교 교육대학원 석사학위논문.

(1990). "초등무용교육과정과 현장적용 방안", 한국여성체육학회지 제 4권.

(1995). "무용의 교육적 기능에 관한 연구", 한국무용교육학회지 제 5집.

(1995). 평생교육으로서의 무용의 활성화방안, 한국무용교육학회지 제 41권 제 5호.

(1997). "무용교수 계획 및 평가의 기준", 한국무용교육학회지 제 7집.

임혜자(1996). 생활무용 프로그램이 노인의 삶의 만족도와 심적 변화에 미치는 영향, 박사학위 논문, 경북대학교 대학원.

최은용(2001). 사회교육 무용수강자의 수강만족도와 생활만족도의 관계, 석사학위 논문, 단국대학교 대학원.

한양순(1979) "무용의 심리학적 연구영역", 한국무용교육학회지.

황명자(2000). 심리기법을 적용한 생활무용프로그램이 노인의 정신건강에 미치는 영향, 박사학위 논문, 성균관대학교 대학원.

황현자(1983). 인간중심 체육수업 전개방향을 위한 이론적 탐색.

황현자(2004). 한국무용 교육학회.

한국무용학회지(2002). 한·미 예술고등학교 무용교육과정 특성 비교연구.

쿠르트 작스(1937). 세계무용사, 김매자(역) 도서출판 풀빛.

Adshead, J(1986). "What do we know about the teaching of dance?", Dance:the study of dance and the place of dance in society, Cambridge : Great Britain at the University Press.

Mcfee, G(1992). Understanding Dance, Routledge.

Mcfee, G(1994). The Concept of Dance Eduaction , Routledge.

Araminta Little(1977). Dance as Education, Washington, D.C : The National Dance Association, an Association of the American Aliance for Health, Physical Education and Recreation.

Amhien Daniel. D & Postolesi Rober.A(1978). Elementary physical Education, Laint Louis:The C.V. Company.

Baumol. W. J. & Bowen. W.G.(1966). Performing Arts : The Economic Dilemma, New Work : The Twentieth Century Fund.

Bookwalter, K. W.(1964). Physical Education in the Secondary Schools,Washington, D.C : The Center for Applied Research in Education.

Bucher, C.A(1975). Foundation of Physucal Education, Saint Louis : The C.V.M. Company.

DeCecco. J.P(1968). The Psychology of learning and Instruction:Educational Psychology, Prentice-hall , Inc.

Dewey, J.(1950). The Child and Curriculum. The University of Chicago Press.

Getzels, J. W.(1964). Creative Thinking, Problem Solving and Instruction, E.R. in Hilgard, Theories of Learning and Instruction(ed),Part Ⅰ, the Yearbook of NSSE, Univ. of Chicago Press.

Jewett, A.E. & Mullan, M.R(1977). Curriculum Design : Purposes and Processes in Physical Education Teaching-learning, The American Alliance for Health, Physical Education, Recreation and Dance(AAHPERD).

Kraus, R.G. & Chapman, S.A(1981). History of the dance in art and education(2nd), Prentice-Hall, Inc.

Laban, R.(1948). Modern Educational Dance, Lodon : Macdonald & Wvans Ltd.

Laban, R.(1975). A Life for Dance London McDonald & Evans.

Lengrand, P.(1970), Introduction to Life long Education, Paris: UNESCO, p50.

Lippincott, G.(1965). "The Cultural Expiosidn and Its Implication for Dance" Journal of Health, Physical Education and Recreation, January.

Lookhart, A and Pease, E.E.(1972). Modern Dance : Building and teaching lessons, Dubuque : Wm . C . Brown Company.

Miller, A.G & Whitcomb, V.(1969). Physical Education in the Elementary School curriculum, 3rd ed, New Jersey : Prentice-Hall.

Murray, T(1960). Dance in Elementary Education, NewYork : Harper&Row Publishers.

Miel.A. (1960). Creativity in Teaching, Wadsworth Publishing Co.

Schuman. N.(1962). "Secondary School Commission Report", Spotlight on Dance , May.

Torrance, P.E(1962). Guiding Creative Talent, New York : Prentice Hall, Inc.

Vernon. P.E(1970). Creativity, Great Britain : Richard Clay(The Chaucer Press)Ltd.

Wagner, H.V.(1975). "A Dance lesson Based on Geometric Shapes" , Journal of Physical Education and Recreation January 1975.

무용교육과정

초판 발행 2024년 04월 10일
초판 인쇄 2024년 04월 15일

지은이 육완순, 이희선 공저
펴낸이 김태헌
펴낸곳 토담출판사

주소 경기도 고양시 일산서구 대산로 53
출판등록 2021년 9월 23일 제2021-000179호
전화 031-911-3416
팩스 031-911-3417

*낙장 및 파본은 교환해 드립니다.
*본 도서는 무단 복제 및 전재를 법으로 금합니다.
*가격은 표지 뒷면에 표시되어 있습니다.

저자약력

육완순(陸完順)

약 력
이화여자대학교 및 동대학원 졸업
한양대학교 대학원 이학박사(무용)학위 취득
미국 일리노이대학교 대학원, 미국 마사 그레이엄 현대무용학교 수학
전 이화여자대학교 체육대학 무용과 교수
사단법인 한국현대무용진흥회 이사장
한국컨템포러리무용단 예술감독
사단법인 한국라인댄스협회 회장
육완순무용원 대표

저서, 역서
〈현대무용〉, 〈현대무용실기〉, 〈무용즉흥〉, 〈按舞〉, 〈서양무용인물사〉, 〈陸完順-나의 춤 半世紀〉 등의 저서와 〈프랑소아 델사르트의 예술세계〉 외 8편의 역서가 있음.

논 문
석사학위논문 : 〈Modern Dance의 創作的 價値와 韓國的 情緖表現〉
박사학위논문 : 〈Rudolf von Laban에 關한 硏究〉

이희선(李熙仙)

약 력
경북대학교 사범대학 체육교육학과 졸업
이화여자대학교 교육대학원 졸업
이화여자대학교 대학원 이학박사 학위 취득
이화여자대학교, 한국체육대학교 강사 역임
명지대학교 사회교육대학원 생활체육교육학과 학과장

저서, 역서
〈무용교육이란 무엇인가〉, 〈놀이를 통한 무용학습〉 등의 저서와 〈댄스플레이〉역서가 있음.

논 문
석사학위논문 : 〈음악의 친·소도와 박절이 즉흥적 표현력 계발에 미치는 영향〉
박사학위논문 : 〈개인의미 교육과정 모형에 기초한 무용교육 목표와 내용에 대한 요구사정〉
〈음악의 리듬이 무용의 즉흥적 표현에 미치는 영향에 관한 연구〉.
〈The effects of music in correct dance movement〉,
〈The differing sound stimuli on keeping the continuity of spinning dance movement〉,
〈초등 무용교육과정과 현장적용 방안〉 등이 있음.